Auf dem Eisen bei Big Cloud

Frank L. Packard

Writat

Diese Ausgabe erschien im Jahr 2023

ISBN: 9789359251011

Herausgegeben von
Writat
E-Mail: info@writat.com

Inhalt

I – RAFFERTYS REGEL

Der General Manager des Transcontinental Systems warf dem jungen Mann, der ihm am Schreibtisch gegenüberstand, einen bösen Blick zu. „Warum, du würdest keine drei Monate durchhalten!" er schnappte.

„Ich würde es gerne versuchen, Onkel."

„Hmpf!"

„Ich bin für die Position qualifiziert", fuhr der junge Holman fort. „Ich habe meine Zeit bei den Bautrupps verbracht und vier Jahre in den Geschäften im Osten verbracht. Du hast mir versprochen, dass ich meine Chance bekommen würde, wenn ich bleibe ."

„Nun, wenn ja, dann habe ich doch nicht versprochen, dass du dich lächerlich und mich lächerlich machst, oder? Möglicherweise sind Sie technisch qualifiziert , aber ich behaupte nicht, dass Sie keine Qualifikation haben. Tatsächlich war ich ziemlich zufrieden mit Ihnen; Das ist einer der Gründe, warum Sie nicht rausgehen, um etwas in Angriff zu nehmen, mit dem Sie nicht klarkommen. Was erwarten Sie, wenn Männer wie Rawson und Williams den Job nicht behalten können?"

„Zumindest nicht schlimmer als sie", antwortete Holman leise. „Schau her, Onkel, das ist genau der Punkt. Es gibt keinen der Männer, der die Position haben möchte, also überfordere ich niemanden, ihn anzunehmen. Ich werde dich auch nicht lächerlich machen. Ich werde nicht als Neffe des alten Mannes auftreten; einfach nur Dick Holman. Wenn ich es nicht wieder gut mache, kannst du meine Karriere als Eisenbahner in Unschuld bringen."

„Junger Mann", sagte der Geschäftsführer streng, „machen Sie keine voreiligen Aussagen."

Gereizt schob er die Papiere auf seinem Schreibtisch zur Seite. Dann runzelte er die Stirn. Vor zwei Jahren, als die Straße gegraben, gesprengt, gegraben und durch die Berge geführt wurde, hatte man die Reparaturwerkstätten für die Wartung des rollenden Materials gebaut, und das von dem Moment an, als die erste messingfarbene Zeitkontrolle erfolgte Die Erteilung des Lokomotivführers der Hill Division war kein Thema, das irgendwo in den Bezirken der Exekutivbüros mit Kühnheit eingeführt werden konnte. Ein Mann nach dem anderen war da rausgegangen, und einer nach dem anderen hatten sie gekündigt. „Schwierige Aufgabe", hatte Carleton, der Abteilungsleiter, auf die zahlreichen Erklärungsanfragen geantwortet, die an ihn gerichtet worden waren. Und jetzt wollte Dick gehen. Die Finger des Geschäftsführers schlugen ein Tattoo auf den Schreibtisch und sein

Stirnrunzeln vertiefte sich zu einem finsteren Blick. „Du bist ein junger Idiot", grunzte er schließlich.

Und Holman wusste, dass er Recht hatte. „Das ist sehr nett von dir, Onkel", rief er. „Ich wusste, dass du es auf meine Art sehen würdest. Wann kann ich anfangen?"

„Ich schätze, du wirst früh genug dort sein", antwortete sein Onkel grimmig. Er erhob sich von seinem Stuhl und begleitete Holman zur Tür. „Nun, gehen Sie, wenn Sie wollen, aber denken Sie daran, junger Mann, Sie gehen zu Ihren eigenen Bedingungen. Wenn Sie von *dieser* Position zurücktreten, treten Sie auch von der Straße zurück, verstehen Sie!"

„In Ordnung, Onkel", lachte Holman als Antwort. "Es ist ein Schnäppchen."

Drei Tage später, als Nummer Eins in Big Cloud einfuhr, schwang sich Holman auf den Bahnsteig. Vorbei an den Post- und Gepäckwagen, während der Dampf auf ihre Sicherheit dröhnte, fuhr ein großes Zehnrad zurück, um sich für die Fahrt durch die Rocky Mountains anzukuppeln. In seinem Blick lag der Stolz des Besitzers, als er den Großmogul kritisch betrachtete, denn in seiner Tasche befand sich seine offizielle Ernennung zum Locomotive Foreman der Hill Division, Vice Williams, der zurückgetreten war.

Erst als der letzte Pullman sanft an ihm vorbeigerollt war, drehte er sich um, um einen Blick auf seine Umgebung zu werfen. Der erste Eindruck war nicht überzeugend. Vor ihm, auf der anderen Seite des Hofes voller Güterwaggons, befanden sich die niedrigen, weitläufigen, rauchverhangenen Läden und der Betriebsschuppen, während sich dahinter wiederum die Stadt eintönig erstreckte.

Im Westen, durch die Berge, verliefen die Kurven und Gefälle, die die Ausrüstung, für die er später verantwortlich sein würde, zerrissen, zerrissen und zerrissen hatten. Nach Osten – aber „ostwärts" war nur zweihundert Meter entfernt, denn dort fiel sein Blick auf den „Yard Limit"-Pfosten, der ebenfalls das Ende der Division markierte.

Wenn Holman nach dieser oberflächlichen Betrachtung noch irgendwelche Illusionen des Malerischen im Kopf hatte, wurden sie durch das Innere des scheunenartigen Gebäudes an der Seite des Bahnsteigs, das als Bahnhof, Abteilungshauptquartier, Lagerraum und alles andere diente, unsanft zerstreut sonst könnte es den Schutz seines schützenden Daches suchen. Die Wände waren mit solchen Kunstwerken geschmückt, wie sie die Sonntagsbeilagen bieten, hier und da durchsetzt mit einem gelegentlichen Bauplan und einem Zeitplan. Die Einrichtungsgegenstände wiesen eindeutig darauf hin, dass sie bei der Bauarbeiten an der Straße im Einsatz gewesen waren. Als Holman eintrat, brütete der Fahrdienstleiter rechts von der Tür über dem Zugblatt.

„Sicher", antwortete er auf Holmans Frage, „das ist der Super da drüben."

Holman durchquerte den Raum und überreichte sein Ausweisdokument.

„Freut mich, dass Sie gekommen sind", war Carletons Begrüßung, als er aufstand und seine Hand ausstreckte. "Wir haben dich erwartet. Williams ist heute Morgen auf Nummer Zwei nach Osten gefahren. Hinsetzen. Das dort ist Ihr Schreibtisch."

Holman warf einen Blick auf den ramponierten Tisch, auf den der andere zeigte, und blickte dann wieder auf das viertägige Wachstum auf dem Gesicht des Supervisors.

Carleton grinste. „Die Reparaturen entsprechen nicht dem, was ihr Kerle mit gekochten Hemden im Osten gewohnt seid. Hier draußen an der Schusslinie ist fast alles möglich. Ich beschlagnahme seit Monaten Büroeinrichtungen. Ich habe noch keinen Frachtbrief von ihnen gesehen, Davis, oder?" rief er dem Disponenten zu.

Davis stand lachend auf und gesellte sich zu den anderen beiden. „Nein", sagte er und schüttelte Holman die Hand, „noch nicht."

„Und wahrscheinlich auch nicht", fuhr der Supervisor fort. „Hier draußen ist es hart und hart, Holman. „Die Personalquartiere dort oben", er wies mit dem Daumen zur Decke, „sind völlig ungeheizt, und der chinesische Koch ist ein Goldschnittdieb und ein äußerst überzeugender Lügner; Aber wir haben die beste Abteilung der besten Eisenbahn der Welt und wir schieben Sachen durch die Berge nach einem Zeitplan, der die Konkurrenz aus dem Süden in den Wahnsinn treibt. Wir sind hier noch jung. Eines Tages , wenn das Straßenbett abgerissen ist, um zu bleiben, werden wir die Extras bauen."

Der Enthusiasmus und die freche Herzlichkeit des Superstars waren ansteckend. Holman streckte impulsiv seine Hand aus. „Wir haben viele von euch im Osten gehört", sagte er, „und ich bin froh, dass ich die Chance habe, meinen Beitrag zu leisten." Sein Blick wanderte durch den Raum und traf dann wieder lächelnd auf den Vorgesetzten . „Auch wenn die Unterkünfte unter der Touristenklasse *liegen* ", *fügte er hinzu.*

Also kam Holman zur Abteilung und schloss sich dem Stab an. Spence, der Chefdisponent, hatte den Kopf geschüttelt. „28 und Lokomotivvorarbeiter *dieser* Abteilung mit dem härtesten und härtesten Haufen auf der Gehaltsliste des Systems, den es zu bewältigen gilt! Wird jedoch gehängt, wenn er kein anständiger Typ ist, selbst wenn er sich rasiert und Halsbänder trägt. Stellen Sie sich Williams mit einer Bügelfaltenhose vor! Und sagen wir mal, seine

Garderobe – er hat tatsächlich einen Anzug dabei! Würde das nicht die Drähte erden? Wer ist er, Carleton? Hattest du Lust auf den alten Mann?"

„Hab nicht nachgefragt", gab Carleton unverblümt zurück. „Lass ihn es ausprobieren."

Wenn die Supervisorin mit der Beurteilung des jüngsten Personalzuwachses der Hill Division abwartete, taten es die Werkstattarbeiter ebenfalls – allerdings aus einem anderen Grund. Sie warteten auf Rafferty. Rafferty war der Boss. Wer Raffertys Chef war, war seine Sache, und es ging sie nichts an. Was Rafferty sagte – ging. Es dauerte zwei Wochen, bis er sein Urteil verkündete.

„Ein verdammter Kerl mit rosa Gesicht!" kündigte er an und beendete seine Bemerkung mit einem Strahl Saft aus schwarzen Riemen als Ausrufezeichen.

Das Fiat war ergangen!

Unten in der Grube bauten die Monteure die Motoren ihrer Antriebsausrüstung aus und fassten Vertrauensbeschlüsse zu Raffertys Urteilsvermögen, und unter den Drehern und Hobeln taten es die Maschinisten ebenfalls. Die Zustimmung der Schmiedebande drückte sich in einem brutalen Umgang mit den großen Schlitten aus, die jedes Mal, wenn Holman gesehen wurde, wie er auf einer Inspektionstour durch die Werkstatt kam, Funkenschauer aus dem stotternden Metall sprühten – ein deutliches Zeichen für ihn, Abstand zu halten. Und damit es der Stimmung in den Werkstätten nicht an Einstimmigkeit mangelte, würden die Kesselbauer, sollte Holman die Kühnheit haben, vor einer Granate, an der sie arbeiteten, einen Moment innezuhalten, mit ihren klappernden Hämmern einen für niemanden unerträglichen Lärm ausstoßen die Männer selbst, deren Ohren mit Baumwollabfällen verstopft waren.

Was Holman betrifft, so war er sich der Feindseligkeit und Böswilligkeit seiner Untergebenen möglicherweise überhaupt nicht bewusst, so sehr er auch bewies, dass er sich dessen bewusst war. Er war damit beschäftigt, die Routine und Einzelheiten seiner neuen Position zu meistern. Einen Monat lang sagte er nichts; Dann wandte er sich eines Morgens drüben im Hauptquartier an Carle-ton, der gerade die Zugpost las, die gerade angekommen war.

„Warum ist Williams zurückgetreten?" fragte er leise.

„Äh?" sagte Carleton, der durch die Plötzlichkeit der Frage aus seiner Ruhe gerissen wurde.

„Warum ist Williams zurückgetreten?" wiederholte Holman.

„Oh, ich weiß es nicht. Ich schätze, ich habe das Leben hier draußen satt", wich Carleton aus.

„War es Rafferty?"

Carleton drehte sich scharf um, um das Gesicht des anderen zu prüfen. Holman blickte aus dem Fenster.

„Es war Rafferty", gab Carleton nach einem Moment zu.

Holmans Blick wandte sich nie vom Fenster ab. „Warum wurde Rafferty nicht gefeuert?" fragte er im gleichen ruhigen Tonfall, aber dieses Mal war in seiner Stimme nur ein ganz schwacher Anflug von Vorwurf zu erkennen.

Carletons Gesicht wurde rot. Einen Moment zögerte er, dann antwortete er unverblümt: „Er wog mehr, deshalb!"

"Oh!" sagte Holman deutlich. „Warum haben Sie Rafferty dann nicht schon vor langer Zeit für die Stelle empfohlen und sich so die ganze Mühe erspart?"

„Das hätte ich getan, wenn er mehr tun könnte, als seinen Namen zu unterschreiben."

Holman drehte sich wütend zum Supermann um. „Also", rief er, „wenn ein Kerl hier rauskommt, muss er eine Einzelhand spielen, nicht wahr? Ein Showdown mit Rafferty, Ladenarbeitern und der gesamten Division, die Karten gegen ihn zieht. Du, Carleton, ich habe dich nicht als Mann mit einem Haustier abgetan."

Carleton stand auf und legte seine Hand auf Holmans Schulter. „Tu es auch nicht", sagte er leise. „Lass dich auf diese Weise nicht von deinem Zeitplan abbringen, mein Sohn. Es war schon immer Mann gegen Mann, und ich wurde nicht angesprochen. Bisher war alles Rafferty. Es ist einfacher, einen neuen Vorarbeiter zu bekommen als ein neues Werkstattteam, also habe ich mich nicht eingemischt."

„Ich verstehe nicht", sagte Holman ausdruckslos.

Der Supervisor lachte kurz. „Rafferty hat die Männer dort, wo er sie haben will. Wenn er an sein Ohr käme , könnte er uns so schnell fesseln, dass wir nicht wüssten, was passiert ist. Es ist schön, das zuzugeben, nicht wahr? Aber es ist so. Ich hätte die ganze Sache wohl im Keim ersticken sollen, aber ich hoffte weiterhin, dass jeder neue Mann Rafferty mit seinem eigenen Spiel schlagen würde. Hat er dich auch zum Laufen gebracht?"

Holman sammelte die Reparaturberichte von seinem Schreibtisch ein und machte sich auf den Weg zur Tür. „Das Wild ist noch jung", warf er sich über die Schulter, als er hinausging.

Vom Büro aus ging Holman den Hof hinauf zu den Stichgleisen am Ende der Werkstätten, wo drei oder vier Lokomotiven darauf warteten, an die Reihe zu kommen und auf eine leere Grube zu warten. Er warf einen Blick auf ihre Nummern, verglich sie mit den Papieren, die er in der Hand hielt, dann drehte er sich um und ging zurück, wobei er auf dem Weg stehen blieb, um eine Lokomotive zu inspizieren, die so hell und sauber war, wie frische Farbe und Blattgold sie machen würden und die herausgeschleppt worden war der Geschäfte an diesem Morgen. Er ging durch die obere Tür zur Werkstatt. Es war bereits ein anderer Motor eingesetzt worden, um den ausgefallenen zu ersetzen. Ihre Schutzplatten, Verbindungen, Querköpfe, Haupt- und Verbindungsstangen lagen neben ihr auf dem Boden, und die Arbeitertruppen hoben sie auf und blockierten sie, um die Räder unter ihr herauszuziehen.

In Holmans Gesicht war eine Spur von erhöhter Röte zu erkennen, als er sich umdrehte, um nach Rafferty zu suchen.

Der Chefmonteur war an seinem gewohnten Platz. Den Laden entlang, die Hände tief in den Hosentaschen vergraben, die Beine weit gespreizt, drehte er sich langsam auf der kleinen eisernen Drehscheibe, die die Draisinengleise kreuzte, wo sie sich in alle Richtungen durch die Läden verzweigten. Als Holman näher kam, stoppte er die Bewegung träge, indem er die Spitze seines Stiefels über den Boden um den Tisch herum gleiten ließ.

Holmans Verhalten war ruhig und seine Stimme war sanft, fast respektvoll, als er sagte: „Wie ich sehe, sind Sie mit 483 fertig, Mr. Rafferty."

Rafferty schaute fünf Zentimeter von seinem Vorgesetzten herunter und sagte: „ Yis ."

„Und", fuhr Holman fort, „sind Sie 840 an ihrer Stelle eingetreten?"

„ Yis ", sagte Rafferty noch einmal, dieses Mal noch gleichgültiger als zuvor.

„Nun, wirklich, Mr. Rafferty, ich würde gerne wissen, warum Sie das getan haben? Du weißt, ich habe dir gestern gesagt, dass du als nächstes unbedingt 522 nehmen sollst." Holmans Tonfall klang eher entschuldigend als provozierend.

Zur Antwort gab Rafferty einen kleinen Stoß mit dem Fuß und der Plattenteller begann sich langsam zu drehen. Während des Rundgangs gab Rafferty den Männern, die ihm am nächsten standen, kühl einige Anweisungen, und als er dann wieder zu Holman kam, blieb er stehen. „ Was warst du ? " Sagen Sie , Mr. Holman?" er sagte gedehnt.

„Das ist die größte Abteilung im System, nicht wahr?" fragte Holman unzusammenhängend.

„Äh?" forderte Rafferty.

„Die längste Division – die meiste Kilometerleistung – deckt einen großen Teil des Landes ab", betonte Holman.

"Oh!" erwiderte der andere grinsend. „Nun, das werden Sie sich denken , wenn Sie jemals lange genug bleiben , um uns kennenzulernen ut. "

„Vielleicht ist das der Grund, warum ich mich langsam beengt fühle – ich bin erst seit einem Monat hier, wissen Sie", lächelte Holman.

„ Was meinst du ?"

„Warum, seltsamerweise scheint es nicht einmal groß genug, breit genug oder lang genug für *zwei* Männer zu sein."

Holman schnurrte seine Worte mit sanftem, mildem Akzent, und Rafferty, der begriff, erwiderte schnell höhnisch: „Haben Sie gedacht , 'av lavin ', Mr. Holman?"

„Nein", sagte Holman langsam, „das weiß ich nicht. Ich dachte, dass die Angelegenheit vielleicht angepasst werden könnte, und würde Sie gerne um Rat fragen. Wenn Sie nun Lokomotivvorarbeiter wären und feststellen würden, dass der Vorarbeiter dieser Werkstatt Sie auf schmutzige, niederträchtige und hinterhältige Weise bei den Männern diskreditiert und darüber hinaus Ihre Befehle rundweg missachtet hat, was würden Sie dann tun, Mr. Rafferty?"

Als Holman seine Anklageerhebung abgeschlossen hatte, war Rafferty verrückt – kampfwahnsinnig. „Ich sage dir , was ich tun würde", schrie er und schüttelte eine große, geile Faust vor Holmans Nase. „Ich würde ihn kräftig stopfen, das würde ich tun ! Sehen!"

„Eher drastisch", kommentierte Holman nach einer Pause, in der Rafferty sich zurückzog und mit in die Hüften gestemmten Händen finster dreinblickte. „Aber verzweifelte Fälle erfordern manchmal verzweifelte Heilmittel, und ich weiß nicht – aber – dass –" seine Faust schoss hervor und traf Rafferty direkt an der Kieferspitze – „ du hast recht!"

Rafferty, der unter der Wucht des Schlags zurücktaumelte, ließ den Tisch herumwirbeln. Seine Füße rutschten unter ihm weg und er fiel der Länge nach zu Boden. Als er sich wieder aufrichtete, sprang Holman auf ihn zu und versetzte Rafferty mit zwei heftigen Schlägen zwei heftige Schläge ins Gesicht. Bis auf eine verwirrte Erinnerung an einen Ansturm von Männern war das alles, woran sich Holman erinnerte, bis er die Augen öffnete und sich in seiner Koje im Hauptquartier wiederfand, während Carleton sich über ihn beugte.

„Du bist ein Anblick", kommentierte Carleton grimmig. „Was war denn los?"

Holman erklärte. „Ich habe Raffertys Rat befolgt und ihm den Stecker gezogen, wissen Sie, und danach ——"

„Danach hätten sie dich getötet, wenn nicht der alte Joe, der Dreher, hierher gerannt wäre, um es uns zu sagen. Wissen Sie nichts Besseres, als sich so gegen Rafferty durchzusetzen, geschweige denn gegen die ganze Bande? Hätten Sie damit gerechnet, sie alle zu erledigen?"

„Nein, nicht ganz. Ich erwartete, dass etwas auf mich zukommen würde, aber ich musste es tun. Ich gebe zu, Carleton, ich war völlig außer sich, aber ich *musste es einfach* tun. Moralische Wirkung, wissen Sie."

„Ja", sagte Carleton wütend, „die moralische Wirkung ist großartig!" Es wird so viel kosten, wie Ihr Leben wert ist, noch einmal in diese Läden zu blicken. Du kennst die Männer, mit denen du es hier draußen zu tun hast, nicht."

„Du liegst völlig falsch, Carleton, das stimmt. Sie sagten, es ginge von Mann zu Mann, nicht wahr? Dann leite entweder ich die Läden oder Rafferty. Rafferty hat die Männer bei sich, weil er ein Tyrann ist und sie Angst vor ihm haben. Es war reine Gewohnheit, die sie dazu brachte, mich anzugreifen. Warten Sie, bis sie etwas abgekühlt sind, und schauen Sie dann."

Aber Carleton schüttelte den Kopf. „Du bist ein verdammter Idiot", fasste er richterlich zusammen, „aber hier, schüttel! Du hast deinen Mut bei dir, wenn du deinen Verstand hinter dir gelassen hast."

Den Rest des Vormittags pflegte Holman seine Verletzungen, aber um ein Uhr saß er wieder an seinem Schreibtisch. Fünf Minuten später kam Rafferty herein. Er war mit seiner aufgeschnittenen Lippe und seinem ramponierten Auge kein schöner Anblick, als er an Spence und Holman vorbei humpelte. Mit einem rachsüchtigen Blick auf Letzteren marschierte er direkt durch den Raum zu Carleton. Er stützte beide Hände auf den Schreibtisch des Supervisors.

„ Es wird nur ein Showdown sein, Mr. Carleton, das ist alles, was wir zu sagen haben." Ich oder er, welcher?" er kündigte an.

Carleton neigte seinen Stuhl nach hinten, legte die Füße auf den Schreibtisch und steckte die Daumen in die Armlöcher seiner Weste. „Erläutern Sie Ihren Fall; Rafferty", sagte er ruhig.

"Fall!" Rafferty stotterte. „Der Fall ist nicht wahr ? Ich bin krank, weil ich von Kindern aus der Schule, die Blöcke gebaut hat, herumkommandiert wurde , während ich Kinder baute . Ich gebe auf oder er tut es!" Rafferty zeigte mit dem Daumen in Holmans Richtung.

„Ist das alles, was Sie zu sagen haben, Rafferty?“

„Das ist ungefähr die Größe von ut. ”

„Sehr gut, Rafferty, Sie können sich Zeit lassen“, sagte Carleton leise.

Einen Moment lang starrte Rafferty ihn an, als hätte er nicht richtig gehört , dann drehte er sich auf dem Absatz um, drehte sich aber wieder um und blickte den Vorgesetzten mit einem kurzen Lachen an. „In Ordnung, Mr. Carleton, Sie sind der Arzt . Ich bin zufrieden. Wenn ich ausgehe, wird jeder blühende Mann in den Geschäften mit mir ausgehen !“

Carletons Füße lösten sich wie ein Schuss vom Schreibtisch, sein Stuhl fiel mit einem Knall auf den Boden und im nächsten Moment stand er vor dem Chefmonteur.

„Sieh mal, Rafferty“, strahlte er, „du kennst mich – die Männer kennen mich. Während ich die Bank gehalten habe, befanden sich zweiundfünfzig Karten in der Hülle, und jeder Muttersohn von Ihnen hatte ein gutes Geschäft. Du weißt es, nicht wahr? Kein Mann in dieser Abteilung kam jemals mit einem berechtigten Grund zur Beschwerde zu mir, hatte aber die Möglichkeit, seine Beschwerde klar und deutlich zum Ausdruck zu bringen, und auch seine Erlaubnis war nicht begrenzt. Jetzt habe ich Anspruch auf die gleiche Behandlung, die ich verteile, und ich werde Drohungen nicht dulden!“

Rafferty rutschte unruhig hin und her und griff nach seinem „Kauen“, um seine Verwirrung zu verbergen.

„Wir haben nichts gegen Sie, Mr. Carleton, und ich gebe Ihnen eine Warnung “, murmelte er, als sich seine Zähne im Stecker trafen .

„Wenn du in dieser Abteilung Ärger machst, machst du mir Ärger“, sagte Carleton unverblümt. „Was die Warnung betrifft, ich möchte Sie jetzt warnen, dass es für Sie noch schlimmer sein wird, wenn Sie in diesen Geschäften Unruhen auslösen . Jetzt geh!"

Sie beobachteten ihn durch die Fenster, als er die Gleise überquerte. Als er schließlich in den Läden verschwand, drehte sich Carleton mit ernstem Gesicht um.

„Ich fürchte, es wird ein schlechtes Geschäft“, sagte er.

„Sie wollen doch nicht sagen“, platzte Holman heraus, „dass die Männer dumm genug sind, aufzuhören, nur weil ein mürrischer Mann das sagt, oder?“

„Ich habe dir gesagt, dass du die Klasse der Männer hier draußen nicht kennst – sie sind durch und durch parteiisch –, das ist ihnen angeboren. Ich mache dir keine Vorwürfe, Holman – nicht für eine Minute! Wie ich heute

Morgen bereits sagte, habe ich es schon lange vorhergesehen – lange bevor Williams den Geist aufgab. Jetzt ist es da, wir werden uns der Musik stellen, was?"

„Es ist sehr nett von dir, das zu sagen, alter Mann", sagte Holman langsam, „aber ich habe dich in ein schlimmes Loch gesteckt, und es liegt an mir, dich daraus herauszuholen." Innerhalb von zwei Wochen, wenn die Werkstätten streiken, werden unsere Fahrzeuge den Verkehr nicht mehr bewältigen können." Er setzte seinen Hut auf und ging zur Tür.

"Wo gehst du hin?" Carleton forderte.

„Rafferty wird das nicht ganz nach seinem Willen durchsetzen. Die Männer haben nichts dagegen, und ich glaube nicht, dass sie ihm folgen werden, wenn man sie richtig anredet. Ich gehe rüber."

„Nicht, wenn ich es weiß, dann bist du es nicht", sagte Carleton grimmig. „Vielleicht wird es eine gerichtsmedizinische Untersuchung geben, bevor diese Angelegenheit geklärt ist, vielleicht sogar mehr als eine, wenn es schlimm wird, aber ich bin am Ende, wenn ich vorschlage, heute Nachmittag auf diese Weise anzufangen."

„Das ist in Ordnung", antwortete Holman hartnäckig.

„Trotzdem bin ich – äh? Was ist los, Carleton? Was ist falsch?"

Spence hatte sich plötzlich über den Schlüssel gebeugt, und Carleton starrte mit einem erschrockenen Ausruf auf die Worte, die der Dispatcher hastig auf den Block kritzelte. Holman beugte sich über die Schulter des Supervisors, und gerade als er sah, wie Carleton die Telefonverbindung zum Rundschuppen einsteckte, las er die Nachricht: „Nummer Zwei hat Eagle Pass zerstört. Schicken Sie sofort Abschleppdienst und medizinische Hilfe." Im nächsten Moment flog er über den Hof zu den Geschäften.

Als er durch die Tür hereinstürmte, wurde er mit einem Knurren begrüßt. Die Männer waren in einer Gruppe um eine der Lokomotiven in der Werkstatt versammelt, und Rafferty redete vom Führerstand aus mit grimmiger, hitziger Stimme. Als er den Meistermechaniker sah, blieb er abrupt stehen und sprang mit einem Fluch von seinem Platz direkt auf Holman zu. Die Menge teilte sich und bildete eine Gasse zwischen den beiden Männern. Dann ertönten mit erschreckender Plötzlichkeit drei kurze Töne der Ladenpfeife – das Signal des Abschleppwagens – und durchbrachen damit die bedrohliche Stille, die herrschte. Es hielt Rafferty an, als er nur noch eine Armlänge vom Vorarbeiter der Lokomotive entfernt war. Dann sprach Holman:

„Hört ihr das, Männer? Nummer Zwei ist in Eagle Pass zu Ruhm gekommen. Du, Rafferty, stell die Abwracktrupps *schnell zusammen!* Der Rest von euch macht sich wieder an die Arbeit."

"Du bist ein Lügner!" Schrie Rafferty. „Ein schäbiger Lügner mit kittigem Gesicht und gestärktem Hemd, verstehen Sie ? Ut's eine Pflanze! So einen scharfen Trick kannst du mir nicht antun ! "

Die Männer ertönten ein leises, bedrohliches Knurren und sie rückten näher heran. Aber Holman schenkte ihnen keine Beachtung; Er trat einen Schritt näher an Rafferty heran und sah dem anderen direkt in die Augen.

„Rafferty", sagte er leise, „Sie haben eine Frau und Kinder, nicht wahr? Und Sie sind ein Eisenbahner, nicht wahr? Nun, da oben in diesem Wrack sind Frauen, Kinder und Freunde. Die andere Angelegenheit kann warten, bis wir zurückkommen. Nun, gehst du?"

Und Rafferty ging – an der Spitze der Abschleppwagen – hinaus auf den Hof, wo die Rangierleute wie Biber arbeiteten und den Hilfszug bildeten. Zwei Reisezugwagen als Krankenwagen, dahinter eine Wohnung, dann der Abwrackkran, der Werkzeugwagen und eine Kombüse. Während Rafferty seine Männer in den Zug schob, rannte Holman über die Gleise zum Bahnhof. Auf dem Bahnsteig drängten sich die hastig herbeigerufenen Ärzte um Carleton. Holman blieb neben ihnen stehen. „Wir sind alle bereit, Carleton", verkündete er; dann zu den anderen: „Ihr solltet besser an Bord gehen; Wir werden losfahren, sobald wir die Strecke haben."

„Spence wird die Linie in einer Minute frei haben", sagte Carleton, als die Ärzte für die Trainer begannen. „Ich schicke einen Disponenten mit Ihnen hinauf; Er kann die Leitungen abhören. Wie viele Männer hast du zusammengetrommelt?"

„Die Stammbesatzung."

„Und Rafferty?"

„Er macht mit."

„Ich weiß nicht, wie du das gemacht hast, und jetzt ist keine Zeit für Erklärungen; Aber ich denke, Holman, du solltest Rafferty besser zurücklassen.

„Und hat auch die ganze Crew gekündigt? Es hat keinen Zweck, Carleton, er muss gehen. Das ist alles dazu."

Carleton schüttelte zweifelnd den Kopf. „Mir gefällt die Vorstellung nicht, dass ihr beide zusammen da hochkommt. Es ist nicht nötig, dass du gehst, und das solltest du auch besser nicht tun. Sie kennen den Mann nicht; wenn du glaubst, dass er es vergisst –"

„Du liegst falsch, das stimmt. Ich habe es dir schon einmal gesagt; Jedenfalls ist es jetzt zu spät – wir gehen. Hier ist Spence mit den Befehlen."

Bevor Carleton antworten konnte, hatte Holman das Taschentuch geschnappt und rannte zum Zug. Als er sich in den Führerstand der Lok schwang und Hurley, dem Fahrer, seine Befehle überreichte, kletterte Rafferty von der anderen Seite ein.

Als Rafferty Holman sah, zögerte er und drehte sich im Gang halb um, um zum Wagen zurückzukehren. aber Holman streckte die Hand aus und packte ihn am Arm.

„Bleib, wo du bist, Rafferty", sagte er leise. Und während des nervenaufreibenden 30-Meilen-Laufs zum Eagle Pass wechselten sie kein weiteres Wort. Manchmal im wilden Schlurfen der Lokomotive, wenn sie die Tangenten berührte, die ihre Körper berührten; das war alles.

Holman war gemäß der Eisenbahn-Etikette auf den Sitz des Feuerwehrmanns geklettert und hatte ein- oder zweimal einen Blick auf die große Masse des Mannes hinter ihm geworfen, auf die grimmigen, starren Gesichtszüge, auf die Augen, die ihm nicht begegnen wollten, und sich gewundert über seine eigene Kühnheit, zu einer körperlichen Begegnung einzuladen. Und was hatte es gebracht? Hatte Carleton doch recht? Vielleicht. Und doch muss hinter der Sturheit, dem Eigensinn, dem rein Körperlichen die andere Seite des Menschen stecken. Wenn er es nur erreichen könnte – nur berühren. Er *hatte* es berührt. Sein Appell für die Verletzten.

Hurley verschlang die Meilen, wie es nur ein Mann am Gaspedal eines Abschleppwagens mit klaren Rechten schaffen konnte. Ein langer Schrei der Pfeife, der über dem ohrenbetäubenden Rauschen des Zuges durch die Berge hallte, brachte Holman zurück in seine unmittelbare Umgebung. Noch eine Minute, dann waren sie um die Kurve geschwenkt und donnerten über den Bock, der den Zugang zum Pass ermöglichte.

Eine halbe Meile vor ihnen sahen sie das Grauen. Hurley gab Gas und begann nachzusehen. Als die Bremsbacken in die Reifen einschnitten, rutschte Holman von seinem Sitz und stand Rafferty gegenüber. In den Augen des anderen lag ein neugieriger Ausdruck, und Holman verstand. Verstand, dass Rafferty hier sein Herr war – und wusste es. Das war also die Bedeutung davon. So hatte er die bessere Natur des anderen berührt! Rafferty hatte geschickt die Gelegenheit genutzt, ihn noch stärker zu benachteiligen als zuvor. Einen Moment lang zögerte er und biss sich auf die Lippe, dann verwarf er die persönliche Gleichung. „Mach schon, Rafferty", sagte er leise und antwortete auf die unausgesprochene Herausforderung, „du bist in solchen Dingen besser dran als ich." Du bist verantwortlich."

Und Rafferty sprang wortlos aus dem Taxi.

Für Holman waren die ersten fünf Minuten beunruhigend. Es war sein erster schlimmer Unfall. Unten im Osten war es nie seine Aufgabe gewesen, mit der Mannschaft hinauszugehen – auch hier war es das nicht, dachte er grimmig und war in diesem Moment dankbar für den Veteranen Rafferty. Für ihn war es wie ein schrecklicher Albtraum. Entlang der Linie der brennenden Trümmer lagen die Toten, deren Stille umso schrecklicher war als die Schreie und Schreie der Verwundeten, die noch immer im Wrack gefangen waren. Und dann verging das Gefühl und er arbeitete – arbeitete wie ein Verrückter.

Einmal hatte eine Frau seinen Arm gepackt und ihn schluchzend zum Ende der Kabine eines der Pullmans gezerrt. Durch den Rauch und die sengende Hitze der Flammen hatte er sich hineingekämpft und war dann mit dem Kind zurückgekehrt. Die Frau hatte hysterisch ihre Arme um seinen Hals geworfen.

Es war alles ein wahnsinniger, wütender Aufruhr, und er genoss es. Das Knirschen der Axt durch Glas und Holz, der wilde Ansturm in das Herz der Dinge, um blind und erstickt von seiner hilflosen Last zurückzutaumeln. Die wilde Freude, wenn das Leben noch andauerte; die zärtliche Ehrfurcht, wenn das Leben verschwunden wäre.

Auf dem Gleis in Richtung Lokomotive ertönte ein Krachen und ein Chor aufgeregter Schreie. Er eilte in diese Richtung. Ein halbes Dutzend der Abwrackmannschaft hatte sich um den vorderen Gepäckwagen gruppiert. Als Holman sie erreichte, zerzaust, mit zerrissenen und verbrannten Kleidern, mit rauchgeschwärztem Gesicht und Blutflecken an den Stellen, an denen Glas und Splitter ihn verletzt hatten, wichen die Männer entsetzt zurück und starrten ihn mit bleichen Gesichtern an.

"Von Gott!" einer weinte. „Er ist *es!*"

„ Natürlich bin ich es! Bist du verrückt? Was ist los mit dir?"

Der Mann zeigte auf das brennende Auto. „ Jemand sagte, du wärst da drin, und er ging hinter dir her, kurz bevor sie zusammenbrach."

"WHO?" Schrie Holman.

„Rafferty."

Holman rannte zum Auto. Die Männer hielten ihn zurück. „Versuchen Sie es nicht, Sir; Es ist zu spät, um etwas Gutes zu tun."

Er schüttelte sie ab, und mit vor dem Kopf verschränkten Armen, um sein Gesicht zu schützen, stolperte er halb, halb fiel er durch die Öffnung, die einst eine Tür gewesen war. Das Auto lag halb auf der Seite. Die Stämme, die zu einem Haufen übereinander geschleudert worden waren, als das Auto von der Strecke abgekommen war, waren alles, was die brennenden Dachbalken stützte. Zwischen den Kofferräumen und der Kante des Wagens gab es einen kleinen Raum, dessen Boden einen Winkel von fünfundvierzig Grad hatte, und Holman kroch blindlings mit gesenktem Kopf daran entlang. Der Boden fing bereits an zu glimmen, die metallbeschlagenen Kanten der Koffer verursachten Blasen an seinen Händen, als er sie berührte. Seine Sinne schwankten, aber er kroch immer weiter, und in seinem Kopf kam immer wieder der eine Gedanke: „Rafferty! Mein Gott, Rafferty!"

Dann berührten seine Hände etwas Weiches, und langsam, schmerzhaft, Zentimeter für Zentimeter, kämpfte er sich zurück und zog Rafferty hinter sich her. Irgendwie erreichte er die Tür, dann ein wirres Durcheinander von Geräuschen und nichts weiter, bis er wieder zu Bewusstsein kam und wusste, dass er wieder in seinem Zimmer im Big Cloud war, begleitet von dem mandeläugigen Faktotum.

„Bauch viel besser? Möchtest du essen?" fragte diese Person besorgt.

Holman grinste trotz der Schmerzen. „Nein", antwortete er; Dann, als er die Augen wieder schloss , murmelte er: „Sag Carleton, dass ich Recht hatte."

Und er dankte zwei Tage später öffentlich ab. Er versammelte die Männer in der Werkstatt und bestieg den Führerstand einer Lokomotive, die wie zuvor bis zur Hälfte der Decke aufgebockt war, nur war es dieses Mal zur Mittagsstunde und nicht zur Firmenzeit. Seine Worte waren spärlich und auf den Punkt gebracht, vorgetragen mit einer Kraft und Beredsamkeit, die ganz ihm eigen war:

„Ich dachte, er wäre ein verdammt rotgesichtiger Typ, also habe ich es getan. Nun, ich nehme es zurück, ja Stimmung ? Und außerdem werde ich das Gesicht jedes Mannes platt machen, egal wie sehr ich ihn jemals gesehen habe !"

II – DER KLEINE SUPER

Tommy Regan lenkte den großen Compound-Mogul rückwärts an der Reihe dunkelgrüner Kutschen vorbei, die er über hundertfünfzig Meilen gezogen hatte, nahm den Tisch mit einem leichten Ruck und kam im Ringlokschuppen zum Stehen. Als er sich aus dem Taxi schwang, kam Healy, der Wender, auf ihn zu.

„Er ist ein toller Junge, das von Ihnen", begann Healy kopfschüttelnd – „ ein toller Junge; Aber denken Sie daran, Tommy Regan, es wird Ärger für mich und Sie und ihn und uns allen geben, wenn Sie nicht auf ihn aufpassen.

„Was ist dieses Mal los, John?"

„Materie", sagte Healy reumütig; „Es gibt genug Stoff. Der kleine Kerl ist vor einiger Zeit daran schuld, 429 in die Grube gerannt zu haben, also hat er es getan."

"Wo ist er jetzt?" fragte Regan grinsend.

„Teufel ein bisschen, ich weiß. Ich habe ihn verjagt, und er hat sich auf den Weg zu den Geschäften gemacht. Vor etwa einer Stunde kam Ihre Frau herunter und sagte, der Junge sei nirgends zu finden, und Sie sollten nach ihm suchen. Regan holte seine Uhr heraus. "Halb sieben. „Nun", sagte er, „ich gehe rüber und schaue, ob Grumpy etwas über ihn weiß. Wenn der Junge das nächste Mal hier auftaucht, John, gib ihm die weiche Seite eines Drehriegels und schick ihn nach Hause."

Healy kratzte sich am Kopf. „Das werde ich", sagte er; „Ich werde es tun. Er ist ein toller Junge."

Regan überquerte den Hof zu den Toren der großen Geschäfte. Sie waren noch unverschlossen, und er ging in das Büro des Ladenbesitzers. Grumpy sortierte die Messingschecks. Er blickte auf, als Regan hereinkam.

„Ich nehme an, du suchst wieder nach deinem Kind", sagte er säuerlich.

„Das bin ich, Steve", erwiderte Regan und verzichtete diplomatisch auf den Spitznamen des anderen.

„Nun, er ist nicht hier", verkündete Grumpy und wandte sich wieder seinen Schecks zu. „Ich war gerade in den Läden und hätte ihn gesehen, wenn er da wäre."

Das Gesicht des Ingenieurs verfinsterte sich. „Er muss irgendwo in der Nähe sein, Steve. John sagte, er habe gesehen, wie er hierhergekommen sei, und die Frau sei unten im Rundschuppen gewesen, um nach ihm zu suchen, also sei er nicht nach Hause gegangen. Lasst uns durch die Läden gehen und sehen, ob wir ihn nicht finden können."

„Ich bekomme keine Überstunden, um verlorene Kinder zu jagen ", knurrte Grumpy.

Dennoch stand er auf und ging durch die Tür zur Schmiede, die Regan ihm offen hielt. Der Ort war düster und verlassen. Hier und da glühte ein erlöschendes Schmiedefeuer noch matt. Am Ende des Raumes blieben die Männer stehen, und Grumpy, der Regans wachsende Besorgnis bemerkte, spendete mürrischen Trost.

„Würde sowieso nicht hier sein", sagte er. „Ausstattung für ihn; Aber auf dem Weg dorthin werden wir es zuerst in der Maschinenwerkstatt versuchen.

Die beiden Männer gingen vorwärts und schnüffelten hinter Hobelmaschinen, Bohrern, Fräsmaschinen und Drehmaschinen. Die Maschinen nahmen in der zunehmenden Dämmerung groteske Formen an, und in der Stille, die so wenig mit dem üblichen lauten Klirren und Aufeinanderprallen seiner Umgebung übereinstimmte, steigerte sich Regans Nervosität.

Er eilte zur Werkstatt. Überall standen Motoren in allen Stadien des Abrisses über ihren jeweiligen Gruben, einige auf Rädern, andere hoch in Richtung der Dachsparren blockiert, andere bis auf den blanken Kesselmantel abgestreift. Regan stieg in die Kabinen ein und aus, während Grumpy in die Boxen spähte.

„Ach! „Er ist nicht hier", sagte Grumpy angewidert und wischte sich die Hände an einem Stück Abfall ab. „Ich habe dir gesagt, dass das nicht der Fall ist. Vielleicht ist er inzwischen zu Hause.

Regan schüttelte den Kopf. „Bunty! „Ho, Buntee " , rief er. Und noch einmal: „Buntee !"

Es kam keine Antwort und er drehte sich um, um zurückzuweichen, als Grumpy ihn an der Schulter packte. Die große eiserne Tür der Lokomotive vor ihnen schwang langsam in den Angeln zurück, und aus der Vorderseite kam ein winziges Paar Schuhe zum Vorschein, darüber kleine kurze Socken, die einst weiß gewesen waren, jetzt aber in schmutzigen Falten darüber hingen die Stiefel. Ein Paar kräftige , aber sehr schmutzige, nackte Beine kamen nach und nach in Sicht, als ihr Besitzer sich auf dem Bauch vorwärts bewegte. Sie baumelten einen Moment lang und suchten Halt auf dem Teller darunter; Dann stand ein sehr kleiner Junge, vier Jahre alt, in einem ehemals makellosen Matrosenanzug aus Leinen, aufrecht auf der Fußplatte. Die gelben Locken waren mit Motorfett verklebt und mit Asche und Ruß verklebt. An einigen Stellen in seinem Gesicht hatte die Haut noch ihre natürliche Farbe behalten.

Bunty hielt nach seinen Anstrengungen einen Moment inne, um wieder zu Atem zu kommen, dann setzte er sich, immer noch einen Hammer in seiner kleinen Faust, rittlings auf die Deichsel und ließ den Piloten auf den Boden gleiten.

Grumpy brach in schallendes Gelächter aus.

Bunty blinzelte ihn vorwurfsvoll an und wandte sich an seinen Vater.

„Ich habe den Fehler behoben ", verkündete er ernst.

Regan musterte seinen Sohn grimmig. „Was reparieren?" er forderte an.

„Der , iger -'ed", wiederholte Bunty. Dann vorwurfsvoll: „Weißt du nicht, was ein , iger -'ed ist?"

„Oh", sagte Regan, „der Niggerkopf, was? Nun ja, ich schätze, es gibt noch einen Niggerkopf, der etwas zu essen bekommen wird, wenn deine Mutter dich sieht, mein Sohn."

Er nahm den Jungen auf die Arme und Bunty schmiegte sich vertrauensvoll an ihn, einen Arm um den Hals seines Vaters. Sein müder kleiner Kopf sank auf die väterliche Schulter, und bevor sie das Tor erreichten, schlief Bunty tief und fest.

In den folgenden Tagen fiel es Bunty nicht leicht, sich der Wachsamkeit seiner Mutter zu entziehen; aber das war nur der Anfang seiner Probleme. Die Ladentore waren immer geschlossen und der Riegel war außerhalb seiner Reichweite. Einmal hatte er sie offen vorgefunden und war kühn hindurchmarschiert, um festzustellen, dass ihm der einzige Mann, vor dem er Ehrfurcht empfand, den Weg versperrte. Grumpy hatte ihm knapp befohlen, wegzugehen, und Bunty war davongelaufen und gerannt, bis sein kleiner Körper außer Atem war.

Das Roundhouse war nicht besser. Der alte John wollte nichts von ihm wissen, und Bunty staunte über die Veränderung.

Er war Eisenbahner und die Geschäfte waren sein Erbe. Seine Seele protestierte heftig gegen die Empörung, die ihm entgegengebracht wurde.

Es dauerte einige Zeit, bis er das Problem löste, aber schließlich fand er den Weg. Jeden Nachmittag stapfte Bunty tapfer eine Viertelmeile die Strecke entlang bis zum oberen Ende der Werkstätten, wo die großen, breiten Motortüren immer offen standen. Hier führten vier Gleise in die Montagewerkstatt, und Bunty hatte keine Schwierigkeiten, Zutritt zu erhalten. Sobald der kleine Super, wie die Männer ihn nannten, in der Montagegruppe sicher war, stolzierte er mit wichtiger Miene umher und begutachtete die Arbeit mit kritischem Blick.

Eine Lektion, die Bunty gelernt hat. Als er sich an sein letztes Gespräch mit seiner Mutter erinnerte, achtete er sorgfältig darauf, nicht noch einmal in den Geschäften eingesperrt zu werden. So reihte er sich jeden Abend, wenn der Pfiff ertönte, in eine Reihe mit den Männern ein und ging, sicher in ihrem Schutz, mit ihnen an Grumpy vorbei, während sie ihre Zeitschecks abgaben. Und Grumpy, der sich nicht um die Sporenspuren kümmerte, fragte sich, wie er dorthin gekommen war, und runzelte die Stirn.

Als Bunty sechs Jahre alt war, saß sein Vater auf dem Drehstuhl im Büro des Mechanikermeisters der Hill Division, und Buntys Loyalität gegenüber den Werkstätten geriet ins Wanken. Nicht aus irgendeinem Gefühl der Illoyalität; Doch mit der Beförderung seines Vaters eröffnete sich für Bunty eine neue Welt, die ihn faszinierte. Nun waren es der Rangierdienst und das Hauptquartier, die seine Aufmerksamkeit erregten. Die Jahre brachten auch andere Veränderungen für Bunty mit sich. Die Locken waren verschwunden und sein Haar war jetzt wie das seines Vaters geschnitten. Lange Strümpfe hatten die Socken ersetzt, und er trug richtige Hosen; zwar kurze, aber richtige Hosen mit Taschen darin.

Wenn die Schule zu Ende war, flog er mit der stämmigen kleinen Lokomotive den Hof auf und ab, und Healy, der damals das Rangieren übernahm und vergangene Missstände vergaß, ließ Bunty auf dem Fahrersitz sitzen. Mit der Zeit lernte Bunty, Gas zu geben, aber der Rückwärtshebel war zu viel für seine kleine Statur, und die Feinheiten der „Luft" waren ihm immer noch ein wenig zu hoch. Aber Healy schwor, dass er einen Fahrer aus ihm machen würde – und das tat er auch.

Auch die Abende im Büro hat Bunty sehr genossen. Damals war das Hauptquartier nichts Besonderes. Das war, bevor die Konkurrenz ein zweigleisiges System erzwang und der Zugabfertiger mit seinen Seidentüchern immer noch die unbestrittene Macht innehatte. Aus Höflichkeit nannten sie sie „Büros" im Big Cloud – nur das Dachgeschoss über dem Bahnhof, mit einem Zimmer dazu. Die Fläche, die der Schreibtisch jedes Mannes einnahm, war sein Büro.

Hier saß Bunty zusammengerollt im Stuhl seines Vaters und hörte den Männern zu, während sie redeten. Wenn es um eine Lokomotive ging, verstand er es; wenn es sich um Verkehr oder Brücken oder Straßenbett oder Abfertigung handelte, runzelte er verwirrt die Brauen und stellte unzählige Fragen. Vor allem aber empfand er tiefe Verehrung für Spence, den Chefdisponenten.

Zu seiner großen Freude hatte Spence einmal, seine Hand haltend, ihn eine Bestellung auftippen lassen. Es stimmt, dass mit dem OK eine Anfrage zurückkam, welche Marke sich der Dispatcher gegönnt hatte; Aber der Sarkasmus entging Bunty, denn als Spence kichernd die Antwort vorlas, fragte Bunty ernst, ob es eine Antwort gäbe. Spence schüttelte den Kopf und lachte. "Nein Sohn; Ich denke nicht", sagte er. „Wir müssen unsere Würde wahren, wissen Sie."

In diesem Winter begannen sie, zusätzlich zum regulären Verkehr, und der war nicht leicht, Nachschub aus dem Osten über die Hill Division zu schieben und bereiteten sich darauf vor, die Straße von der Westseite der Ausläufer aus doppelt zu verfolgen, sobald der Frühling anbrach. Und während das Thermometer stetig auf Null sank, herrschte in der Hill Division Hitze.

Jeder und alles hat es bekommen, die Läden und die Straßenbetten, das Zugpersonal und das rollende Material. Den wenigen Schlaf, den Carleton, der Supervisor, bekam, verbrachte er damit, Traumpläne für die Führung des Geschäfts zu formulieren. Diejenigen, die ihm beim Aufwachen gut erschienen, wurden von den Baronen des Generalamts im fernen Osten sofort abgelehnt.

Regan bekam keinen Schlaf. Er raste von einem Ende der Division zum anderen und gab sein Bestes. Die Lokmannschaften mussten sich mit weniger als einer schweren Verletzung herumschlagen: In den Werkstätten war kein Platz für sie.

Aber die Männer an den Schlüsseln haben es am meisten geschafft. Als die Tage zu Monaten wurden, wurde Spences Gesicht sorgenvoll und ausgezehrt; und die Gereiztheit der Männer um ihn herum durch Überarbeitung verstärkte sein Unbehagen. Die menschliche Natur braucht ein Sicherheitsventil, und eines Nachts gegen Ende Januar, als Regan, Carleton und Spence im Büro versammelt waren und Bunty an seinem gewohnten Platz im Stuhl seines Vaters saß, wurde der Mechanikermeister losgelassen.

„Es liegt an dir, Spence", rief er wütend und ließ seine Faust krachend auf den Schreibtisch fallen. „ In der Abteilung gibt es kein einziges Räderpaar, das geeignet wäre, eine Draisine zu ziehen. Jeder Motor ist lahm und wird jeden Tag lahm. Der Motor ist nicht gebaut und wird es auch nie sein, er hält dem Zeitplan stand, nach dem Sie sie durch die Hügel fahren, insbesondere durch den Gap. Das sind drei Prozent, mit dem Bett wie ein S. Da kann man sich keine Zeit nehmen; du musst kriechen. Du ziehst die Stehbolzen aus meinen Motoren, das ist es, was du tust."

Carleton, der nicht in engelhafter Stimmung war und froh war, seinen Gefühlen Luft zu machen, knurrte zustimmend.

Spence hob den Kopf von den Tasten, einen roten Anflug von Groll auf seinen Wangen. Er nahm seine Pfeife und packte sie langsam, während er Regan und den Supervisor ansah. „Ich nehme alles, was sie schicken", sagte er leise. Er griff nach dem Zugzettel und reichte ihn dem Supervisor. „Sie und Regan hier knurren über den Zeitplan. Es ist deine Abteilung, Carleton; Aber ich bin mir nicht sicher, ob *Sie* genau wissen, womit wir uns alle vierundzwanzig Stunden befassen. Es geht darum, sie irgendwie übereinander durchzudrängen oder ihnen im Osten zu sagen, dass wir nicht mit ihnen klarkommen. Willst du das tun?"

„Nein", sagte Carleton, „das tue ich nicht; und außerdem werde ich es nicht tun."

Spence nickte. „Ich dachte eher, das wäre deine Idee. Nun ja, wir haben so ziemlich alles, was wir tun können, ohne uns gegenseitig zu belästigen. Ich bin jetzt fast da, und Sie und Regan sind auch hier, Sie beide. Ich muss mir Zeit nehmen, Lücke hin oder her. Es ist so viel Bewegung, dass es nicht genug Abstellgleise gibt, um sie zu überqueren."

„Du hast recht", sagte Carleton; „Wir können es uns nicht leisten, uns gegenseitig anzugreifen. Wir alle geben unser Bestes und jeder von uns weiß es. Wie geht es Nummer eins und zwei heute Abend?"

Spence studierte einen Moment, bevor er antwortete: „Nummer Eins hat vierzig Minuten Zeit und Nummer Zwei eine Stunde weniger."

Carleton stöhnte. Die Imperial Limited West and East, auf den Zugplänen offiziell als One und Two bekannt, beförderte sowohl die transkontinentale Post als auch die Luxuspassagiere. In letzter Zeit hatte der Osten dem Abteilungsleiter sachdienliche Vorschläge gemacht, dass es besser wäre, wenn diese Züge von der Hill Division abfahren würden und dabei etwas mehr Rücksicht auf ihren festgelegten Fahrplan nehmen würden. Also stöhnte Carleton. Er stand auf und zog Hut und Mantel an, um sich auf den Heimweg vorzubereiten. „Sehen Sie", sagte er von der Tür aus, „sie werden für fast alles stehen, wenn wir Eins und Zwei nicht missbrauchen." Sie werden sehr wütend, und schon bald werden sie hart fallen. Ihr müsst euch um diese Züge kümmern, wenn sich nichts anderes in der Division bewegt. Das sind Befehle. Ich werde alle Stöße auf mich nehmen, die auf den Rest des Verkehrs zukommen. Gute Nacht."

Als Bunty an diesem Abend das Büro verließ und mit seinem Vater nach Hause ging, hatte er gelernt, dass es neben dem Bau und der Reparatur von Lokomotiven und der Lieferung magischer Seidentücher an das Zugpersonal, die ihnen sagten, wann und wo sie anhalten sollten, noch eine andere Seite des Eisenbahnwesens gab und wie man sich auf einer eingleisigen Straße durch Hügel und Ebenen schlängelt, mit vielen anderen Zügen, von denen einige in die eine, andere in die andere Richtung fahren. Er verstand vage und verschwommen, dass irgendwo, viele, viele Meilen entfernt, Männer saßen, die über die Taten seines Vaters und von Spence und Carleton urteilten; dass man diesen Männern gehorchen musste, dass ihr Wort Gesetz war und dass ihre Namen Präsident und Direktoren waren.

Also dachte Bunty, der neben seinem Vater hertrottete, über diese Dinge nach. Da er zu gewichtig für ihn war, appellierte er: „Papa, was ist der Präsident und die Direktoren?"

Regans Temperament war immer noch aufgewühlt und er antwortete knapp: „Meistens Narren."

Bunty nickte ernst und seine Ausbildung zum Eisenbahner war fast abgeschlossen. Der Rest kam schnell und The Gap erledigte es.

Die Lücke! Es gab keinen Mann in der Abteilung, vom Gleisläufer bis zum Superintendenten, der nicht wie ein nervöses Fohlen zusammenzucken würde, wenn man „Lücke!" sagte. zu ihnen beiläufig und kurz. Es schien ein friedlicher Streckenabschnitt zu sein, der, wie Regan sagte, ein wenig krumm war und sich am höchsten Punkt der Division an den Berghang schmiegte. Die Umgebung war unbestreitbar großartig. Ein steiler Abgrund von 1800 Fuß zum darunter liegenden Kanon, während die umliegenden Berge ihre schneebedeckten Gipfel in den Himmel reckten, vervollständigte das Bild, auf dem die Straße Elektrotypen hatte und das sie in ihrer Zeitschriftenwerbung verwendete. Was auf dem Bild nicht zu sehen war, war das zwei Meilen lange Gefälle, bei dem das Straßenbett gerade um drei Prozent und manchmal sogar noch besser in die unteren Ebenen abfiel. Als Carleton oder Spence oder Regan, die ihre Zeitschriften lasen, das Bild sahen, schauderten sie und blätterten hastig um, da sie sich an die Vergangenheit erinnerten und Angst vor der Zukunft hatten.

Aber für Bunty übte die Lücke die Faszination des Unbekannten aus. Am nächsten Morgen wurde er früh von der Stimme seines Vaters geweckt, der über die Spezialleitung mit dem Hauptquartier aufgeregt über die Gap und ein Wrack sprach. Er saß kerzengerade da und lauschte mit aller Kraft; dann kroch er lautlos aus dem Bett und begann sich hastig anzuziehen. Er hörte, wie sein Vater mit seiner Mutter sprach, und plötzlich schlug die Haustür zu. Bunty war inzwischen angezogen, schlich die Treppe hinunter und öffnete leise die Tür.

Es war gerade hell geworden, als er zum Hof rannte. Bis zum Büro war es nicht mehr weit – etwa hundert Meter –, und Bunty erreichte es in Rekordzeit. Auf der anderen Seite der Gleise beim Ringlokschuppen koppelten sie an den Abschleppwagen; und auf den hastigen Ruf hin versammelten sich schnell Männer, die aus allen Richtungen rannten.

Bunty zögerte einen Moment auf dem Bahnsteig, dann betrat er den Bahnhof und schlich leise die Treppe hinauf. Die Bürotür stand offen und von der obersten Treppe konnte Bunty in den Raum sehen. Auf dem

Schreibtisch des Disponenten brannte noch immer die Nachtlampe, und Spence saß dort und arbeitete in rasender Eile daran, die Leitung freizumachen. In der Mitte des Raumes standen der Supervisor, sein Vater und Flannagan, der Zerstörerboss.

„Es ist ein Frachtunglück", sagte Carleton zu Flannagan – „ Ostrand der Lücke." Sie haben die gleichen Rechte und keine Begrenzung Ihrer Genehmigung. Sag Emmons, wenn er es nicht in mehr als neunzig Minuten schafft , wird er danach mit mir reden. Wenn Sie dort ankommen, wird Nummer Zwei die Steigung hinaufkriechen. Sie zieht das Auto des alten Mannes, und das bedeutet, sie irgendwie durchzubringen, wenn Sie das Wrack über die Klippe werfen müssen. Sie können zu Riley zurückgehen, um sie passieren zu lassen. Die Flickarbeiten übernehmen wir anschließend. Verstehen?"

Flannagan nickte und warf Spence einen ungeduldigen Blick zu.

Der Supervisor öffnete und schloss seine Uhr. „Bereit, Spence?" fragte er kurz.

„Nur eine Minute", antwortete Spence leise.

Bunty wartete darauf, nichts mehr zu hören. Er drehte sich um und rannte die Treppe hinunter und über die Gleise, so schnell seine Beine ihn trugen. Er kletterte atemlos die Stufen des Werkzeugwagens hinauf und drängte sich zwischen die Männer, die sich in der Nähe der Tür versammelt hatten. Er war ziemlich drinnen, bevor sie ihn bemerkten.

„Hallo", rief Allan, Buntys engster Freund aus der Zeit der Anprobe, „hier ist der kleine Super! Was machst du hier, Junge?"

„Ich gehe zum Wrack", verkündete Bunty energisch.

Die Männer lachten.

„Nun, ich denke *nicht* viel, das bist du nicht", sagte Allan. „Was denkst du, würde dein Vater sagen?"

„Nichts", sagte Bunty leichthin. „Ich komme gerade aus dem Büro", fügte er kunstvoll hinzu, „und wenn Sie möchten, erzähle ich Ihnen von dem Wrack."

Die Männer bildeten einen Kreis um ihn herum.

„Es ist am Gap", begann Bunty und kämpfte um Zeit, als er durch das Fenster sah, wie Flannagan rennend aus dem Büro kam. „Und es ist ein Güterzug, und – und es ist alles kaputt, und – –"

Der Zug fuhr mit einem Ruck los, der die Männer fast vom Boden riss. Zur gleichen Zeit erschien Flannagans Gesicht an der Autotür.

„Alle hier, Jungs?" er hat angerufen. Dann verkündete er fröhlich: „Der Teufel muss die Rechnung bezahlen!"

In der Zwischenzeit hatte sich Bunty, der die Unterbrechung ausnutzte, durch die Männer zum anderen Ende des Wagens gekämpft, und der Zug war über die Weichen auf die Hauptstrecke gestoßen, bevor sie sich an ihn erinnerten. Dann war es zu spät. Sie zerrten ihn hinter einem Schutzwall aus Werkzeugen hervor, wo er sich verschanzt hatte, und Flannagan schüttelte halb wütend, halb spielerisch seine Faust vor Buntys Gesicht.

„Du kleiner Teufel, was machst du hier, was?" er forderte an.

Und Bunty antwortete wie zuvor: „Ich gehe zum Wrack."

„Hmpf!" sagte Flannagan grinsend. „Nun, ich schätze, das tust du, und ich schätze, es wird dir auch leid tun, wenn du zurückkommst und dein Vater dich erwischt."

Aber Bunty war jetzt in Sicherheit und er lachte nur.

Ohne Frühstück teilte er das Essen der Männer und hörte mit großen Augen zu, wie sie von Wracks in vergangenen Zeiten sprachen; Vor allem aber lauschte er der Geschichte, wie sein Vater, als er Nummer Eins zog, die Limited dadurch gerettet hatte, dass er seinen Posten fast im Angesicht des sicheren Todes behielt. Buntys Vater war sein Held und seine kleine Seele strahlte vor Glück bei der Geschichte. Er bettelte so sehr darum, die Geschichte noch einmal zu erzählen, dass Allan sie erzählte, und als er fertig war, klopfte er Bunty auf die Schulter. „Und ich schätze, du bist nur noch ein Teil der alten Schule", sagte er.

Und Bunty war sehr stolz, straffte seine Schultern und stellte seine Füße fest auf, um mit der Bewegung des Autos mitzuschwingen.

Die Geschwindigkeit des Zuges verringerte sich, als er die Steigung erreichte, die an der Ostseite des Gap hinaufführte. Flannagan schickte die Männer fleißig an die Arbeit, die Ausrüstung zu überholen. Er blieb einen Moment vor Bunty stehen. „Schau her, Junge", sagte er und schüttelte warnend den Finger, „geh dir aus dem Weg und gerät nicht in Schwierigkeiten."

Es hätte mehr als Flannagans Worten bedurft, um Buntys Eifer zu zügeln; Als der Zug anhielt und die Männer eilig aus dem Waggon stürzten, folgte er ihm. Was er sah, veranlasste ihn, die Lippen zu schürzen und aufgeregt zu schreien: „Mensch!"

Direkt vor ihm hatte sich ein großer Mogul in eine Schildkröte verwandelt. Sie hatte drei Waggons mit sich gezogen, die von einer Spreizschiene abgeworfen wurden, und stapelte sie, größtenteils in Splittern, auf dem Tender. Sie hatten Feuer gefangen und brannten wütend. Dahinter standen noch acht oder zehn Waggons auf der Fahrbahn, die jedoch stark zerstört waren, weil sie beim Verlassen der Gleise über die Schwellen gestoßen waren. Noch weiter hinten auf der Strecke befand sich der Rest der Kette, offenbar unverletzt. Am Straßenrand lag der Schnee knietief, aber Bunty pflügte sich mannhaft hindurch und kletterte die Böschung hinauf zu einem Aussichtspunkt.

Seine Augen strahlten vor Aufregung, als er die Szene vor sich beobachtete und den heiseren Rufen der Männer, dem Krachen von Spitzhacke und Axt und über allem dem scharfen Knistern des Feuers lauschte, als die Flammen immer lauter wurden immer tiefer in das Wrack hinein. So erbittert die Männer auch kämpften, das Feuer hielt sie mit seinem langen Ausbruch davon ab, dagegen vorzugehen. Es hatte bereits einige der auf der Strecke stehenden Autos erreicht.

Von Buntys Standpunkt aus konnte er sehen, wie der Weg in einem langen Gefälle zum darunter liegenden Tal abfiel. Sie nannten diese Steigung „Teufelsrutsche", und das Wrack lag am Rande, während die Kombüse und ein halbes Dutzend Autos noch immer auf der Steigung ruhten. Als er hinschaute, sah er weit unter sich eine Rauchfahne. Es war Nummer Zwei, die die Steigung erklomm. Zu diesem Zeitpunkt hatte die Aufregung um ihn herum etwas nachgelassen, und die Ankunft des Limited bot eine neue Attraktion.

Er kletterte von seinem Platz herunter und begann, sich einen Weg am Wrack zu bahnen. Flannagan, schmutzig und schmutzig, sprach mit Emmons. „Ich mache das nicht gern", hörte Bunty Flannagan sagen, „aber wir müssen diesen Güterwagen in die Luft jagen, wenn wir das Feuer nicht auf andere Weise stoppen können, sonst wird es unten ein Feuer geben." ganze Zeile. Das Zugpersonal sagt, dass neben der Wohnung dort Terpentin steht – zwei Waggons davon – und wenn das ankommt – „Hallo, Junge", brach er ab und brüllte, als er Bunty erblickte, „du gehst zurück zum Werkzeug ..." Auto, und bleib dort!"

Und Bunty rannte – in die andere Richtung. Er wusste, dass Nummer Zwei etwas auf der anderen Seite des Wracks anhalten würde und dass ein riesiger Zehnradwagen sie ziehen würde, alles so hell wie ein neuer Dollar und glitzernd in Farbe und Blattgold. Als er atemlos und glücklich neben Nummer Zwei anhielt, war Masters, der Ingenieur, gerade dabei, Motor 901 mit Öl zu versorgen, und berührte dabei kritisch die Lagerzapfen mit dem Handrücken.

Als der Ingenieur Bunty sah, stellte er seine Ölkanne auf die Gleitstangen und grinste, als er seine Hand ausstreckte. „Wie geht es dir, Bunty?" er hat gefragt.

Und Bunty nahm die angebotene Hand an und antwortete ernst: „Mir geht es ziemlich gut, Mr. Masters, danke."

„Freut mich, das zu hören, Bunty. Wie bist du hier her gekommen?"

„Ich habe mir den Abschleppzug ausgedacht . Es ist ein furchtbarer Knaller."

"Ist es jetzt! Glauben Sie, dass die Leitung bald frei wird?"

„Oh nein", antwortete Bunty und beäugte wehmütig das Führerhaus der großen Lokomotive. „Nicht für immer und ewig."

Die Augen des Meisters folgten Buntys Blick. „Willst du ins Taxi steigen, Bunty?"

"Oh bitte!" Bunty weinte atemlos.

„In Ordnung", sagte Masters und trug den Jungen durch die Gangway. Dann warnend: „Fass nichts an."

Und Bunty hat es versprochen.

Bis zum Wrack waren es nur vierhundert Meter; aber das war genug. Masters und seine Feuerwehrleute verließen ihren Zug und machten sich auf den Weg, um sich das Geschehen aus nächster Nähe anzusehen. Als alles vorbei war, lag es an dem Abwrackboss und dem Maschinenpersonal von Nummer Zwei. Flannagan schwor, dass er die Lastwagen der Autos auf der Steigung blockiert hatte; aber Flannagan log, und er kam klar. Masters und sein Gefährte hatten keine Chance zu lügen, denn sie brachen die Regeln und bekamen ihre Zeit.

Wie dem auch sei, Bunty saß auf dem Fahrersitz der Imperial Limited und sah zu, wie der Lokführer und der Feuerwehrmann die Strecke in Angriff nahmen. Er verlor die Männer aus den Augen, lange bevor sie das Wrack erreichten. Sie waren immer noch im Blick, aber er war sehr beschäftigt: Er spielte „so tun als ob".

Buntys Fantasie war lebhaft genug, um das Spiel zu einem faszinierenden Erlebnis zu machen, wann immer er sich damit beschäftigte, und das geschah oft. Aber jetzt war es fast Realität, und seine Fantasie wurde kaum dazu angestrengt, das Fehlende auszugleichen. Er war Ingenieur der Limited, und sie hatten gerade an einem Bahnhof angehalten. Er beugte sich aus dem Fahrerhausfenster, um das „Freifahrt"-Signal zu empfangen. Dann machte seine Hand die Bewegung, den Umkehrhebel umzulegen und den Gashebel zu öffnen. Und jetzt war er weg; schneller und schneller. Er wiegte seinen Körper hin und her, um die Bewegung des Taxis zu unterstützen. Er saß sehr grimmig und entschlossen da und spähte geradeaus. Er dröhnte jetzt mit voller Geschwindigkeit dahin. Sie kamen an eine Kreuzung. „ *Tou -oo -o, tout,*

tout! „" schrie Bunty mit seinem schrillen Diskant, denn die Regeln besagten, dass man an jeder Kreuzung pfeifen musste, und Bunty kannte die Regeln. Jetzt kamen sie zur nächsten Station und er begann langsamer zu fahren. „ *Ding-dong, ding-* "

KNALL!

Bunty fiel vor Schreck fast von seinem Sitz. Vor ihm, die Strecke hinauf, bildete sich eine Rauchsäule, eine Trümmermasse stieg in die Luft, und dann krachte es. Flannagan hatte ein Auto in die Luft gesprengt. Bunty starrte fasziniert nicht auf die Explosion, sondern auf das hintere Ende des Wracks auf der Steigung. Er rieb sich verwirrt die Augen, dann kletterte er über die Sitzkante. Auf halber Strecke hielt er inne und schaute noch einmal durch das Vorderfenster, um sich zu vergewissern. Daran bestand kein Zweifel: Die Autos begannen über die Strecke auf ihn zuzurollen. Er wartete nicht länger, sondern eilte zur Gangway, um abzuspringen. Dann hielt er inne, als ihm die Geschichte, die Allan über seinen Vater erzählt hatte , wieder in den Sinn kam. Buntys Herz klopfte wild, als sein Gesicht bleich und entschlossen wurde. Kein echter Ingenieur würde seinen Zug verlassen; sein Vater hatte es nicht getan, und Bunty auch nicht.

Der Umkehrhebel befand sich in der hinteren Kerbe, wo Masters ihn zurückgelassen hatte, als er den Zug anhielt. Es war Buntys Aufgabe, den Gashebel zu erreichen und zu öffnen. Er kletterte auf den Sitz und stellte sich auf die Zehenspitzen. Er beugte sich vor, ergriff den Hebel mit beiden Händen und öffnete ihn. Das Wenige, was Bunty im Umgang mit Motoren besaß, ging in der Angst verloren, die ihn erfasste. Die außer Kontrolle geratenen Waggons waren jetzt nur noch ein paar hundert Meter entfernt, und da sie mit jedem Gleis, das sie fuhren, an Geschwindigkeit gewannen, bedeutete dies Tod und Zerstörung für die Imperial Limited, falls sie sie jemals erreichen sollten. Die Männer an der Spitze der Klasse schrien laut und wedelten warnend mit den Armen.

Der Zug fuhr mit einem Ruck los, der Bunty zurück auf den Sitz warf. Einen Moment lang rasten die großen Fahrer wie Windräder, dann bissen sie sich in die Schienen, und mit Unterstützung der Steigung begann Nummer Zwei langsam rückwärts den Hügel hinunterzufahren.

Bunty richtete sich auf, sein kleiner Körper zitterte vor trockenen Schluchzen. Die Güterwaggons waren in letzter Minute auf ihn zugekommen und hatten ihn fast erreicht. Erneut beugte er sich zum Gashebel, klammerte sich grimmig daran fest und öffnete ihn um eine weitere Stufe, dann noch eine Stufe und dann ganz auf. 901 nahm es wie ein verängstigtes Vollblut. Sie erhob sich unter ihren zweihundertzehn Pfund Dampf von der Strecke und sprang mit einem Schreck, der die Nerven der Passagiere zerstörte, zum Anlassen in die Waggons hinter ihr. Dann machte sie sich auf den Weg zum Reisen. Die Teufelsrutsche ist zwei Meilen lang und in stressigen Zeiten wurde sie ziemlich gut befahren. aber Bunty hält den Rekord – er ist noch gut – und Bunty war nur ein Amateur!

Es war eine Zeit lang ein Kopf-an-Kopf-Rennen, und es kam fast zu einer Massenkarambolage auf der Nase der 901-Pilotin, bevor sie begann, sich zu behaupten. Allmählich begann sie, sich zurückzuziehen, und als sie die Hälfte des Hügels hinunterkamen, wurde der Abstand zwischen ihr und den schwänzenden Güterwaggons immer größer. Die Geschwindigkeit war großartig.

Bleich und voller Angst kauerte Bunty nun auf dem Fahrersitz. Immer wieder ertönte das Signal des Lokführers im Führerhaus über seinem Kopf, mal flehend, mal mit hektischer Beharrlichkeit. Aber Bunty achtete nicht darauf; Sein einziger Gedanke galt den Autos vor ihm, die immer da waren. Er weinte mit leisem Stöhnen vor sich hin.

Es gab ein widerliches Geräusch, als sie um eine Kurve flogen. 901 krängte an der Tangente, eine Fahrergruppe wurde beinahe von der Strecke abgehoben. Als sie ihren Radstand wiederfand, klammerte sich Bunty, aus seinem Halt geschüttelt, an den Rückwärtsganghebel. Er schloss die Augen, als er sich zu seinem Sitz zurückzog. Als er noch einmal hinschaute, sah er, wie die Güterwaggons über ihm in die Kurve fuhren, dann schwankten, als sie über die Gleise sprangen, und mit einem Krachen, das ihn über das Dröhnen und Rattern des Zuges hinaus erreichte, das dröhnende Surren der großen Lokführer unter ihm , stürzen Sie sich kopfüber die Böschung hinunter.

Bunty erhob sich auf die Knie und schaute zum ersten Mal aus dem Seitenfenster, um dort einen neuen Schrecken zu spüren, als die Felsen, Bäume und Stangen schwindlig an ihm vorbeizogen. Er drehte sich um und schaute nach hinten. Ein Mann klammerte sich am Geländer des Postwagens fest, und ein anderer kroch flach liegend über die hoch oben auf dem Tender gestapelte Kohle. Bunty wischte sich die Tränen aus den Augen; Er war kein „ängstliches" Kind. Er stand auf, hielt sich am Fensterrahmen fest und stolperte auf den Gashebel zu. Als er danach griff, taumelte 901 wie verrückt, und Bunty verlor das Gleichgewicht und fiel kopfüber auf die eiserne Bodenplatte des Fahrerhauses. Dann war alles dunkel.

Nummer Zwei fuhr in dieser Nacht mit zehn Stunden Verspätung in Big Cloud ein und brachte Bunty mit. Sein Vater und Carleton und Spence und die Ladenarbeiter waren auf dem Bahnsteig. Aus dem Privatwagen, der die Rücklichter trug, stieg ein älterer Herr mit Bunty auf dem Arm aus. Die Männer jubelten, und während der Mechanikermeister herbeistürmte, um seinen Sohn zu holen, zogen sich der Supervisor und Spence respektvoll zurück.

"Herr. Regan", sagte der alte Herr mit Tränen in den Augen, „Sie sollten ziemlich stolz auf diesen kleinen Jungen sein."

Regan versuchte zu sprechen, aber die Worte erstickten irgendwie.

Der alte Herr schwang sich wieder auf den Wagen. „Auf Wiedersehen, Bunty!" er hat angerufen.

Und Bunty rief aus den Tiefen der Decke, die sie um ihn gewickelt hatten, zurück: „Auf Wiedersehen, Sir!" Als Bunty im Bett lag, erzählte ihm sein Vater, wie der Expressbote den Zug angehalten und ihn zurück ins Pullmans getragen hatte.

Bunty hörte ernst zu. „Ja", sagte er und nickte mit dem Kopf; „Sie waren furchtbar gut zu mir, und der Mann, der mich aus dem Zug holte, erzählte mir Geschichten, und dann erzählte ich ihm auch welche."

"Was hast du ihm gesagt?" fragte Regan.

„Oh, es geht um Züge und Geschäfte und Präsidenten und Direktoren und – und viele Dinge."

„Präsidenten und Direktoren!" sagte Regan überrascht. „Was hast du ihm darüber erzählt?"

„Ich habe ihm gesagt, was du gesagt hast – dass sie Idioten waren , und du wusstest es, weil du sie gesehen hattest."

Regan pfiff leise.

„Und", fuhr Bunty fort, „er lachte, und als ich ihn fragte, worüber er lachte, gab er mir ein Stück Papier und sagte, ich solle es dir geben, und du würdest es mir sagen."

Regan stöhnte. „Ich schätze, es ist meine Zeit", murmelte er. „Wo ist die Zeitung, Bunty?"

„Er hat es mir in die Tasche gesteckt."

Regan zog den Stuhl mit Buntys Kleidung darauf zu sich heran und begann eilig mit der Suche. Er fischte einen schmalen Zettel heraus und faltete ihn auf seinem Knie auseinander. Es handelte sich um einen Scheck über tausend Dollar, zahlbar an Master Bunty Regan, unterzeichnet vom Präsidenten der Straße.

III – „ WENN EIN MANN STIRBT"

Im Osten und Westen ist die Transcontinental jetzt zweigleisig, bis auf die Hill Division – und das wird der Natur der Sache nach wahrscheinlich nie der Fall sein. Wenn Sie die Berge kennen, kennen Sie die Hill Division. Vom Trennpunkt, der Big Cloud, die sich an die östlichen Ausläufer schmiegt, schlängelt sich die Vorfahrt wie die Spur einer großen, sehnigen Schlange durch die Berge, durch die Rocky Mountains, durch die Sierras und taucht schließlich auf, um sie zu verbinden Stahl mit einer Schwesterabteilung, die sich bis zum großen Blau des Pazifischen Ozeans erstreckt.

Es ist ein fantastisches Stück Strecke. Es hat sagenhafte Summen gekostet und vielen Menschen das Leben gekostet; Es hat einigen den Ruhm verschafft und war für andere der Friedhof. Die Geschichte der Welt, in großen Dingen, in kleinen Dingen, in Schlachten, im Streit, im plötzlichen Tod, im Frieden, im Fortschritt und in den Errungenschaften, hat ihr Gegenstück im Kleinen in der Geschichte der Hill Division. Es gibt eine Seite in dieser Geschichte, die „Angel" Breen gehört. Das ist Breens Geschichte.

Es wurde viel geschrieben und noch öfter gesagt, dass Männer in jedem Lebensbereich, bis auf einen, Fehler machen und sie ausleben dürfen, dass aber der Dispatcher, der einmal fällt, für immer verdammt ist. Und es ist wahr. Ich bin Disponent. Ich weiß.

Woher er den Spitznamen „Engel" hat, kann ich Ihnen nicht sagen, und ich habe mich selbst oft genug darüber gewundert. Im Gegensatz dazu denke ich, dass es so war. Im Gegensatz zu den ausgelassenen, rauen und bereitwilligen Männern um ihn herum, denn dies geschah bereits in den frühen Tagen, als Männer zu einem Leben voller Mühsal und ohne Trost zählten. Nein, Breen war nicht sanft – im Gegenteil. Er war einfach ruhig und sanftmütig. Das muss es gewesen sein – Kontrast. Wie auch immer, er war „Engel", als ich ihn zum ersten Mal kannte, und Sie können Ihre eigenen Schlussfolgerungen darüber ziehen, was er jetzt ist – dazu sage ich überhaupt nichts.

Wo kommt er her? Was war er, bevor er hierher kam? Ich weiß nicht. Ich glaube nicht, dass irgendjemand davon wusste oder jemals darüber nachgedacht hat. Eine solche Frage wurde nie gestellt – sie war in den meisten Fällen zu heikel und zu pointiert. Ein Mann war das, was er hier draußen war, nicht das, was er gewesen war; er hat es gut gemacht, oder er hat es nicht getan. Ich möchte damit nicht andeuten, dass in Breens Vergangenheit irgendetwas krumm oder falsch gewesen wäre, ich bin mir sicher, dass das nicht der Fall war, aber ich versuche nur, Ihnen das verständlich zu machen, wenn ich sage, dass Breen den Nachttrick im Griff hatte Im Büro des Disponenten hier in Big Cloud fange ich am Anfang an.

Breen war nicht beliebt. Dafür war er kein guter Mixer. Persönlich würde ich ihm oder einem anderen Mann das nicht vorwerfen. Popularität ist zu oft billig, und ein „guter Kerl" zu sein, ist nicht immer ein Freibrief für einen Mann, seine Brust aufzublähen – obwohl die meisten von ihnen es tun, und das ist das hohe Zeichen dafür, dass das, was ich sage, richtig ist. Nein, ich moralisiere nicht, ich erzähle eine Geschichte, Sie werden sehen, was ich meine, bevor ich zu Ende komme. Ich sage, Breen war nicht beliebt. Er hatte den Ruf, sich ein wenig über der Masse seiner Mitmenschen zu befinden, hochnäsig, um es in kaltem Englisch auszudrucken, und da taten sie ihm Unrecht. Es lag in der Natur der Männer, unaufdringlich, zurückhaltend – anders als sie, wenn Sie verstehen, was ich meine, und sie konnten es nicht verstehen, nur weil es anders war. Die Einschränkungen waren nicht allein Breen überlassen.

Wenn sie so viel über ihn gewusst oder sich die Mühe gemacht hätten, so viel über ihn zu erfahren, wie sie hätten wissen können, bevor sie über ihn urteilten, wären die Dinge vielleicht etwas anders gelaufen; Vielleicht nicht, das möchte ich nicht sagen, denn es ist im Eisenbahnrecht ziemlich allgemein anerkannt, dass der Ausrutscher eines Fahrdienstleiters ein Kapitalverbrechen ist, und es gibt kein Berufungsgericht, keinen Hinrichtungsaufschub, überhaupt nichts, und in jeder Hinsicht ist er tot der Moment, in dem dieser Ausrutscher gemacht wird. Solche Fälle hat es schon viele gegeben, viele davon, und es gibt keine Klasse von Männern, die ich mehr bereue – ein Ausrutscher und verdammt für den Rest ihres Lebens! Ich sage das nicht, weil ich selbst Disponent bin. Wir sind doch nur Menschen, nicht wahr? Gott weiß, dass solche Fehler nicht absichtlich gemacht werden. Manchmal ist ein Mann überarbeitet, manchmal passieren ihm, genau wie jedem anderen Mann, merkwürdige Gehirnprobleme. Wir gelten in allem außer unserer Arbeit als Menschen. Ich sage nicht, dass es nicht richtig ist. Letztendlich denke ich, dass es so sein muss. Es ist Teil des Spiels und wir kennen die Regeln, wenn wir „zusitzen". Wir haben keinen Grund, uns zu beschweren, nur kriege ich jedes Mal einen Schauer, wenn ich eine Schlagzeile lese, von der ich weiß, dass sie nicht nur ein Todesurteil ist, sondern auch einem armen Teufel das Herz herausreißt. Sie haben die Art, die ich meine, gesehen, Dutzende davon gelesen – „ Dispatcher's Blunder Costs Many Lives" – oder etwas mit dem gleichen Effekt. Vielleicht finden Sie es merkwürdig, aber tagelang kann ich im Dienst nicht mit einem Auftragsbuch oder einem Zugblatt umgehen, ohne die Hälfte der Zeit mein Herz im Mund zu haben.

Was hat das mit Breen zu tun? Nun ja, in gewisser Weise hat es nichts mit ihm zu tun; und auf andere Weise ist es auch so. Ich möchte, dass Sie wissen, dass ein Fehler für einen Disponenten mehr bedeutet als den Verlust seines Arbeitsplatzes. Glaubst du, sie sind ein kaltblütiger, gefühlloser Haufen? Ich möchte, dass Sie wissen, dass es ihnen wichtig ist. Oh ja, sie sind Menschen. Sie haben ein Herz und eine Seele; das eine zum Brechen, das andere zum Anbraten. Mein Gott! Denken Sie darüber nach – ein Ausrutscher. Das ist das Grauenhafteste an der ganzen Sache: ein *Ausrutscher!* Glaubst du nicht, dass sie *fühlen können?* Glaubst du nicht, dass ihre eigene seelische Qual Strafe genug ist, ohne die zusätzlichen Vorwürfe und Schlimmeres ihrer Mitmenschen? Aber lass es sein, es ist das Gesetz des Spiels.

Ich sagte, dass sie hier draußen nicht viel über Breen wussten, außer dass er ein ziemlich guter Dispatcher war, aber was das betrifft, hat es ihm nicht geholfen, eher im Gegenteil, als der Zusammenbruch kam. Je besser der Mann, desto schwerer der Sturz, was? Im Allgemeinen ist das so, nicht wahr? Vielleicht fragen Sie sich, was ich über ihn weiß. Ich werde Ihnen sagen. Wenn jemand Breen kannte, dann kannte ich ihn. Damals war ich noch ein Kind, heute bin ich ein Mann. Ich hatte nicht einmal einen Mantel – Breen gab mir einen. Ich bin ein Dispatcher – Breen hat es mir beigebracht, und kein besserer Mann auf dem „Schlüssel" als Breen hat jemals gelebt, ein besserer Mann, als ich jemals zu sein hoffen konnte, und doch ist er ausgerutscht. Wundern Sie sich, dass ich zittere, wenn ich diese Dinge lese? Ich bin kein religiöser Mensch, aber ich habe Gott auf meinen gebeugten Knien immer wieder darum gebeten, mich vor dem Schrecken, dem Leid und dem verdammten Leben zu bewahren, das Breen und vielen anderen Menschen widerfahren ist – durch einen Ausrutscher. Ja, wenn jemand Breen kannte, dann ich. Alles, was ich weiß, alles, was ich habe, alles auf dieser ganzen weiten Welt, verdanke ich Breen – „Angel" Breen.

Sie haben wahrscheinlich zu der Zeit, als es passierte, vom Elktail- Wrack gelesen, aber inzwischen haben Sie es vergessen. Diese Dinge bleiben nicht lange im Gedächtnis, es sei denn, sie kommen einem ziemlich nahe; Es passieren jede Stunde zu viele andere Dinge in dieser großen, pulsierenden Welt, als dass sie mehr als nur das Gefühl des Augenblicks wären. Aber die Details hier draußen haben für die meisten von uns Anlass genug, sich im Gedächtnis festzuhalten, nicht nur an das Wrack selbst, sondern auch an das, was danach geschah – und ich weiß nicht, welches von beiden das Schlimmste war. Sie können es selbst beurteilen. Ich gehe nicht auf technische Details ein. Du wirst es besser verstehen, wenn ich es nicht tue. Sie werden sich erinnern, dass ich gesagt habe, dass die Hill Division nur eingleisig ist. Das heißt, ich brauche Ihnen nicht zu sagen, dass es jede Sekunde an den Fahrdienstleiter geht, und alles, was zwischen den Zügen und der Ewigkeit steht, ist das Stück Taschentuch, das in der Bluse des Lokführers steckt, und sein Duplikat, das in der Seitentasche des Schaffners steckt. Befehle, Treffpunkte, Single Track, verstehen Sie? Der

Fahrdienstleiter hält sie alle fest, jeden einzelnen von ihnen, auf Leben und Tod, Männer, Frauen und Kinder, Zugpersonal und Firmeneigentum, alle – und Breen ist ausgerutscht!

Niemand weiß bis heute, wie es dazu kam. Ich wage zu behaupten, dass eine herausragende Autorität auf dem Gebiet der Psychologie es erklären könnte, aber selbst wenn er es täte, wäre die Erklärung zu hochtrabend und würde zu weit über meinen Kopf hinausgehen, als dass ich sie verstehen könnte. Ich kenne nur die Fakten und das Ergebnis. Breen schickte eine Rundenbestellung an Nummer Eins, die Imperial Limited, Richtung Westen, und Nummer Achtzig-Zwei, eine schnelle, verderbliche Fracht, die nach Osten raste. Beide waren außerhalb des Zeitplans und er pflegte sie jede Sekunde, die er konnte. Zurück durch die Berge, in beide Richtungen, die ganze Nacht über, hatte er ihnen das Beste von allem gegeben – die imperialen Rechte und Zweiundachtzig fast genauso gut, wenn nicht sogar ganz. Dann legte er den Treffpunkt der beiden Züge fest.

Ich habe einmal eine Geschichte gelesen, in der der Fahrdienstleiter einen Rundenbefehl für zwei Züge verschickte und sein Fehler ihn die ganze Zeit aus seinem Auftragsbuch anstarrte. Ich schätze, das war ein Versehen, und er hat es nie bemerkt. Das war seltsam genug, aber was Breen tat, war noch seltsamer. Sein Auftragsbuch zeigte sich kerzengerade. Die Fracht sollte in Muddy Lake, zehn Meilen westlich von Elktail , für Number One halten . Nummer Eins natürlich, wie ich Ihnen schon sagte, frei herumlaufen. „Irgendwie, ich weiß nicht wie, es ist eines dieser Dinge, die man nicht erklären kann, ein unbewusster Bruch zwischen dem Geist und der mechanischen, physischen Aktion, man hat es an kleinen Dingen bemerkt, die man selbst getan hat", telegraphierte Breen Wort „ Elktail " anstelle von „Muddy Lake" – und wusste es nie – hatte nie einen Hinweis darauf, dass etwas nicht stimmte – bemerkte es nie bei der Wiederholung und gab sein OK zurück. Die Reihenfolge, die geschriebene Reihenfolge im Buch, war genau so es sollte sein. Da stand Muddy Lake – richtig, Muddy Lake. Sehen Sie, was passiert ist? Die Fracht hatte keine Zeit, Elktail zu erreichen , aber sie kam bis auf drei Meilen heran – und so weit kam sie noch nie! Auf einem hässlichen Wegstück voller Böcke und Schluchten, wo sich die Vorfahrt schlimmer als der Buchstabe S verbiegt, trafen sie sich, die beiden, frontal – Nummer Eins und Nummer Zweiundachtzig!

Und Breen wusste nicht, was er getan hatte, selbst als die Details ans Licht kamen. Wie konnte er das wissen? Was machte Eighty-Two östlich von Muddy Lake? Sie hätte dort warten sollen, bis Nummer Eins an ihr vorbeikam. Das zeigten die Auftragsbücher deutlich. Und den ganzen Rest der Nacht, während er wie ein Verrückter daran arbeitete, die Gleise freizumachen, ins Krankenhaus zu kommen und Züge zu zerstören – bei Carle-ton war er damals großartig, grau im Gesicht und abgezehrt, wie der

Herr eines Sturms - warf ein Passagierschiff auf seine Brücke, gab Befehle, ging im Raum auf und ab und fluchte manchmal über seine eigene Ohnmacht – Breen wusste nicht, keiner von ihnen wusste, wo die Schuld lag. Aber der Schrecken der Sache hatte Breen schon damals im Griff. Ich war in dieser Nacht dort und kann ihn jetzt unter der grün abgeschirmten Lampe gebeugt sehen – ich kann Carletons Gesicht sehen, und es war kein angenehm anzusehendes Gesicht. Ich erinnere mich an eine Sache, die Breen gesagt hat. Einmal, als der Echolot erbarmungslos eine Nachricht anklickte, die schrecklicher war als alles, was es zuvor gegeben hatte, und die Zahl derer, deren Leben für immer erloschen war, noch vergrößerte, die Geschichte der Verwundeten, die wilde, verrückte Geschichte von Chaos und Verfall noch verstärkte, Breen hob für einen Moment den Kopf vom Schlüssel, strich sich mit einer nervösen, zitternden Handbewegung die Haare aus den Augen und sah Carleton an.

„Es ist schrecklich, schrecklich", flüsterte er; „ *Aber denken Sie an den Mann, der es getan hat* ." Der Tod wäre leicht im Vergleich zu dem, was er fühlen muss. Es macht mich schwach wie ein Kätzchen, wenn ich daran denke, Carleton. Mein Gott, Mann, verstehst du das nicht? Ich oder ein anderer Dispatcher könnte morgen, am nächsten Tag oder übermorgen dasselbe tun. Sag es mir noch einmal, Carleton, sag es mir noch einmal, dieser Befehl ist klar."

„Verlieren Sie nicht die Nerven", antwortete Carleton scharf. „Wer auch immer einen Fehler gemacht hat, das bist nicht du."

Ironie? Nein. Es geht über all das hinaus, nicht wahr? Es kommt der Tragödie im Leben eines Mannes so nahe wie möglich. Es wird so tief und nähert sich dem Grundgestein wie nie zuvor auf dieser Seite der Großen Wasserscheide. Denk daran! Denken Sie an Breen in dieser Nacht – es ist zu groß, um es zu bekommen, nicht wahr? Gott habe Mitleid mit ihm! Diese Worte von ihm haben mir all die Jahre in den Ohren geklingelt, und jedes Mal, wenn ich die Augen schließe, kann ich diese Szene noch einmal in allen Einzelheiten sehen.

In den wenigen Stunden, die bis zum Morgengrauen blieben, blieb keine Zeit, sich intensiv mit der Ursache zu befassen. Es gab genug anderes zu bedenken, genug, um jeden einzelnen Mann in der Abteilung, vom Autoreparaturmann bis zum Superintendenten, zu befreien, und noch mehr, als sie verkraften konnten – die Ermittlungen könnten später erfolgen. Aber es kam nie.

Es bestand keine Notwendigkeit dafür. Wie haben sie es herausgefunden? Es kam wie der Knall des Untergangs, und Breen bekam es – bekam es – und es schien die Schleusentore seiner Erinnerung zu sprengen, schien diesen schlummernden Akkord zu berühren, und er wusste, wusste, wie er wusste, dass er einen Gott hatte, was er hat gemacht.

Sie fanden den Befehl, der den Treffpunkt festgelegt hatte. Elktail steckte Mooneys Pullover in die Hose, als sie ihn, nachdem sie den Kran in Betrieb genommen hatten, unter seinem Motor hervorzogen. Wer war Mooney? Ingenieur des Güterverkehrs. Sie fanden ihn, bevor sie irgendjemanden aus seinem Zugpersonal oder auch vor seinem Feuerwehrmann fanden. Tot? Ja. Ich bin Disponent, wenn Sie möchten, schauen Sie es sich mal von der anderen Seite an, das ist nur fair. Dieses Stück Gewebe hat Mooney natürlich befreit – aber es hat ihn in den Tod geschickt. Ja, ich weiß, mein Gott, glaubst du nicht, ich *wusste*, was es bedeutet – auszurutschen?

Es war kurz bevor Davis, Breens Ersatzspieler, für den Morgentrick eingewechselt wurde, tatsächlich war Davis im Raum, als Breen den Bericht erhielt. Er kritzelte es Wort für Wort auf einen Block, so wie es einging, damit Carleton es sehen konnte. Einen Moment lang schien es ihm nichts zu bedeuten, und dann, wie ich schon sagte, verstand er es. Ich habe noch nie zuvor einen solchen Ausdruck im Gesicht eines Mannes gesehen, und ich bete zu Gott, dass ich das nie wieder tun werde. Er schien zu verdorren, verstrahlt wie die Eiche durch einen Blitzschlag. Das Entsetzen, die Verzweiflung, die Qual in seinen Augen kann ich nicht mit Worten beschreiben, und Sie würden es nicht hören wollen, wenn ich es Ihnen sagen könnte. Er streckte mitleiderregend die Arme aus wie ein flehendes Kind. Seine Lippen bewegten sich, aber er musste es immer wieder versuchen, bevor ein Ton von ihnen kam. Es war nicht daran zu denken, jemand anderem die Schuld zuzuschieben. Breen war nicht so nett. Oh ja, er hätte es tun können. Er hätte den Fehler dem Nachtmann am Gap anlasten können, wo Mooney seinen Elktail- Haltebefehl erhielt, und Breens Auftragsbuch hätte die Frage offen gelassen, wer von beiden den Fehler gemacht hatte – hätte ihn wahrscheinlich rausgelassen und verdammt der andere. Sie sagen, aufgrund der Art, wie er sich verhalten hat, hat er nicht daran gedacht und deshalb ist die Versuchung nicht auf ihn gekommen. Ja ich weiß was du meinst. Nicht so sehr zu Breens Gunsten, was? Nun, ich weiß nicht, es hängt davon ab, wie man es betrachtet. Ich würde lieber glauben, dass der Gedanke nicht kam, weil die Seele des Mannes zu *rein war*. Es war sauber – egal, was er danach tat.

Es gab schon viele Todesszenen von Disponenten – in den kommenden Tagen wird es noch weitere geben, viele davon. Solange es Eisenbahnen gibt und solange die Menschen als Menschen gebrechlich sind und ihnen die Unfehlbarkeit einer höheren Macht fehlt, werden sie unvermeidlich sein. Aber kein Todesort in der Karriere eines Disponenten war jemals so wie dieser. Breen war sein eigener Richter, seine eigene Jury, sein eigener Henker. Glaubst du, ich könnte seine Worte jemals vergessen? Er deutete mit der

Hand auf das Fenster, das auf den westlichen Gleisabschnitt hinausging , auf die Ausläufer, auf die mächtigen Gipfel der Rocky Mountains, die dahinter aufragten, und das Leben, das Wesen des Mannes lag in seiner Stimme. Sie kamen langsam, diese Worte, einem gebrochenen Herzen entrissen, einer zitternden Seele entrissen.

„Ich wünsche Gott, dass ich an ihrer Stelle wäre. Christus, sei barmherzig! Ich habe es geschafft, Carleton. Ich weiß nicht wie. Ich tat es."

Niemand antwortete ihm. Niemand sprach. Für einen Moment, der wie eine Ewigkeit schien, herrschte Stille, dann ging Breen, die Arme immer noch vor sich ausgestreckt, durch den Raum wie ein Blinder in seiner eigenen völligen Dunkelheit, ging zur Tür und wurde ohnmächtig – allein. Diese paar Schritte durch den Raum – allein! Daran habe ich seitdem ziemlich oft gedacht – sie schienen so schrecklich, grimmig und ganz im Einklang mit dem zu stehen, was dem angeschlagenen Mann noch vom Leben übrig blieb – *allein* . Es ist ein ziemlich hartes Wort , das manchmal, und manchmal, Tränen hervorruft.

Ich weiß nicht, wie ich ihn so gehen lassen konnte. Ich war wohl zu benommen, um mich zu bewegen, aber ich erreichte ihn am Fuß der Treppe, als er auf den Bahnsteig trat. Es gab nichts, was ich sagen konnte, oder? Was hättest du gesagt?

Kein Mann wusste besser als Breen selbst, was dies für ihn bedeuten würde. Er war zerstört, schlimmer als dieses andere Wrack, denn er war ein lebender Tod. Damals gab es hier draußen noch keine Grand Jurys oder ähnliches, und es hätte für Breen auch keinen Unterschied gemacht, wenn es welche gegeben hätte. Man kann doch kein Wasser mehr in einen Eimer geben, wenn er schon voll ist, oder? Sie können nicht das Maximum erhöhen, oder? Glaubst du nicht, dass Breens Strafe außerhalb der Macht eines Menschen oder von Männern lag, um sie zu erhöhen oder auch nur um den kleinsten Bruchteil abzumildern? Es war, Gott weiß es, alles bis auf einen letzten Stich, der ihn meiner Meinung nach jetzt beruhigt hat, obwohl ich an dieser Stelle sagen möchte, dass es nicht an mir liegt, über sie zu urteilen, was auch immer es Breen angetan hat. Wer bin ich, dass ich sollte? Es ist zwischen ihr und ihrem Schöpfer. Ich komme gleich darauf zurück.

Ja, Breen wusste genau, was es für ihn bedeutete, aber als wir an diesem Morgen die Straße hinaufgingen, waren seine Gedanken, das weiß ich ganz genau, nicht bei ihm selbst – er dachte an die anderen. Und ich, nun ja, ich dachte an Breen. Würdest du nicht? Ich habe dir gesagt, dass ich Breen alles schulde, was ich auf der Welt habe. Auf dem ganzen Weg bis zu seiner Pension sagte keiner von uns ein Wort. Es war fast so, als wäre ich nicht bei ihm, obwohl er mir so viel Aufmerksamkeit schenkte. Aber er wusste trotzdem, dass ich da war. Daran denke ich gern. Ich war damals noch nicht sehr alt – das will ich nicht als Entschuldigung anführen, denn ich schäme mich nicht zuzugeben, dass ich den Tränen nahe war –, wenn ich älter gewesen wäre, hätte ich vielleicht etwas sagen oder tun können, um zu helfen . Alles, was ich tun konnte, war, diesen einen schwarzen Gedanken immer und immer wieder durch meinen Kopf zu bringen. Breens lebendiger Tod, Tod, Tod, Tod. So traf es mich, so erwischte es mich, und das Wort blieb hängen und wiederholte sich, während ich neben ihm blieb.

Er war tot, tot für Hoffnung, Ehrgeiz, Zukunft, alles, so tot, als ob er ausgestreckt vor mir in seinem Sarg lag. Es schien, als könnte ich ihn so sehen. Und dann fragen Sie mich nicht warum, ich weiß es nicht, ich weiß nur, dass solche Dinge passieren, unbewusst über Sie kommen, plötzlich schloss mir dieser Vers aus der Bibel in den Sinn, Sie wissen es –" wenn a Der Mensch stirbt, soll er wieder leben?" Ich muss es laut gesagt haben, ohne es zu wissen, denn er wirbelte blitzschnell auf mich zu, legte seine beiden Hände auf meine Schultern und starrte mir mit erschrockenem Blick in die Augen. Ich sage erschrocken. Das war es, aber da war noch mehr. Für eine Sekunde schien ein Hoffnungsschimmer zu erwachen, hungrig, oh, wie hungrig, erbärmlich in seiner Sehnsucht, und dann drückte die Nutzlosigkeit, die Vergeblichkeit dieser Hoffnung sie zurück, löschte sie aus, und das Licht in seinen Augen wurde stumpf und verstarb.

Wir waren an der Tür seiner Pension stehengeblieben, und ich wollte gerade mit ihm nach oben in sein Zimmer gehen, aber er hielt mich auf.

„Nicht jetzt, Charlie, Junge", sagte er kopfschüttelnd und versuchte zu lächeln; "nicht jetzt. Ich möchte allein sein."

Und so habe ich ihn verlassen.

Allein! *Er wollte allein sein* . Gab es jemals Worte voller grausamem Spott? Es scheint manchmal schwer zu verstehen, nicht wahr? Und wir kommen dazu, Dinge in Frage zu stellen, die wir lieber in Ruhe lassen sollten. Ich weiß, dass ich mich zuerst immer gefragt habe, warum der allmächtige Gott jemals zugelassen hat, dass Breen diesen Fehler macht. Er hätte es stoppen können, nicht wahr? Aber das ist Krach, oder? Wir fahren auf Befehl des Großen Fahrdienstleiters, und das Endliche kann das Unendliche nicht überspannen.

Vielleicht finden Sie es seltsam, dass ich Breen so zurückgelassen habe, dass ich ihn allein in sein Zimmer gehen ließ. Sie denken, dass er sich in seinem Zustand möglicherweise selbst Schaden zufügt – um es deutlich auszudrücken: alles beenden. Nun, dieser Gedanke kam mir nicht damals, sondern erst später, aber nicht damals. Warum? Es muss einfach das angeborene Bewusstsein gewesen sein, dass er so etwas nicht tun würde. Manche Männer sehen die Dinge auf eine Weise, andere auf eine andere. Es ist eine Frage der Individualität und des Temperaments. Ich glaube nicht, dass Breen so etwas hätte tun können, ich weiß, dass er in meinen Gedanken so weit davon entfernt schien, dass mir, wie gesagt, der Gedanke nicht kam. Er war ein zu großer Mann, groß genug, um sich dem zu stellen, was vor ihm lag, sich den Bedingungen zu stellen, sich den Männern zu stellen, obwohl sie ihn weiß Gott wie einen lauernden Kojoten behandelten, wenn sie nicht gewesen wäre. Ich möchte dazu stehen. Breen hätte nie getan, was er getan hätte, wenn sie anders gehandelt hätte . So viel weiß ich. Aber ich möchte es noch einmal sagen: Ich habe kein Recht, sie zu verurteilen.

Vielleicht haben Sie Kiplings Geschichte über das Black Tyrone Regiment gelesen, das seine Toten sah? Naja, Breen war, wie ich dir am Anfang schon sagte, nicht beliebt, und die Jungs hatten ihre Toten gesehen. Verstehst du? Paria, Ausgestoßener, was du willst, sie haben ihn gemacht, alles außer Mitleid, das sie ihm entgegengebracht haben, und ich sage, er hätte alles genommen, alles akzeptiert, nur gibt es einige Dinge, die zu schwer sind, als dass ein Mann sie ertragen könnte, nicht wahr? ? Belastungsgrenze nennen es die Ingenieure, wenn sie ihre Brücke bauen. Nun ja, es gibt eine Belastungsgrenze für Herz, Gehirn und Seele eines Menschen, genau wie auf einer Brücke; Und während der eine, bis über die Bruchgrenze hinaus beansprucht, in einer schrecklichen Masse aus verdrehten Trümmern auf den Grund der Kanone, auf den Grund der Schlucht, in das rauschende, kochende Wasser des darunter liegenden Flusses stürzt, stürzt der andere ab, ein Verdammter Seele, bis auf den Grund der Hölle. Kitty Mooney hatte sie tot gesehen. Kitty Mooney, die Schwester des Ingenieurs! Und Breen liebte sie und wollte sie heiraten. Das ist alles.

Wie soll ich wissen? Woher weißt du das? Vielleicht war es Trauer, vielleicht war es Hysterie, vielleicht entsprach es dem Licht, das Gott ihr gab und das sie nicht verstehen konnte, vielleicht war es nur wilde, unvernünftige, hektische Leidenschaft. Ich weiß nicht. Ich weiß nur, dass sie ihn einen *Mörder nannte* . Sie hätte ihn nicht lieben können, sagen Sie. Vielleicht nein, vielleicht ja. Macht es einen Unterschied? Breen glaubte, dass sie es tat, und Breen liebte *sie* . Ich weiß nicht. Ich weiß nur, dass er nach einem Strahl der Barmherzigkeit suchte, nach *ihrer* Barmherzigkeit, um die schwarzen Tiefen zu erhellen, nach der Berührung, *ihrer* Berührung, die ihn vom Abgrund abgehalten hätte, nach dem Wort des Trostes, *ihrem* Wort, das würde Ich habe ihm gesagt, dass er sich wie ein tapferer Soldat angesichts unzähliger Widrigkeiten stellen muss. Stattdessen erhielt er eine Verurteilung, die schrecklicher war als alles, was es zuvor gegeben hatte, und ein blutendes Herz trocknete bitter wie Galle, ein geduldiger, von Kummer geplagter Mann wurde zu einem bösartigen, schnappenden Wolf. und „Angel" Breen – ein Teufel.

Wäre ich ein stärkerer Mann gewesen als Breen? Würdest du? Hätte ich an ihrer Stelle anders gehandelt als Kitty Mooney? Würdest du? Wir wissen es nicht, oder? Niemand weiß. Gott bewahre, dass wir es nie erfahren. Der arme

Teufel in den Gossen, die elenden, ruinierten Leben von Frauen, die ihren Halt verloren und den Abschaum getrunken haben, die menschlichen, gestrandeten, ramponierten Wracks, die wir um uns herum sehen, waren einst wie du und ich. Wir wissen es nicht, oder? Gott habe Mitleid mit ihnen! Gott bewahre uns vor dem Spott! Unsere Stärke wurde nie gemessen. Es darf nicht größer sein als ihres. Morgen könnten es Sie oder ich sein.

Damals war es hier draußen ziemlich gesetzlos. Wir hatten das Gesindel des Ostens und Schlimmeres; und es gab nichts, was sie zurückhielt, nichts, was sie in Schach hielt, und sie taten, was sie wollten. Sie brachten den Eindruck in das Bild des Westens, dass der Westen sich noch nicht damit abgefunden hat, und ich bin mir nicht sicher, ob das jemals der Fall sein wird. Der Schlägertyp, der Glücksspieler, der Typ, der mit Waffen umgeht, der Dieb, der Desperado, der böse Mann, verdammt böse, böse bis ins Mark. Mittlerweile sind die meisten von ihnen ausgerottet, aber damals war es anders. *Sie* zeigten Breen keine kalte Schulter. Warum sollten sie? Sie waren doch auch Ausgestoßene und Parias, nicht wahr? Und Breen, nun ja, ich denke, Sie verstehen das genauso gut wie ich, und Sie wissen, wie ich weiß, dass ein Mann wie er an seine Grenzen geht , wenn er geht. Für manche Männer gibt es keinen Mittelweg, sie sind nicht dafür geschaffen.

Was auch immer sie für gut hält oder was auch immer sie für schlecht hält, es hält sie alle, so oder so, alle, Körper, Geist und Seele, alle. Und das gilt trotz der Tatsache, dass es oft genug eine Sache gibt, es kann eine kleine Sache sein, es kann eine große Sache sein, aber etwas, vor dem die Schlimmsten von uns zurückschrecken, das sie nicht tun können. Es ist keine Moral, es ist kein Gewissen, ein Mensch geht weit darüber hinaus; Es ist vielleicht eine Erinnerung an die Vergangenheit, etwas, das er seit seiner Kindheit in sich trägt. Ich weiß nicht. Man kann die menschliche Natur nicht wie ein Präparat auf einem Objektträger unter dem Mikroskop behandeln. Es gibt kein Exemplar. Da es Millionen von Menschen gibt, unterscheidet sich auch jeder in irgendeiner Weise vom anderen. Man kann nicht klassifizieren, man kann die verschiedenen Kinks nicht in einer Liste tabellarisch zusammenfassen und sie auswendig lernen, oder? Der Mann, der sagt, er kenne die menschliche Natur, sagt, er sei genauso weise wie der Gott, der ihn geschaffen hat, und dieser Mensch sei ein armer Narr. Das stimmt, nicht wahr? Und so sage ich, dass, so seltsam es auch erscheinen mag, es im schlimmsten von uns, egal wie tief wir wollen, im Allgemeinen etwas gibt, gegen das sich unsere Seele, was davon noch übrig ist, auflehnt. Breen war ein Eisenbahner. Die Eisenbahn lag ihm im Blut. Ich möchte, dass du das verstehst. Es war ein Teil von ihm. Jeder Mann, der in diesem Geschäft sein Geld wert ist, ist so. Es liegt im Blut oder nicht; Du bist ein Eisenbahner oder nicht.

Breen verschwand aus Big Cloud und ich habe ihn von dem Tag an, als Kitty Mooney ihn von ihrer Tür abwies, bis in die Nacht hinein nicht mehr gesehen – aber dazu komme ich – das ist das Ende. Es gibt ein oder zwei Wörter, die davor stehen – damit Sie es verstehen. Er verschwand aus Big Cloud, aber er verließ die Berge nicht. Vielleicht hinter all dem, eine fast unmögliche Theorie, wenn man so will, aber ich kann es verstehen, etwas in ihm ließ ihn nicht weglaufen. Er ist weggelaufen, sagen Sie. Ja, aber da ist wieder der seltsame Hirngespinst. Vielleicht hat er aufgehört. Du provisorisch. Ich provisoriere. Wir versuchen manchmal zu täuschen und zu täuschen, nach Schlupflöchern zu greifen, nach Strohhalmen zu schnappen, um unsere Selbstachtung zu stärken, nicht wahr? Das meine ich, wenn ich sage, dass es möglich ist , dass er nicht weglaufen konnte. Er klammerte sich an den Strohhalm, das Schlupfloch, dass das Weglaufen in *Meilen gemessen wurde* . Ich sage nicht, dass es das war, denn ich weiß es nicht. Es ist möglich. Im Laufe der Monate hörten wir von Zeit zu Zeit von ihm, und die Dinge, die wir hörten, waren nicht angenehm zu hören. Er wurde immer schlimmer, bis ihn etwas, das er nicht tun konnte, zum Stillstand brachte – das Ende bedeutete.

Fragen Sie mich nicht, wann Breen sich mit Black Dempsey und der Gruppe von Unholden, die ihn als Anführer bezeichneten, zusammengetan hat – der hässlichsten, seelengeschwärzten Gruppe von Unholden, die jemals den Westen verschmutzt hat, und das verwendet eine ziemlich starke Sprache. Fragen Sie mich nicht, wie Breen in dieser Nacht weit weg von den anderen, die darauf warteten, mit ihrer höllischen Arbeit zu beginnen, nach Big Cloud kam. Frag mich nicht. Ich weiß nicht. *Warum* er es getan hat – ist anders. Das kann ich Ihnen sagen. Was sie wollten, war, dass er etwas tat, an dem er teilnahm, das Einzige, worüber ich sprach, das Einzige, was er nicht tun konnte. Breen war ein Eisenbahner, die Eisenbahn lag ihm im Blut, das ist alles – aber es ist alles – die Eisenbahn lag ihm im Blut. Was den Rest betrifft, wusste er vielleicht bis zum letzten Moment nicht, was sie wirklich vorhatten, und stahl sich dann von ihnen. Vielleicht haben sie es herausgefunden, haben ihn verdächtigt, und einige von ihnen sind ihm gefolgt, haben versucht, ihn aufzuhalten, haben versucht, ihn davon abzuhalten, hierher zu gelangen. Aber was nützt Spekulation? Ich habe es nie gewusst, ich werde es nie erfahren. Breen kann es mir nicht sagen, oder? Und ich kann Ihnen nur sagen, was ich in dieser Nacht gesehen und gehört habe.

Ich hatte damals den Nachttrick – Breens Job – sie gaben mir Breens Job. Es kam mir zunächst irgendwie wie ein Sakrileg vor, es anzunehmen – als würde ich ihn berauben, es ihm wegnehmen, dem Mann Unrecht tun, ihn ausziehen und verarmen lassen, dem ich sogar das Wissen verdankte, das mich fit machte, das es möglich machte, eine Taste gedrückt halten – seine Taste. Natürlich war das nur Sensibilität, aber Sie verstehen doch, nicht wahr? Es hat mich hart getroffen, als ich zum ersten Mal „dagesessen" habe, aber nach und nach ließ das Gefühl nach; Nicht, dass ich es jemals vergessen hätte, das habe ich übrigens noch nicht getan, nur die Zeit stumpft die scharfen Kanten ab, und Routine, Gewohnheit und Sitte tun ihr Übriges. Ich muss Ihnen nicht sagen, dass ich mich an diese Nacht erinnere. Erinnere dich dran!

Das war, bevor dieser Bahnhof gebaut wurde, und damals hatten wir hier eine alte Holzhütte, die gleichzeitig als Frachthaus, Bahnhof, Divisionshauptquartier und alles andere fungierte. Das Zimmer des Disponenten befand sich im Obergeschoss.

In dieser Nacht lief alles reibungslos. Kein zusätzlicher Verkehr, keine Straßenprobleme, rein, raus, rein, raus, auf der gesamten Strecke fuhren die Züge wie am Schnürchen von einem Ende der Division zum anderen. Wenn mir überhaupt etwas durch den Kopf ging, dann die Limited, Nummer Zwei, Richtung Osten. Damals hatten wir mit viel Gold zu tun, ein großer Teil davon wurde damals in den Osten verschifft – und zwar heute noch vom Klondyke aus, wissen Sie – und wir bekamen einen beträchtlichen Teil des Geschäfts abseits der südlichen Konkurrenz. Wir hatten keine Probleme gehabt und waren auch nicht auf der Suche nach solchen, aber es war allgemein bekannt, dass alle Sendungen dieser Art besondere Aufmerksamkeit erhalten sollten. Nummer Zwei hatte an diesem Abend einen Extra-Schnellzugwagen mit einer Sendung für die Münzstätte an Bord, daher hatte ich sie natürlich auf dem ganzen Weg durch die Berge, seit ich sie von der Pacific Division holte, aufmerksamer als sonst im Auge behalten. Zu der Zeit, von der ich spreche, um vier Uhr morgens, war ich fast von ihr weg, denn sie befand sich nicht weit westlich von Coyote Bend, fünfzehn Meilen von hier, und sie hatte die ganze Zeit über Rechte. Halb Höchstens noch eine Stunde, dann wäre sie nicht mehr in meinen Händen und würde den Dispatchern der Prärieabteilung übergeben. Sie hatte ihren Zeitplan auf Schritt und Tritt eingehalten, und alles, worauf ich wartete, war der Anruf von Coyote Bend, der sie über die Ein- und Ausfahrt nach Big Cloud informieren würde. Coyote Bend ist die erste Station westlich von hier, verstehen Sie? Es gibt nichts dazwischen. Sie sollte um 4.05 Uhr in Coyote eintreffen, und ich möchte, dass Sie sich daran erinnern – ich habe es schon einmal gesagt, aber ich möchte es wiederholen. Ich möchte, dass du es *hart* bekommst – sie war die ganze Nacht bis zur Sekunde gerannt.

Meine Uhr lag offen vor mir auf dem Tisch und ich beobachtete, wie der Minutenzeiger über das Zifferblatt wanderte. 4.03, 4.04, 4.05, 4.06, 4.07, 4.08. Ich war alleine im Büro. Der Nachtrufer war etwa zehn Minuten zuvor losgefahren, um das Zugpersonal des Fünf-Uhr-Ortszuges anzurufen. Es gab nichts, worüber man nervös sein müsste. Darauf führe ich es nicht zurück. Drei Minuten waren nichts. Vielleicht war es nur Ungeduld, Ärger.

Du weißt, wie es ist, wenn man darauf wartet, dass etwas passiert, und ich hatte erwartet, dass der Echolot bei diesem Bericht aus Coyote Bend jede Sekunde kaputt geht. Wie auch immer, schreibe es darauf zurück, was du magst, obwohl ich keinen Drink wollte Besonders schob ich meinen Stuhl zurück, stand auf und ging zum Wasserkühler. Der Tisch des Disponenten befand sich auf der Ostseite des Raumes, die Tür öffnete sich auf der Südseite und der Wasserkühler befand sich in der gegenüberliegenden Ecke. Ich erkläre das, damit Sie verstehen, dass sich die Tür *zwischen* dem Wasserkühler und dem Tisch befand. Diese alte Hütte war rau und fertig, und ich habe mich mehr als einmal gefragt, was sie jemals davon abgehalten hat, auseinanderzufallen. Es brauchte nicht mehr als einen Windhauch, um jeden Fensterflügel der Truppe zum Klappern zu bringen wie eine Gruppe kleiner Trommeln. Deshalb habe ich wohl auch niemanden die Treppe hochkommen hören. In dieser Nacht wehte es ziemlich heftig. Aber ich hörte, wie sich die Tür öffnete. Ich dachte, es wäre wieder der Anrufer, und fragte mich, wie er seine Runde in so kurzer Zeit geschafft hatte. Mit dem Glas halb an meinen Lippen drehte ich mich um – dann rutschte mir das Glas aus den Fingern und zerbrach in Splitter auf dem Boden. Mein Mund wurde trocken, mein Herz schien stehen zu bleiben. Ich konnte nicht sprechen, konnte mich nicht bewegen. Es war Breen – „Angel" Breen!

Ich sah, wie er beim Geräusch des splitternden Glases zusammenzuckte, aber er sah mich nicht an. Er klammerte sich einen Moment lang schwankend am Türpfosten fest, sein Gesicht war kreidebleich, dann taumelte er durch den Raum – *und ließ sich in seinen alten Stuhl fallen* . Ich sah, wie er auf meine Uhr blickte und sein Gesicht schien weißer zu werden als zuvor, dann schnappte er nach dem Zugblatt und lächelte – nein, es war nicht gerade ein Lächeln, so konnte man es nicht nennen, sein ganzes Gesicht schien sich zu verändern, aufzuleuchten und seine Lippen bewegten sich – ich weiß es jetzt in einem Gebet der Dankbarkeit. Du verstehst, nicht wahr? Er kannte die Zeitkarte und wusste, dass Nummer Zwei, nachdem er meine Uhr gesehen hatte, Coyote Bend bereits vor vier, vielleicht fünf Minuten *verlassen hätte* , aber auf dem Zugblatt stand: immer noch nicht gemeldet. Seine Finger schlossen sich um den Schlüssel und er begann, den Coyote Bend-Anruf zu tätigen. Immer und immer wieder, schnell, scharf, klar, prägnant, mit all der alten meisterhaften Note, die er geschickt hatte, rasselte Breen den Ruf – cc,cx – cc,cx – cc,cx – cc,cx .

Und dann habe ich meine Stimme gefunden.

„Gott im Himmel, Breen!" Ich stammelte und ging auf ihn zu. "Du! Was---"

Der Echolot ist kaputt gegangen. Coyote Bend antwortete. Und im selben Moment gab Breen diesen Befehl über das Kabel weiter.

„Halten Sie Nummer Zwei. Halten Sie Nummer Zwei" – der Absender buchstabierte die Worte zweimal.

Dann wiederholte Coyote Bend den Befehl und Breen gab das OK zurück

„Breen!" Ich schrie. "Was machst du? Bist du verrückt! Was machst du hier? Sprich, Mann, was –"

Er hatte sich in seinem Stuhl aufgerichtet und eine Art leises, eingängiges Keuchen kam von seinen Lippen. Es schien, als ob er seine ganze Kraft, seine ganze Kraft brauchte, um seinen Blick auf meinen zu richten. Ich sprang nach dem Schlüssel, aber er riss sich plötzlich nach vorn und stieß mich verzweifelt weg. Und dann nannte er mich beim alten Namen, nicht viel mehr als ein Flüstern, ich konnte die Worte kaum verstehen und ich verstand nicht, wusste nicht, dass der Mann vor mir ein verwundeter, sterbender Mann *war*. Mein Gehirn wirbelte herum, voll von dieser anderen Nacht, voll von den Tagen und Monaten, die darauf folgten. Ich konnte nicht denken. ICH--

„Charlie – Junge, es ist alles in Ordnung. Black Dempsey im Schnitt. Ich hatte Angst, ich wäre zu spät – zu spät. Sie haben – mich – hier erschossen" – er riss mit den Fingern an seiner Weste.

Und dann verstand ich es – zu spät. Als ich nach ihm griff, schwankte er nach vorne und fiel wie ein zusammengekauerter Haufen um, über den Schlüssel, über das Bestellbuch, über das Zugblatt, das ihm einst das Leben gekostet hatte und es ihm nun zurückgegeben hatte – tot.
Was gibt es zu sagen? Was auch immer er getan haben mag, wie tief er auch zurückgefallen sein mag, die Eisenbahn, die ihm im Blut lag, war größer als er selbst, stärker als jede andere Bindung. Breen war ein Eisenbahner.
Ich weiß nicht warum, oder? Sie wissen nicht, warum es genau dann passierte, nachdem Nummer Zwei die ganze Nacht nach Plan gelaufen war. Es hätte zu einem anderen Zeitpunkt passieren können – aber das war nicht der Fall. Glück oder Zufall, wenn Sie so wollen, mehr als das, wenn Sie es anders sehen möchten, aber nur ein paar Meilen westlich von Coyote Bend ist im Taxi von Nummer Zwei etwas schief gelaufen. Nicht viel, ich weiß jetzt nicht mehr, was es war, ich weiß nicht, ob ich es jemals gewusst habe, nicht viel. Gerade genug, um sie ein paar Minuten zurückzuhalten, die wenigen Minuten, die es Breen ermöglichten, noch einmal bei dem Trick des Nachtdienstleiters mitzusitzen, noch einmal am Schlüssel zu sitzen, seinen alten Job noch einmal durchzuhalten, bevor er mit dem Befehl, den er gegeben hatte, für immer mit der Eisenbahn aufhörte sein Leben zu schicken, um zu verhindern, dass Nummer Zwei in Tod und Zerstörung gegen die Felsen und Felsbrocken stürzt, die Black Dempsey und seine Bande fünf Meilen östlich von Coyote Bend über die Strecke im Cut aufgetürmt hatten.

Ich weiß nicht. „Wenn ein Mann stirbt, soll er dann wieder leben?" Ich überlasse es dir. Ich weiß nur, dass sie hier draußen viel von ihm halten, viel von Breen, „Angel" Breen – jetzt.

IV – SPITZER

Spitzer war von Natur aus zurückhaltend. Manchmal lässt so etwas mit zunehmendem Alter nach, manchmal nicht. Wenn dies nicht der Fall ist, ist es schlimmer als die bösartigste Krankheit – sie war bei Spitzer während seiner gesamten zweiundzwanzig Lebensjahre bösartig.

Spitzer war kein besonders sehenswerter Mann, und in der Hill Division war er auch nicht besonders wertvoll. Manche Männer meistern die Gelegenheiten, andere nicht; Was Spitzer betrifft – nun, er war ein kleiner Bursche mit Stupsnase, spitzem Gesicht und struppigem Haar und verwaschenen blauen Augen, der in seinen Tiefen immer eine Entschuldigung für die Existenz seines Besitzers mit sich herumzutragen schien, und diese Idee wurde bestätigt ein gutes Stück von Spitzers Stimme. Spitzer hatte eine schwache Stimme und das sprach gegen ihn. Die gewöhnliche Stimme des gewöhnlichen Mannes in der Hill Division war nicht schwach – sie war durchsetzungsfähig. Spitzer litt darunter, weil alle über ihn krochen. Niemand hielt etwas von Spitzer. Natürlich kannten sie ihn alle, das heißt diejenigen, deren Aufgaben sie in die Zone von Spitzers Umlaufbahn führten, die auf Big Cloud oder besser gesagt auf das Rundhaus bei Big Cloud beschränkt war. Niemand hat ihm jemals genug Mut zugetraut, seine Seele sein Eigen zu nennen. Selbst als es um den Zahltag ging, nahm er seinen Scheck entgegen, als sei es ein Fehler und als sei er wirklich nicht für ihn bestimmt. Er trödelte einfach mit und verrichtete Tag für Tag seine Arbeit wie ein treuer Hund, nur dass er ein weniger aufdringlicher Anblick war. Um es in einem Wort zusammenzufassen: Spitzer war körperlich, geistig und beruflich ein Nichts.

Natürlich kam er nie weiter. Er fegte einfach weiter den Rundschuppen und spielte herum und spielte Pagen für jeden Tom, Dick und Harry, der einen Finger zu ihm rührte. Jahr für Jahr fegte und wischte er im Rundschuppen. Was das Dienstalter anging , war er es, aber wenn es um Beförderungen ging, war er es nicht. Promotion und Spitzer waren so offensichtlich und demonstrativ uneins, dass niemand jemals an so etwas gedacht hatte. Wenn eine Stelle frei war, bekamen andere sie. Spitzer sah, wie sie weiterzogen, feuernd, mit Reserverad fahrend, bis zu vollwertigen Stammsoldaten auf der rechten Seite der Kabinen, Männer, die nach ihm gestartet waren; aber Spitzer wischte und fegte trotzdem den Rundschuppen.

Carleton, der Supervisor, nannte ihn einen Meilenstein, und das traf genau ins Schwarze. Sommer, Winter, Herbst, Frühling, gutes Wetter, schlechtes Wetter, der 1,70 Meter große Spitzer, einen kleinen Blecheimer im Schlepptau, trottete so regelmäßig wie am Schnürchen die Main Street in Big Cloud entlang, und jeden Morgen genau zur gleichen Stunde im

Ringlokschuppen gemeldet – fünf Minuten vor sieben. Nie ein Fehler, nie ein Ausrutscher – fünf von sieben Minuten. Die Zugbegleiter mussten ihre Uhren bei ihm einstellen, und die Fahrdienstleiter verkabelten das meteorologische Observatorium jedes Mal, wenn ihre Chronometer nicht stimmten – das heißt nicht mit Spitzer übereinstimmten –, und die meteorologische Menge stellte Spitzer bei jedem Schuss als erstes auf das Band.

Nachts war es genauso, nur dass Spitzer dann nach dem Sechs-Uhr-Pfeifen ging. Zehn Stunden am Tag, sonntags frei – manchmal – wischen, fegen, fegen, wischen, morgens von seiner Pension zum Rundschuppen, abends vom Rundschuppen zu seiner Pension – das war Spitzer, zurückhaltend, er selbst -ausgelöschter, harmloser, bescheidener Spitzer.

Nachtzeiten? Spitzer existierte nicht, es gab keinen Spitzer – das wurde nicht von ihm erwartet! Wenn jemand gefragt worden wäre , hätten sie erstaunt gewirkt, aber dann wurde nie jemand gefragt – oder gefragt, was umgekehrt dasselbe ist. Spitzer war wie ein Werkzeug, das man nach der Arbeit des Tages weglegte und bis zum nächsten Morgen völlig und zutiefst vergaß. Niemand wusste etwas über Spitzer, nachdem der Pfiff um sechs Uhr ertönte, niemand wusste es und kümmerte sich weniger darum – das heißt, niemand aus der Eisenbahnerschaft wusste es, und letzten Endes waren sie Big Cloud, ihnen gehörte es, leitete es, absorbierte es, und das zu Recht, da Big Cloud der Divisionspunkt der Hill Division war.

In der unbeschreiblichen Perversität der Dinge liegt die Würze und Vielfalt des Lebens. Tommy Regan, der Meistermechaniker, war ein Mann, der sich nicht so leicht aus der Fassung bringen und nicht so leicht aus der Fassung bringen ließ. Er war sehr klein, sehr breit, hatte kleine schwarze Augen und einen langen, struppigen, braunen Schnurrbart, der an den Ecken herabhing. Außerdem war er mit einem wohlgeformten, wohlgenährten Bauch gesegnet – ein unwiderlegbares Zeichen der Zufriedenheit, einer ruhigen und gelassenen Einstellung zum Leben im Allgemeinen und im Besonderen und der Freiheit von den Übeln der Eile und Sorgen. Ein Mann mit einem Bauch ist ein besonderer Mann und sehr beneidenswert, selbst wenn dieser Bauch, wie es bei Regan der Fall war, irischer Abstammung ist, denn dann macht ihn der begleitende Hauch von keltischem Temperament eher zu einem gewöhnlichen, widerspenstigen Menschen , reizbar, alltäglicher Sterblicher und weniger temperamentvoll neugierig. Regan war zu Recht stolz auf beides – seinen Bauch und seine Nationalität. Regan drückte es anders aus – seine Nationalität und sein Bauch. Das ist jedoch eine Frage der individuellen Entscheidung und die relative Bedeutung der Dinge ist so, wie man sie sieht; Die Hauptsache ist, dass das eine ihm erlaubte, gelegentlich feurige Worte zu gebrauchen, und das andere es ihm ermöglichte, normalerweise einen sehr lobenswerten Zustand des Gleichmuts zu bewahren.

Perversität aller Perversitäten! Es war Spitzer, der Regan erschütterte – nicht nur einmal, sondern mehr als einmal. Und bevor er durchkam, wurde er so stark durchgeschüttelt, dass Regan das Wunder noch nicht überwunden hat.

„Denken Sie darüber nach", wird er sagen, wenn das Thema angesprochen wird. "Denk daran! Du kennst Spitzer, oder? Nun, *denken Sie* darüber nach! SPITZER!" Und wenn es Sommer ist, wischt er sich die Stirn, und wenn es Winter ist, dreht er seine Daumen, während er seine Finger über seinem *Embonpoint* verschränkt , das heißt über dem unteren Knopf seiner Weste.

Regans erster Schock überkam ihn eines Morgens, als er nach einer kritischen Inspektion seiner Haustiere im Rundschuppen – große sechs- und achträdrige Gebirgslokomotiven – hinausschlenderte, sich an die Schubstange auf der Drehscheibe lehnte und im Geiste über die jeweilige Situation debattierte Vorzüge einer Rostfuge und eines geraden Flickens, der speziell an Nummer 583 angebracht wurde, das am Tag zuvor zur Reparatur in die Werkstatt gefahren worden war.

Eine Gestalt trat aus der Maschinentür am anderen Ende des Rundschuppens hervor und kam auf ihn zu. Regans angezogener Blick warf kaum einen Blick in diese Richtung und senkte sich dann wieder in Meditation, als er mit der Spitze seines Stiefels ein kleines Loch in die Asche trat – es war nur Spitzer.

Als er wieder aufblickte, war Spitzer näher, ganz nah . Spitzer war vor ihm stehengeblieben und stand geduldig da, eine verlegene Röte auf seinen Wangen, und wischte sich nervös die Hände an einem überaus schmutzigen Stück Verpackung ab, das er in seiner Gedankenlosigkeit, denn Spitzer war offensichtlich geistesgegenwärtig, für ein Stück Abfall gehalten hatte.

„Huh!" sagte Regan und starrte auf Spitzers Hände. „Was versuchst du zu tun? Black up für eine Minstrel-Show?"

Spitzer ließ die Verpackung fallen, als wäre sie eine Handvoll Disteln, und rieb mit den Händen die Hosenbeine seines Overalls auf und ab.

"Also?" Regan hat eingeladen.

Spitzer begann schnell und hastig zu sprechen – das heißt, seine Lippen bewegten sich schnell und hastig.

Regan hörte aufmerksam und mit angespannter und hoffnungsloser Miene zu, während er versuchte, ein Wort und damit die Bedeutung von Spitzers Bemerkungen zu verstehen.

"Wie?" fragte er, als er sah, dass Spitzer am Ende war. „Sprich laut, Mann. Du wirst das Baby nicht wecken."

Spitzer begann noch einmal von vorne. Dieses Mal schnitt er etwas besser ab.

„Ein Dollar fünfundzwanzig", wiederholte der Mechanikermeister benommen.

Spitzer hellte sich sichtlich auf und nickte.

Regan starrte verwirrt und verblüfft. Allmählich, so unmöglich, unverständlich und widersprüchlich es auch schien, dämmerte ihm, dass Spitzer, sogar Spitzer, *Spitzer* um eine Gehaltserhöhung bat *!*

„Ein Dollar fünfundzwanzig." war alles, was Regan noch einmal wiederholen konnte, und die Worte kamen mit einem Keuchen heraus.

Als Spitzer den Tonfall falsch interpretierte, wurde sein Gesicht voller Reue und Ärger. Er war entsetzt über seine eigene Kühnheit, das Thema überhaupt anzusprechen, aber jetzt hatte er die Grenzen überschritten – er hatte zu viel verlangt!

„Zwanzig Dollar", wagte er in einem schüchternen Kompromiss – Spitzer bekam fünfzehn Dollar.

„Wie lange arbeiten Sie schon hier?" fragte Regan, erholte sich ein wenig und begann, sich wieder zusammenzureißen.

„Vier Jahre", sagte Spitzer schwach.

„Guter Gott!" murmelte Regan. "Vier Jahre. Ein Dollar fünfundzwanzig, oder? Nun ja, ich weiß nicht , ich schätze, wir schaffen das." Und dann, als ihm plötzlich ein neuer Gedanke kam: „Was zum Teufel würdest *du* mit mehr Geld machen, hm?"

Aber Spitzer grinste nur verlegen, als er, nachdem er seinen Dank gemurmelt hatte, zurückging und im Rundschuppen verschwand.

„Guter Gott!" murmelte Regan und sah ihm nach.

„Vier Jahre und eineinhalb Dollar *und* Spitzer! Guter Gott!"

Regan lief den ganzen Tag mehr oder weniger benommen umher. Er bestellte das Flicken auf 583, als er sich entschieden hatte, dass die Rostfuge das beste Mittel gegen die Motorbeschwerden sei, und er überlegte, wie viel ein Dollar und fünfzehn Cent pro Tag für ein Jahr außer Sonntagen ausmachte, und dann tat er das dasselbe mit einem Dollar fünfundzwanzig als Multiplikand und verglich die Ergebnisse. Spitzers Forderung war nicht exorbitant, und es war nicht viel, um irgendjemanden zu verärgern – das war es einfach – es war Spitzer, und Spitzer war nicht viel. Die Wirkung, sei sie nun psychologischer oder sonstiger Natur, lässt sich keineswegs an der bloßen Größe der Ursache messen, es ist das Phänomenale und

Ungewöhnliche, das mit gesundem Respekt behandelt werden muss, und für eine sichere Handhabung ist ein zweigleisiges Blocksystem erforderlich mit den Warnsignalen von Anfang bis Ende – der Mechanikermeister fand es jedenfalls so, und er sollte es wissen.

An diesem Abend entlud er sich nach dem Abendessen bei Carleton und einigen anderen im Divisionshauptquartier, das nach oben über den Bahnhof verlegt worden war, wo sich die Häuptlinge regelmäßig jeden Abend zu einer Pfeife trafen und eine Runde Pedro hineinwarfen Beleben Sie die Dinge ein wenig – Big Cloud ist nicht mit vielen Attraktionen im Vergnügungsangebot gesegnet.

Carleton grinste.

„Schlechte Gesellschaft", meinte er. „Das ist ein harter Haufen, der da drüben im Roundhouse ist, Tommy. Sie verderben seine Manieren. Es hat lange gedauert, aber Sie kennen die alte Geschichte vom Wasser und dem Stein. Was?"

„Was zum Teufel würde *er* mit mehr Geld machen?" fragte Spence, der Chefdispatcher, in ungeheucheltem Erstaunen.

Regan starrte ihn verächtlich an. Er hatte Spitzer selbst genau die gleiche Frage gestellt, aber seitdem hatte er seine Mathematikkenntnisse aufgefrischt.

„Mach damit!" er würgte. „Dreißig Dollar und achtzig Cent – *pro Jahr*. Ein verdammt großes Problem, nicht wahr?"

„Nun, Sie müssen Ihren Zeitplan nicht durchbrechen", sagte Spence ein wenig säuerlich. „Du bist derjenige, der die meiste Aufregung darüber macht."

„Ich sag dir was, Tommy", bemerkte Carleton immer noch grinsend, „du willst von nun an nach Spitzer Ausschau halten." Ich schätze, seine Emanzipation hat begonnen – nichts wie ein Anfang. Bevor Sie es merken, wird er die Antriebsabteilung, einschließlich des Meistermechanikers, mit Füßen treten."

„Ich gebe ihm die Gehaltserhöhung", sagte Regan mehr zu sich selbst als laut. „ Es kam zu ihm, was? Vier Jahre und das erste Mal, dass ich ein Jaulen von ihm hörte."

„Du wirst mehr hören", prophezeite Carleton; „Auch wenn er nicht sehr laut spricht."

"Denke schon?" sagte Regan und runzelte die Augen.

„Das tue ich", sagte Carleton.

Und Regan tat es.

Nicht auf einmal, nicht mehrere Wochen lang. Doch in der Zwischenzeit kam es bei Spitzer zu einer Veränderung. Er fegte und wischte und meldete sich jeden Morgen um fünf vor sieben und hielt sich genauso im Hintergrund, genauso weit weg von allen, genauso unauffällig wie zuvor, aber Spitzer war nichtsdestotrotz verändert.

Es begann am Tag nach seiner Gehaltserhöhung. Es war eine unbestimmte, schwer fassbare, negative Veränderung, die man nicht mit so vielen Worten beschreiben konnte. Regan versuchte es und gab es auf. Etwas Konkretem kam er eines Tages am nächsten, als er um das Ende eines Tenders herumfuhr und unerwartet auf Spitzer stieß. Spitzer fegte wie immer, aber Spitzer pfiff auch – was nicht üblich war. Regan konnte sich zwar nicht viel daraus machen, aber andererseits hatte Regan auch seine Grenzen.

Regan war sich Carletons Worte bewusst und richtete seinen Blick auf eine leicht neugierige Art und Weise auf den kleinen verblassten, blauäugigen Arbeiter, und als er die erste Veränderung bemerkte, ohne sie definieren zu können, bemerkte er nun, nach etwa einer Woche, eine Zweitens, mit dem Unterschied, dass die Diagnose dieses Mal schmerzlich offensichtlich war – Spitzers Rückkehr zu Spitzers normalem Selbst. Spitzer hörte auf zu pfeifen.

Jedes Mal, wenn er den Rundschuppen betrat, bemerkte Regan, dass Spitzer ihn mit einem zögernden, unentschlossenen und besorgten Blick ansah. Und obwohl er es nicht ganz begriff, kam ihm doch etwas von der Wahrheit in den Sinn. Spitzer nahm seinen Mut bis zum Knackpunkt zusammen und bereitete sich auf einen weiteren Schritt vorwärts auf seinem verspäteten Marsch in Richtung Emanzipation vor.

Es war auf den Tag genau ein Monat seit dem ersten Interview, als Spitzer den Mechanikermeister erneut ansprach, und zwar wie zuvor an der Drehscheibe vor dem Lokschuppen, und wenn überhaupt, auf eine Weise, die noch nervöser und unruhiger war als am ersten Tag der frühere Anlass. Er stammelte ein- oder zweimal, um anzufangen – und sein Versuch scheiterte völlig.

Regan betrachtete ihn mit tiefem Misstrauen. Einmal in vier Jahren kam es nicht mehr so oft vor, und schließlich konnte man sogar von Spitzer, nachdem der Schock vorüber war, erwarten, dass er das tat. Aber in einem Monat wieder – und von Spitzer! Etwas stimmte nicht – vielleicht hatte Carleton recht.

„Nun", schnappte er, „du hast deine Gehaltserhöhung bekommen. Bist du nicht zufrieden?"

Spitzer nickte stumm.

„Nun, was ist dann los mit dir, wenn du zufrieden bist?" explodierte der Meistermechaniker.

„Ich möchte ——" Das letzte Wort verklang in zitternder, zitternder Zusammenhangslosigkeit.

„Willst du was bekommen?" knurrte Regan. „Spucken Sie nicht, als ob Sie Ihre Zähne verschluckt hätten. Was möchtest du bekommen?"

„Schießen", platzte Spitzer nach einem verzweifelten Kampf heraus.

Regan schnappte nach Luft. Spitzer! SPITZER – in einem Taxi! Er hätte nicht klar hören können.

„Sag es noch einmal", flüsterte der Meistermechaniker.

„Schießen", wiederholte Spitzer mit mehr Selbstvertrauen, nachdem der Sprung gewagt war.

„Ja", sagte Regan schwach zu sich selbst. "Das ist es. Ich habe es richtig verstanden – schießen! Er will *feuern!* "

„Ich – ich kann es schaffen", stockte Spitzer. "Ich muss."

„Äh? Was ist das?" sagte Regan. "Du musst? Sag mal, Spitzer, was zum Teufel ist denn überhaupt mit dir los?"

Spitzer zappelte wie ein Wurm an einem Haken, und sein Gesicht nahm die Farbe eines Signalarms an – ein tiefrotes. Spitzer litt sehr.

„Gut, gut", drängte Regan. „Lass die Luft ab! Nehmen Sie die Bremsen ab!"

Merla Swenson heiraten."

Regans Kiefer sackte herab wie der abgebrochene Ast eines Baumes, und seine Augen traten regelrecht hervor und hingen über die Wangenrolle . Dann begann er sich nach und nach, ganz allmählich, zusammenzukrümmten, und unschöne Verrenkungen machten sich in seinen Gesichtsmuskeln bemerkbar. Spitzer! Spitzer war genug! Aber Spitzer *und* Merla Swenson! Die 1,80 Meter schwere, knochige und langarmige schwedische Jungfrau Merla ! Oh, Widersprüchlichkeit, Vielfalt, Perversität des Lebens!

„Hau!" er brüllte plötzlich. „Hau, hah! Ha, ha, ha! Und noch einmal – nur lauter. Der Dreher und ein oder zwei Helfer steckten ihre Nasen aus den Türen des Ringlokschuppens, um die Unruhe ausfindig zu machen.

Kann ein Stein schwimmen? Kann eine Feder sinken? Erstaunlich, verwirrend, verblüffend, unmöglich, oh ja; aber es war auch sehr lustig. Es war das Lustigste, was Regan jemals in seinem Leben gehört hatte.

„Hau, hah!" Er hat geschrien. „Ho, ho! Haha, haha!

Sein Bauch zitterte wie Wackelpudding und er hielt beide Hände an die Seite, um den Schmerz zu lindern. Er richtete sich auf, um erneut in Gelächter auszubrechen, und hielt dann, als er den Mund bereits geöffnet hatte, um anzufangen, inne, als wäre er betäubt worden. Spitzer stand immer noch vor ihm und Spitzers Kopf war abgewandt, aber Regan fing es auf, fing die beiden großen Tränen auf, die langsam über die schmutzigen Wangen liefen. Und in diesem Moment wurde ihm klar, was weder ihm noch irgendeinem anderen Mann in der Hill Division jemals zuvor klar geworden war – dass auch Spitzer ein *Mensch war* .

Regan hustete, würgte und räusperte sich. Hier erschien Spitzer in einem neuen Licht, aber der Spitzer der Jahre ließ sich nicht so leicht in Vergessenheit geraten. Spitzer in einem Taxi war nach wie vor eine Anomalie, ganz im Gegenteil zu seinen ehelichen Bestrebungen.

"Brennen?" sagte er mit ernster Überlegung, dass er im Gegensatz dazu als Linderung für den Schmerz seiner Heiterkeit dienen sollte. "Brennen? Ich fürchte nein. Du bist dafür nicht geeignet. Du bist nicht groß genug."

Spitzer fuhr sich mit den Händen über die Augen.

„Ich *kann* schießen", verkündete er mit überraschendem Mut, „und das *muss ich* auch. " Es gibt kleinere als mich, die das machen."

„Was meinst du mit ‚muss'?" forderte der Mechanikermeister.

Spitzer rutschte unruhig hin und her und trat nach dem Boden.

„ Merla und ich haben uns schon eine ganze Weile versöhnt", stammelte er, „aber sie wollte nichts sagen, bis ich eine Gehaltserhöhung bekam."

„Nun, du hast es verstanden", sagte Regan.

Spitzer nickte kläglich.

„Ja, und jetzt sagt sie, das reicht nicht aus, um zu heiraten, und – und wir müssen warten, bis ich gefeuert werde."

„Guter Gott!" murmelte Regan und wischte sich in tiefer Verwirrung die Stirn. Das Schicksal der Sterblichen lag in seinen Händen – aber auch die Antriebsabteilung der Hill Division. Er konnte Spitzer in einem Taxi ebenso wenig sehen wie das altehrwürdige Kamel, das durch ein Nadelöhr ging. Dann kam ihm die Inspiration.

„Schau her, Spitzer", sagte er beruhigend. „Es hat keinen Sinn, über eine Entlassung zu reden, und ich werde nicht zulassen, dass Sie sich falsche Hoffnungen machen. Aber ich sage Ihnen was: Sie brauchen darüber nicht betrübt zu sein. Sie liebt dich, nicht wahr?"

Spitzers Lippen bewegten sich.

"Hm?" fragte Regan besorgt und beugte sich vor.

"Ja; „Das sagt sie", wiederholte Spitzer mit dünner Stimme.

"Ja; Na dann, wenn man Frauen kennt und so viel über sie weiß wie ich, weiß man, dass nichts anderes zählt – nichts als die Liebe, meine ich. Es liegt in ihrer Natur und sie sind alle gleich. So ist es bei allen. " – Regan wedelte ausladend mit der Hand.

"Alles wird gut. Du wirst sehen. Auf dieser Linie wird sie nicht durchhalten."

Manche Menschen profitieren viel von wenig Erfahrung, andere nur wenig von viel Erfahrung. Möglicherweise hatte Spitzer wenig, sehr wenig gehabt, aber das niedergeschlagene Herabhängen seiner Schultern, als er sich auf den Rückweg zum Rundhaus machte, deutete an, dass er in der Frage des Wissens, wenn es auf das ewige Weibliche angewendet wurde, vielleicht, soweit es lag, einer war zwischen ihm und dem Mechanikermeister, der besser zum Sprechen qualifiziert ist. Und das sicherlich, wenn es konkret angewendet wird, nämlich auf Merla Swenson angewendet.

Regan hätte die Geschichte nicht zurückhalten können, um sein Leben zu retten, und es dauerte nicht lange, bis die Abteilung sie erfuhr. Sie alle haben es verstanden – Zug- und Lokpersonal auf der Durchreise, streunende Güter, Einheimische, Statisten und Stammgäste, das Personal, die Werkstattarbeiter, die Gleiswärter und die Streckentrupps bis hin zum letzten Wagen . Zuerst schaute die Division ungläubig, dann grinste sie, und dann heulte sie, und ihr Heulen war das einzige Wort „Spitzer!" mit siebzehn Ausrufezeichen dahinter, damit Tempo und Rhythmus dem Anlass angemessen und angemessen sind.

Es ist ein schlechter Wind, der niemandem gut tut. Dutchy Damrosch machte das Geschäft seines Lebens – er machte mehr Geschäfte, als er sich in seinen kühnsten Träumen jemals erträumt hätte, denn Dutchy hatte die Rechte an der Mittagstheke bei Big Cloud. Was hat das mit Spitzer und seinen Heiratsambitionen zu tun? Nun ja, eine ganze Menge! Merla Swenson war das zweite Mädchen in Dutchys Etablissement, und Merla war die „Feeancy " von Spitzer – was ein schlechtes Wortspiel von Spider Kelly, dem Dirigenten, war und eher auf den schelmischen Zungenschlag als auf irgendeine Bosheit zurückzuführen war Vorgedanke.

Ein Mädchen zu sehen, das in Spitzer verliebt war, war früher den Preis von Kaffee und Trinkgeld wert. Die Mittagstheke wirkte wie ein Groschenmuseum, und die Besucher befragten Merla ängstlich, ein wenig misstrauisch, dass sich doch irgendwo im Holzstapel ein Nigger in Form eines „Komplotts" befinden könnte, der den Schwindel auf sich selbst hatte.

Merla hat diesbezüglich alle Zweifel ausgeräumt. Unerschütterlich, ruhig, stoisch und leidenschaftslos beantwortete sie fünfzig Mal am Tag dieselbe Frage und jedes Mal auf die gleiche Weise.

„Yah, I ban love Spitzer", war ihre unfehlbare Antwort in einem Tonfall, der die bloße Möglichkeit, dass sie etwas anderes hätte tun können, als den Gipfel der Absurdität erscheinen ließ. Merlas Tonfall traf den Grund für das Unvermeidliche.

Danach gab es nichts mehr zu sagen. Einige, sehr wenige, und im Laufe der Tage wurde ihre Zahl erstaunlich schnell dünner, und sie hatten die Kühnheit, hörbar zu kichern. Sie taten es nur einmal, als Merla mit in die Hüften gestemmten Armen und in die Hüften gestemmten Händen mit einem Ausdruck in ihren standhaften, blauen Augen, der alles andere als einladend war, an den Rand der Theke trat und fragte: „Him ban goot mans, I tank? "

Es wurde zwar in Form einer Frage gestellt, aber das „Stellen" war von so kalter Kompromisslosigkeit , dass das Ergebnis immer das gleiche war. Der Täter vergrub hastig die Nase in seiner Kaffeetasse, holte einen Cent hervor, um sein Konto – bei Dutchy – auszugleichen, und machte sich auf den Weg zum Bahnsteig.

Das war alles schön und gut, aber wenn Regan nicht starb und jemand mit etwas weniger – oder etwas mehr, je nachdem, wie man es betrachtet – Vorstellungskraft an seine Stelle trat, waren Spitzers Chancen, in ein Taxi zu steigen, so gut wie eh und je, was auch immer der Fall war Das heißt, sie waren ungefähr so gut wie ein verstopfter Nickel. Und das Problem war, dass der Meistermechaniker, soweit Spitzer sehen konnte, keine sichtbaren Anzeichen vorzeitigen Verfalls aufwies. Darüber hinaus hatte Regan, wie er vermutet und jetzt herausgefunden hatte, *nicht* das letzte Wort über Frauen; Vielleicht war es für Merla nicht so, dass sie das Schießen über die Liebe stellte, nur war sie beim Schießen ungewöhnlich stark. Spitzer war unglücklich.

Alle Dinge kommen zu denen, die warten, heißt es. Das tun sie vielleicht; aber der Weg ihres Kommens ist manchmal nicht zu verstehen oder zu ergründen. Die Geschichte eines Mannes, der aus dem Fenster im achtzehnten Stock eines Bürogebäudes fiel und sich dabei das Genick brach, hat hier keinen Platz, außer allgemein. Ein Freund, der ein flüchtiges Interesse an dem Ereignis zeigte, war neugierig genug, die Ursache zu untersuchen, und er führte es Schritt für Schritt, logisch, sicher, unweigerlich, über die Möglichkeit einer Widerlegung hinaus, auf die Tatsache zurück, dass der zweite Haken von oben war Am Morgen des Tages seines frühen Todes fehlte die Rückseite des Kleides der Frau des Mannes – nicht das Kleid des Mannes, sondern das Kleid der Frau des Mannes. Der Mann – nicht sein

Freund – war ein Erfinder. Aber kein Problem. Es zeigt sich einfach. Da Regan noch am Leben ist, stehen die Chancen mehr als tausend zu eins, dass Spitzer ein kaltes und verlassenes Alter erlebt hätte, wie Robert Louis es ausdrückt, und Merla hätte nie eine zweite Ausgabe von sich selbst gehabt, wenn es nicht gewesen wäre ein paar dürre, unreife Holzäpfel. Was? Ja, das ist es – Holzäpfel. So ist Spitzer dorthin gekommen, wo er heute ist – nur Holzäpfel. Komisch, wie Dinge manchmal passieren, wenn man darüber nachdenkt, nicht wahr? Spitzer und der Mann, der sich das Genick gebrochen hat, sind nicht die einzigen, die auf diese Weise ihre Höhen und Tiefen erlebt haben, nicht bei mehreren. Das hat keine Moral, außer dass man hier und da einen Mann findet, der nicht so bescheiden ist, was seine eigenen Fähigkeiten angeht, wie er sein sollte!

Spitzers nächtliche Gewohnheiten, die ihm so wenig Beachtung schenkten und von denen die Eisenbahner in Big Cloud so wenig wussten, spielen dabei eine Rolle. Die Wahrheit ist, dass zwischen der Mittagstheke und dem Bahnhof der Gepäck- und Güterschuppen liegt und es hinter dem Güterschuppen sehr dunkel ist; und nicht weniger relevant ist auch die Tatsache, dass Merla über keine anderen Quartiere verfügte als die, die sie mit ihrer Waffenschwester in Dutchys Diensten teilte – die weder günstig noch großzügig waren. Daher – aber der Zusammenhang ist offensichtlich.

An Merlas freiem Abend um acht Uhr schlich Spitzer, sofern das Wetter es zuließ, durch die Felder und über den Bahnsteig Merla setzte ihre Haube „für einen Spaziergang" auf – zur gleichen Stunde. Als die Bahnhofsuhr zehn schlug und zufällig das sanfte Glockenläuten von Nummer Eins die Schlucht hinunter erklang, ging Merla wieder in die obere Etage hinter dem Imbissschalter und Spitzer über den Bahnsteig zu den Feldern in Richtung Stadt und seine Pension; Nur hatte Spitzer sich in letzter Zeit angewöhnt, auf dem Bahnsteig ganz oben am anderen Ende zu verweilen, wo es ebenfalls sehr dunkel und ebenso verlassen war.

Hier blickte er wehmütig auf die große Buckelpiste, deren Ventile knallten und der Dampf an ihren Anzeigen trommelte, während sie auf dem Abstellgleis direkt vor ihm – „ Big Cloud war ein Divisionspunkt, an dem die Lokomotiven gewechselt wurden –" darauf wartete, nach Number zurückzukehren Einer für den ersten Abschnitt des Berglaufs – Burkes Lauf mit 503 und der große Jim MacAloon, der sich um das Schaufelende kümmert.

Es war nichts Neues an dem Anblick, aber Spitzer schien es nicht eintönig zu sein, obwohl er, wenn alles vorbei war und er die verschwindenden Rücklichter beobachtete, immer seufzte. Es war jedes Mal die gleiche Leistung. Ungefähr zehn Minuten bevor Nummer Eins in westlicher Richtung ankam, rannte MacAloon mit der Nummer 503 aus dem

Ringlokschuppen, über die Drehscheibe, die Strecke hinauf und zurück auf das Abstellgleis. Dann erschien Burke am Tatort, zündete eine Fackel an und stocherte mit einer Ölkanne mit langem Auslauf herum.

Normalerweise erreichte Spitzer seine Position oben auf dem Bahnsteig rechtzeitig, um zu sehen, wie der Lokführer den letzten Taschenlampenstoß zwischen den Fahrern oder in der Verbindungsbewegung ausführte, bevor er sich als Limited mit schnappenden Lastwagen und kreischenden Bremsbacken durch die Gangway in die Kabine schwang in den Bahnhof gerollt; Aber eines Nachts kam es etwas anders. Die Bahnhofsuhr hatte zehn geschlagen, Merla war zu ihrem Domizil geeilt und Spitzer wie üblich ans andere Ende des Bahnsteigs, aber Nummer Eins hatte Verspätung.

Plötzlich zuckte Spitzer zusammen und sein Herz schien ihm in den Mund zu schießen. Es gab einen wilden, durchdringenden Schmerzensschrei. Es kam wieder. Das Blut verließ Spitzers Wangen. Er sah, wie Burke mit der Fackel in seiner Hand um das Ende des Piloten herumflog und zum Taxi ging. Spitzer sprang unwillkürlich vom Bahnsteig auf das Gleis und rannte in die gleiche Richtung, dann knallte das Sicherheitsventil mit einem fürchterlichen Brüllen, das alle anderen Geräusche übertönte. Er kletterte vorsichtig ins Taxi. Auf dem Boden erlebte MacAloon eine Aufführung, die die Anstrengungen einer sich windenden Python in den Schatten gestellt hätte, und währenddessen stöhnte und schrie er.

MacAloon beugte , plötzlich nach vorne und hob einen kleinen runden Gegenstand auf, der aus der Tasche des Feuerwehrpullovers rollte, dann noch einen und noch einen. Spitzer reckte sich instinktiv nach vorne und erregte damit zum ersten Mal Burkes Aufmerksamkeit. Burkes ängstlicher Gesichtsausdruck wich einem Grinsen und er hielt Spitzer die Gegenstände hin, als wäre es überhaupt nicht Spitzer, sondern ein gewöhnlicher Mann – Humor ist, wie der Tod, ein großer Gleichmacher, aber egal, lassen Sie das sein . Burke hielt sie Spitzer hin, Spitzer nahm sie und sogar Spitzer grinste. Es brauchte keinen Arzt, um MacAloons Beschwerde zu diagnostizieren – und die Beschwerde war nicht poetisch! Krämpfe, altmodische, reine Krämpfe – einfach nur Krämpfe und grüne Holzäpfel! Manche Dinge machen einen Mann vielleicht noch schlimmer – aber es gibt nicht viele.

Burkes Grinsen hielt nicht lange an, denn in diesem Moment ertönte der lange, deutliche Sirenenton von Nummer Eins, und zurück über den Tender schoss ein Lichtstrahl in einem weiten Kreis von einer Anhöhe her, tanzte dann an den Schienen entlang und begann zu leuchten den Bahnsteig hinauf, als die Limited mit fünf Minuten Verspätung donnernd in die Gerade einbog.

„Heilige Fischplatten!" schrie Burke. „Ich muss einen Mann zum Schießen bringen. Spitzer, du rennst wie ein Teufel zum Lokschuppen und …"

Burke blieb stehen. Spitzer hielt ihn auf. Es gibt Momente im Leben eines jeden Menschen, in denen er sich über sich selbst, über die Gewohnheit, über die Umwelt, über alles erhebt, und sei es auch nur für einen kurzen Moment. Eine solche Chance würde es nie wieder geben. Wenn er einen Trip starten könnte, würde Regan vielleicht seine Meinung ändern. Spitzer griff verzweifelt und verzweifelt danach.

„Burke, ich *kann* schießen", schrie er fast. „Gib mir eine Chance, Burke. Ich werde nie eins bekommen, wenn du es nicht tust." Burke keuchte für einen Moment wie ein Mann, dem die Luft ausgeht, dann ertönte so etwas wie ein trockenes Lachen in seiner Kehle. Niemand außer Burke weiß, was ihn entschieden hat. Es könnte an einem von zwei Dingen gelegen haben, oder an einer Kombination aus beidem – Spitzers flehendes Gesicht oder der Wunsch, sich über Regan zu erheben – Burke und Regan hatten sich seit den letzten Parlamentswahlen nicht mehr so gut verstanden. Wie dem auch sei, Burke zeigte auf den sich windenden Feuerwehrmann. „Nimm seine Füße", grunzte er.

Gemeinsam hoben sie den angeschlagenen Mac- Aloon hoch und zogen ihn aus dem Führerhaus auf den Boden. 1108, die Nummer Eins ziehend, war inzwischen neben ihnen zum Stehen gekommen, und Burke schrie die Lokomotivbesatzung an.

"Hier!" er heulte. "Helfen!"

Und als beide Männer ihre Köpfe aus der Gangway steckten, hoben er und Spitzer den Feuerwehrmann zu sich heran.

„Habe Krämpfe", erklärte Burke knapp. „Sie können ihn im Rundschuppen reparieren. Fünf Minuten zu spät, oder? Nun, beeilen Sie sich, Sie sind klar. Da ist Ihr „Go-Ahead". Ziehen Sie sich zurück und lassen Sie mich festhalten."

Burke drehte sich zu Spitzer um, als 1108 sich vom Gepäckwagen löste und die Gleise hinauffuhr, und zeigte auf die Gangway seiner eigenen Lokomotive.

„Steigen Sie ein", sagte er grimmig. „Du wirst eine Chance bekommen zu schießen, und glaub mir, du wirst nie wieder die Chance bekommen, dies oder irgendetwas anderes auf dieser Seite der glücklichen Jagdgründe zu tun, mein Kumpel, wenn du mich niederwirfst."

oben im Bahnhof bei einer Partie Pedro mit Carleton, 503, und Spitzer, im Taxi mit dem zerzausten Haar, den milden Augen und dem Herz, das wie ein Hammer schlägt, klopfend, freundschaftlich stritt, machte er einen Rückzieher die Imperial Limited und für den Berglauf angekoppelt. Es gab einen kurzen Test der „Luft", ein eiliges Auf- und Abrennen auf der

Plattform, und dann öffnete Burke, der sich am Fenster lehnte, die Arme in der Kabine ausgestreckt und die Finger am Gashebel hatte, eine Stufe, und die Plattform begann an ihnen vorbei gleiten.

Spitzer runzelte das Gesicht und starrte auf die Messnadel – zweihundertzehn Pfund, die ganze Zeit, die ganze Zeit – zweihundertzehn Pfund. Es lag an ihm. Mit einem Ruck an der Kette öffnete er die Ofentür und eine Schaufel voll Kohle schoss ordentlich verstreut über den Rost.

In allen Dingen steckt Kunst; In der prosaischen und mühsamen Aufgabe, einen Motor zu starten, liegt die Quintessenz der Kunst. Spitzer war nicht ohne Kunst, denn er hatte in gewisser Weise jahrelange Erfahrung; Aber ein Feuer im Lokschuppen zu entfachen und eine tosende Flammengrube in einer schwankenden, schwankenden Kabine auf höchste Effizienz zu bringen, sind zwei unterschiedliche und unterschiedliche Vorgänge, die keineswegs zu verwechseln sind. 503 begann zu schwanken und zu schwanken. Kerbe für Kerbe öffnete Burke sie, und das Bellen ihres Auspuffs ertönte wie das schnelle Knistern eines Gatlings. Fünf Minuten zu spät in den Bergen, zu einem Zeitplan, der bereits in schwindelerregender Höhe abgesteckt ist und mehr Chancen erfordert, als die Passagiere bezahlt haben – nun, es sind fünf Minuten, nur fünf Minuten, das ist *alles* . Einige Männer hätten es am nächsten Tag auf einer ebenen Strecke und einem geraden Schwung dem Publikum der Pacific Division überlassen – aber nicht Burke.

Spitzers Initiationsritual erfolgte in umfassender Form und er genoss den vollen Nutzen aus allen Riten und Zeremonien, wobei jedes Detail des Rituals berücksichtigt wurde – und es wurden ihm keine Gefälligkeiten erwiesen. Bisher war alles in Ordnung, das raue Land lag vor dem Piloten und Spitzer war ganz im Geschäft. Sein Puls schlug nur im Einklang mit einer Sache – der tanzenden Nadel auf dem Messgerät. Wieder schwang er die Tür auf, und das rote Licht erleuchtete den Himmel und spielte mit Gesichtszügen, die Regan bei Spitzer nie gekannt hätte – sie waren grimmig und entschlossen, bedeckt mit kleinen Schweißperlen, die wie Diamanten glitzerten. Das singende Rauschen des Windes war in seinen Ohren, als er seine Schaufel hielt. Es gab eine widerliche Beleidigung. 503 schoss tangential umher – und die Schaufel voll Kohle schoss wie Kugeln durch das ganze Führerhaus und traf, einschließlich Burke, fast alles, was in Sichtweite war, außer den angestrebten Zielpunkt. Gleichzeitig vollführte Spitzer prompt eine Drehung, die so etwas wie einen Handrücksprung ähnelte, und landete weit oben auf dem Tender, um mit einer begleitenden Kohlenlawine wieder auf den Boden der Kabine zurückzurollen.

Er richtete sich auf und warf dem Ingenieur einen besorgten Blick zu. Es gab keinen finsteren Blick, nicht einmal ein Grinsen auf Burkes Gesicht, nur einen aufmunternden Flirt mit der Hand – aber der Flirt war bedeutsam. Burke war weise und voller Arglist, denn mit dieser kleinen Tat gürtete Spitzer, biblisch gesprochen, seine Lenden und bekam neuen Atem.

Sie befanden sich inzwischen weit im Vorgebirge, und die Vorfahrt war ein erstaunliches Wunder. Es tauchte, drehte sich, krümmte sich, es kreiste und bohrte sich und trottete seinen Weg, und Hügel, Kanonen, Schluchten und Schluchten rauschten wie Fantasieflüge vorbei.

Die Geschwindigkeit war großartig. Für Spitzer war alles ein wildes, verrücktes Durcheinander von Dingen, die er noch nie zuvor gewusst hatte, von Dingen, die weder Anfang noch Ende hatten. Das schwindelerregende Schwenken, als der Big-Mountain-Renner in die Kurven fuhr, das knirschende Knirschen der Flansche, als sie sich für einen Moment von ihrem Radstand hob, das Nicken, das Wanken, das schwankende Taumeln, das Keuchen nach Luft, der Takt der Lastwagen , das Surren der Rennfahrer, das Rauschen des Windes, das widerhallende Donnern der fliegenden Kutschen dahinter – alles war da, alles getrennt, alles in einem verschmolzen, eine Schöpfung, neues, frühlingshaftes Leben, das Leben der Schiene , das an seinen Trommelfellen schlug und das Pochen seines Herzens beschleunigte.

Zuerst beugte sich Burke von Zeit zu Zeit über seine Hebel, um einen Blick auf das Manometer zu werfen, aber nach einer Weile beugte er sich etwas weiter nach vorne in seinem Sitz und sein Blick blieb auf die Strecke vor ihm gerichtet, wo der Strahl des elektrischen Scheinwerfers die Strecke überflutete glitzernde Bänder aus Stahl. Er bekam, was MacAloon oder kein anderer Mann ihm jemals zuvor gegeben hatte: *insgesamt* zweihundertzehn Pfund . SPITZER feuerte die Nummer Eins, die Imperial Limited, in westlicher Richtung auf dem Berglauf ab, mit *drei* Minuten Verspätung!

Der Schweiß strömte jetzt in Strömen von dem kleinen Kerl, und er klammerte sich einen Moment lang an der Gangway fest, beugte sich hinaus und starrte auf ein paar leuchtende Lichter in der Ferne. Er hörte das heisere Kreischen der Pfeife, das klappernde Krachen, als sie die Weichen des Hofes zerschmetterten, eine verschwommene Vision dunkler Umrisse, gesprenkelt mit winzigen funkelnden Punkten, und Bahnhof, Hof, Lichter, Weichen und alles lagen hinter ihm.

Spitzer zog seinen Ärmel über seine Stirn und wandte sich wieder seiner Arbeit zu, während sie über ein langes Stahlbock donnerten – Thief Creek. Spitzer kannte die Straße aus zweiter Hand, wenn auch nicht aus eigener Erfahrung, gut genug. Direkt vor uns lag The Pass – Sucker Pass – gerade genug für eine Viertelmeile, aber die Felswände ragten auf beiden Seiten so nah auf, dass sie fast die Farbe vom rollenden Material zerkratzten. Spitzer entspannte sich für einen Moment in spärlicher Rücksicht auf Schalter und

Böcke, die gerade passiert waren, und spürte den Vorwärtssprung des Rennfahrers, als Burke ihn wieder weit aufriss. Er bückte sich nach seiner Schaufel – und dann, schnell wie ein Augenzwinkern, plötzlich wie ein Untergang, ertönte ein reißendes, zerreißendes Krachen, ein Schrei von Burke, und die rechte Seite des Taxis schien buchstäblich in zwei Teile gerissen zu sein.

Ein herumfliegendes Stück Holz, das ihm direkt in die Augen traf, und ein schrecklicher Ruck, als der Motor angehoben und zurückgefallen war, ließen Spitzer kopfüber auf den Boden der Kabine fallen. Benommen, halb wahnsinnig vor Schmerz, das Blut strömte ihm aus der Stirn, kam er taumelnd auf die Beine. Burke lag zusammengerollt in einem trägen Haufen direkt vor ihm an der Ofentür. Ein zischendes Stück Stahl erhob sich, knirschte, rutschte, riss eine Spur der Verwüstung auf und verschwand. Es hatte Burke nur um Haaresbreite verfehlt – beim nächsten Mal würde es vielleicht nicht einmal diese Sicherheitsgrenze geben. Mit einem Schrei sprang Spitzer vor und zerrte den bewusstlosen Lokführer durch das Führerhaus. Wieder der Ruck, das Schlürfen, das Taumeln, der verzweifelte Ruck. Es kam Spitzer wie Jahre, wie eine Ewigkeit vor. Er lebte ein ganzes Leben im Vergehen einer Sekunde – mehr waren es nicht gewesen, nicht mehr als zwei oder höchstens drei.

Im Eisenbahnwesen gibt es einige Dinge, die schlimmer, viel schlimmer sind als ein gebrochener Kurbelzapfen und ein Stangenschaden, aber nicht, wenn es um den Pass geht, wo eine Entgleisung bei rasanter Geschwindigkeit den schnellen und plötzlichen Tod bedeutet. Es gab nur eine Chance für die letzte Reihe von Trainern, nur eine für jede letzte Seele an Bord – Spitzer. Doch zwischen Spitzer, dem Gashebel und der Luftklappe befand sich ein Ding aus Stahl, das sich hob und senkte, mal einen splitternden, mörderischen Bogen durch die zerschmetterte Seite des Führerhauses schwang, mal in den Boden der Landstraße einschlug und bei jeder Umdrehung zu kippen drohte 503 und der Zug hinter ihr stürzten kopfüber von den Schienen und fielen wie dünne Eierschalen an die schmalen Felswände, die den Pass säumten. Nur eine Chance für das Zugpersonal und die Passagiere – *nur eine von tausend für Spitzer* . Und der kleine, eins fünfundsiebzig große Spitzer, schüchterner, zurückhaltender, zurückhaltender, unauffälliger Spitzer, mit einem trockenen, erstickten Schluchzen in der Kehle, warf sich nach vorne, um den Zug anzuhalten. Seine Hände klammerten sich verzweifelt an die Hebel, es gab ein Zischen, die bösartigen Ereignisse, und so war es bei etwa neunhundertneunundneunzig von tausend Kolonisten. Das Unternehmen ging natürlich *ein gewisses* Risiko ein – es riskierte den tausendsten Mann. Das Unternehmen hatte sportliches Blut.

V – SHANLEYS GLÜCK

Wenn Shanley nur gewusst hätte, was passieren würde, hätte er einen Teil seines Geldes für dieses Ticket sparen können. So wie es jetzt aussieht, steht ihm immer noch ein Transport von Little Dance on the Hill Division nach Bubble Creek, BC, bevor. Das kann ein Vorteil sein oder auch nicht – Shanley hat nie danach gefragt.

Dritter Klasse, Kolonist, kein Zwischenstopp erlaubt, rothaarig, sommersprossiges Gesicht, eine nach oben gerichtete Nase, ein Kiefer so eckig wie die Seite eines Hauses, Schultern wie die eines Stieres und eine Faust, die einen Ochsen niederstrecken würde – das war Shanley . Das war Shanley, bis ihm die gefederte Schiene, die den Zug in Little Dance zum Stillstand brachte, zwei Dinge einbüßte: seinen früheren Status in der Abteilung des Generalpassagieragenten und einen beliebten und stinkenden Dornbusch.

Beides war für immer verloren – sein Status war teils aus den oben genannten Gründen, teils weil Shanley kein besonderes Interesse an Bubble Creek hatte; sein Dornbusch, weil es ein Teil, ein integraler Bestandteil dieses denkwürdigen Wracks wurde, als Shanley, der friedlich im vorderen Abteil des Kolonistenbusses rauchte, als der Unfall passierte, die Pfeife zurückließ, während er durch die offene Tür katapultierte – es war Sommer und glühend heiß – und landete, ein sehr benommener, verwirrter, aber sonst nicht verletzter Shanley, auf halber Höhe der Böschung auf der anderen Seite einer Szene höchst erstaunlicher Unordnung.

Die Möglichkeiten , die in einer gefederten Schiene stecken, sind etwas zum Staunen. Vorne drehte sich die Maschine sofort um und machte ihrem Unmut über die auf ihr lastende Demütigung Luft, und hüllte sich in eine zornige, zischende Dampfwolke. Dahinter schienen die Gepäck- und Postwagen in liebevoller Rücksicht auf den Tender miteinander wetteifert zu haben. Nur die messingpolierten, vernickelten Pullmans hinten hielten noch die Schienen; Der Rest war nur eine verrückte, umgekippte, umgekippte Reihe von Autos, die bereits zu rauchen begannen, als die Flammen in sie hineinzüngelten.

Die Schreie derer, die geflohen waren, die Schreie derer, die noch in den Trümmern gefangen waren, der Anblick anderer, die durch die Türen und Fenster krochen, brachten Shanley wieder zur Besinnung. Er stand auf, blinzelte wütend, wie es bei allen ungünstigen Gelegenheiten seine Gewohnheit war, und im nächsten Moment war er die Böschung hinunter und mitten im Spiel – um seine Karriere als Eisenbahner zu beginnen. Dort hat er angefangen – im Wrack von Little Dance.

In und aus dem lodernden Scheiterhaufen, nach einer Frau oder einem Kind; das Krachen seiner Axt durch splitterndes Holz; die sengende Hitze; Einen armen Teufel wegzubekommen, der unter den Trümmern eingeklemmt ist ; klirrendes Glas, als die Hitze die Fenster zerschmetterte oder er mit der Faust durch eine Scheibe schlug – alles war verschwommen, alles ein Traum für Shanley, als Stunden später eine grimmige, hagere Gestalt mit geschwärztem, blutendem Gesicht, dessen Kleidung in Bändern hing, Er fuhr mit dem Derrickwagen in die Yards von Big Cloud.

Einige Männer hätten den Schadenagenten um einen Pfand gebeten; Shanley hat Carleton um einen Job gebeten. Aber der Bescheidenheit halber lieh er sich, bevor er sich vor den Schreibtisch des Kommissars stellte, von einem der Abwracktrupps das einzig verfügbare Kleidungsstück – einen sehr schmutzigen und anrüchigen Overall. Schmutzig und anrüchig, aber – ganz.

„Ich möchte einen Job, Mr. Carleton“, sagte er unverblümt, als er in die Supervision aufgenommen wurde.

„Das tust du doch, was?“ antwortete Carleton und musterte ihn von oben bis unten. „Das tust du doch, was? Du bist ein ziemlich hart aussehender Spinner, oder?“

Shanley blinzelte, aber da ihm schmerzlich bewusst war, dass er zweifellos sehr gut, wenn nicht sogar noch besser aussah, und da er auch nicht ganz sicher war, was er von dem Super halten sollte, begnügte er sich mit der Bemerkung:

„Ich bin kein Bild, nehme ich an.“

"Hm!" sagte Carleton. „War oben beim Wrack, habe ich gehört – was?“

„Ja“, sagte Shanley knapp. Keine lange Geschichte, keine Geschichte darüber, was er getan hatte, nichts – nur „Ja“, und das war es, was Carleton faszinierte.

"Was kannst du tun?" verlangte den Super.

"Irgendetwas. Ich bin nicht wählerisch“, antwortete Chanley .

"Hm!" sagte Carleton. „Du siehst nicht danach aus.“ Und er bedachte Shanley erneut mit einem längeren Blick.

Shanley, der sich zunächst unwohl fühlte, trat nervös von einem Fuß auf den anderen; Dann, als das Starren anhielt, begann er gereizt zu werden.

„Schau her“, stieß er plötzlich hervor. „Ich bin nicht auf der Ausstellung. Ich komme wegen eines Jobs. Ich habe keine Empfehlungsschreiben von Pfarrern aus Kirchen im Osten erhalten. Ich habe nichts. Mein Name ist Shanley, und ich habe nicht einmal einen Beweis *dafür* .“

„Du hast die Nerven", sagte Carleton, lehnte sich in seinem Drehstuhl zurück und steckte einen Daumen in das Armloch seiner Weste. „Haben Sie jemals bei einer Eisenbahn gearbeitet?"

„Nein", antwortete Shanley etwas weniger energisch, da er sah, wie sich seine Chancen auf einen Job in Luft auflösten, und er seine übereilte Rede bereits bereute – ein paar ungerade Nickel waren für einen Mann, der in einem Beruf anfing, kein allzu großer Einsatz neues Land, und das stellte die Gesamtsumme von Shanleys weltlichem Reichtum dar. „Nein, ich habe nie bei einer Eisenbahn gearbeitet."

„Hm", fuhr Carleton fort. „Nun, mein Freund, du kannst dich morgen früh beim Zugvorsteher melden und ihm sagen, dass ich gesagt habe, dass ich dich auf die Bremse setzen soll. Aussteigen!"

Es kam so plötzlich und unerwartet, dass es Shanley den Atem verschlug. Carletons Verhaltensweisen waren nicht Shanleys Verhaltensweisen oder Verhaltensweisen, an die Shanley möglicherweise gewöhnt war. Einen Moment zuvor hätte er nicht einen Cent gegen seine Chancen auf einen Job eingetauscht, daher endete seine Antwort in einem verlegenen Grinsen; Darüber hinaus – aber darüber im Folgenden – hatte Shanley im Osten eindeutig eher die Angewohnheit, dass seine Bewerbungen mit spärlicher Zeremonie abgelehnt wurden, als dass er eine positive Gegenleistung erhielt, was ein weiterer Grund dafür war, dass er es versäumte, der Gelegenheit mit angemessenen Dankesworten gerecht zu werden.

Übrigens hatte Shanley, wie einige wenige seiner Mitgeschöpfe, seine Schwächen; Konkret waren seine besonderen Abweichungen vom geraden und schmalen Weg, da er nicht unter den Scheffel gestellt wurde, dafür verantwortlich, dass er auf den Rat und die Unterstützung eines oder zweier entfernter Verwandter angewiesen war – Ratschläge waren immer billig, und Hilfe, in diesem Fall, eine ausgeprägte … Die entfernten Verwandten von Bubble Creek, B. C. sorgten dafür, dass er ein günstiges Angebot für seine Auswanderung in den Westen gemacht hatte, so weit nach Westen, wie es die verfügbaren Mittel erlaubten. Sie haben das Ticket gekauft.

Shanley, der immer noch verlegen lächelte und der Anweisung des Vorgesetzten gehorchte, „auszugehen", war auf halbem Weg zur Tür, als Carleton ihn anhielt.

„Shanley!"

"Jawohl?" sagte Shanley, fand seine Stimme wieder und drehte sich um.

„Haben Sie Geld?"

Shanleys Hand tauchte mechanisch durch den Overall und kramte in der Tasche seiner zerrissenen und mit Bändern versehenen Hose – die Tasche war nicht verschont geblieben – die Nickelmünzen waren, bis auf den letzten, verschwunden. Sein Gesichtsausdruck bedurfte offensichtlich keiner Interpretation.

Carleton hielt ihm zwei Scheine hin – zwei Zehner.

„Ausgeräumt, was? Nun, ich würde es niemandem verübeln , wenn er Sie im Voraus nach Ihrer Verpflegungsrechnung fragen würde. Hier, ich schätze, Sie werden das brauchen. Sie können es später zurückzahlen. Es gibt da einen Kerl, der oben an der Straße ein Bekleidungsgeschäft betreibt, dessen Besuch für Sie nicht schaden würde – oder?"

Mit Dankbarkeit im Herzen und den besten Vorsätzen, die aus jeder Pore strömten – er war immer auf Vorsätze bedacht – verließ Shanley, der verlegen und daher unbeholfen war, die Anwesenheit des Vorgesetzten etwas unanmutig.

Aber weder Dankbarkeit noch Vorsätze, selbst wenn sie stahlhart und doppelt genietet sind, nützen nichts gegen Umstände und Bedingungen, über die man absolut, unbestreitbar und nachdrücklich keine Kontrolle hat. Hätte sich Dinkelmans Bekleidungsgeschäft an einem Standort zwischen dem Bahnhof und MacGuires Blazing-Star-Saloon befunden, statt dass besagter Blazing-Star-Saloon diese völlig unpassende Position eingenommen hätte, und wenn Spider Kelly, der Schaffner des zerstörten Zuges, Shanley nicht vor ihm begegnet wäre Wäre er noch ziemlich zehn Meter vom Büro des Supervisors entfernt gewesen, wären die Dinge zweifellos ganz anders gewesen. Shanley vertrat später diese Ansicht, und er hatte sicherlich Recht. Es ist aktenkundig, dass er weder an der Gestaltung von Big Cloud noch an der Kontrolle seiner Immobilien, Miet- oder Pachtverträge beteiligt war.

Eisenbahner sind keineswegs als Heldenverehrer zu bezeichnen, aber wenn ein Mann etwas Anständiges tut, sind sie nicht abgeneigt, es ihm zu sagen. Shanley hatte am Wrack einige sehr gute Dinge getan. Spider Kelly lud ihn ins Blazing Star ein.

Shanley widersprach. „Ich muss mir ein paar Klamotten besorgen", erklärte er.

„Hol sie dir später", sagte Kelly; "jede Menge Zeit. Aufleuchten; Es ist gerade Zeit fürs Abendessen und es werden viele Jungs da sein. Sie werden sich freuen, Sie kennenzulernen. Wenn Sie hungrig sind, finden Sie in der Abteilung das beste kostenlose Layout. Es gibt nichts Kleines an MacGuire ."

Shanley zögerte und war sprichwörtlich verloren.

Eine intime und konkrete Beschreibung der Ereignisse dieser Nacht kann auf keinen Fall geschrieben werden. Sie hätten Shanleys entfernte Verwandte nicht schockiert, überrascht oder in Erstaunen versetzt – aber nicht jeder ist ein entfernter Verwandter. Shanley erinnerte sich punktuell daran – nur punktuell. Er kämpfte und peitschte Spider Kelly, der ein viel größerer Mann war als er selbst, und festigte so eine unsterbliche Freundschaft; er nahm an der Gastfreundschaft teil, die ihm zuteil wurde, und erwiderte sie mit verschwenderischer Hand – solange Carletons zwanzig reichten; er hielt Reden, viele davon, in denen es um Wracks und die Natur von Wracks ging und um seine besondere Beteiligung daran – was angemessen war, denn am Ende, gegen drei Uhr morgens, schlüpfte er mit einiger Würde unter den Tisch, und In dem festen Glauben, wieder einmal eine Axt in der Hand zu haben und heldenhafte und edle Dienste zu leisten, schlang er seine Arme grimmig, unbarmherzig, zäh wie ein Oktopus um das Tischbein – und schlief ein.

MacGuire die Haustür verriegelte, untersuchte er die Situation sorgfältig und ließ ihn dort zurück – um des Tisches willen.

Das Sonnenlicht am nächsten Morgen war Shanley nicht wohlgesonnen. Wo er gestern die Spuren eines Wracks getragen hatte, trug er jetzt die Spuren zweier – seines eigenen zusätzlich zu denen der Firma. Auf der anderen Straßenseite prangte Dinkelmans Bekleidungsgeschäft mit einem Leinwandschild, das ungewöhnliche Schnäppchen bei Herrenbekleidung ankündigte. Dies schien Shanley eine unfreundliche Tat zu sein, die sich nicht besser ausdrücken ließ, als „es unter die Lupe zu nehmen". Mit einem gekränkten Gesichtsausdruck blickte er auf das Schild, blinzelte wütend und machte sich mit einem Schritt, dem es an Sicherheit mangelte, auf den Bahnhof und das Büro des Bahnvorstehers zu.

Er war sich des Empfangs, der ihn erwartete, keineswegs sicher. Wenn es ein Merkmal gibt, das der menschlichen Natur über alle anderen hinausgeht, dann ist es die Fähigkeit, sich wie eine Sünde über etwas Sorgen zu machen, das passieren kann, aber nie passiert, auch wenn das ein imposantes Wort *ist* . Shanley hätte sich die mentale Sorge über die mögliche Haltung des Zugvorstehers genauso gut sparen können. Er meldete sich an diesem Morgen nicht beim Zugführer und sah diesen Herrn erst lange, sehr lange danach. Stattdessen meldete er sich bei Carleton – auf dessen dringende Aufforderung in Form eines grinsenden Callboys hin, der seinen Marsch zum Bahnhof abfing.

„Hallo, du, Cherub-Gesicht!" heulte der Bengel höflich. „Der Supervisor will dich – auf der Flucht!"

Shanley blieb abrupt stehen und blinzelte, seiner Lieblingsgewohnheit folgend.

„Carleton. Bekomme es? Carleton", wiederholte der Bote, offenbar keineswegs sicher, ob er wirklich verstanden wurde; und dann, als er fröhlich die Straße entlang segelte, zum Abschied: „Mensch, aber du bist hübsch!"

Carleton! Shanley hatte Carleton für einen Moment völlig vergessen. Seine Hand wanderte instinktiv in die Tasche – und dann stöhnte er. Er erinnerte sich an Carleton. Aber das Schlimmste war, dass er sich an Carletons Zwanzig erinnerte.

Ihm standen zwei Studiengänge offen. Er konnte sich mit größtmöglicher Bescheidenheit und Entschlossenheit aus der Stadt schleichen oder sich der Musik stellen. Nicht dass Shanley über die Frage debattiert hätte – die Gelegenheit hatte sich noch nie ergeben, ohne sich der Musik gestellt zu haben – er verspürte einfach die Versuchung zu „kriechen", das war alles.

„Für mich sieht es so aus", grübelte er reumütig, „als hätte ich es fairerweise damit zu tun." Nur mein Glück, nur mein verdammtes Glück, immer das gleiche Glück, das ist es. „ Das ist auch nicht meine Schuld, oder?" Ich bin nicht für dieses verdammte Wrack verantwortlich – sonst wäre ich nicht hier. Ein Kelly, Spider, von dem er sagte, sein Name sei, wenn er nicht gewesen wäre , wäre ich auch nicht hier. Was zum Teufel hatte *ich* damit zu tun? Ich muss mich immer für den anderen einsetzen. Das bin ich jedes Mal, schätze ich. Und das ist logisch."

Es war. Es war auch kein Fehler darin, wie es auf den ersten Blick erscheinen könnte, denn der letzte Test der Logik ist ihre Überzeugungskraft. Shanley war ein Mann, der berechtigte Gründe für Gewissensbisse hatte, und wurde in seinen eigenen Augen zu einem Menschen, gegen den er zutiefst gesündigt hatte, zu einem Menschen, der von der Last anderer, die er tragen musste, verletzt und niedergeschlagen wurde.

Er erklärte Carleton dies, während der Gedanke an sein brennendes Unrecht noch in der Weißglut brannte und bevor der Supervisor die Chance hatte, sich zu Wort zu melden. Er begann, als er die Bürotür öffnete, fuhr fort, als er den Raum durchquerte, und endete, als er vor dem Schreibtisch des Supervisors stand.

Der finstere Gesichtsausdruck, der sich auf Carletons Gesicht gebildet hatte, als er zum Eingang des anderen aufsah, wich nach und nach einem Anflug von Humor, der in seinen Mundwinkeln lauerte, und er lehnte sich in seinem Stuhl zurück und lauschte mit einer übertriebenen Miene tiefer Aufmerksamkeit .

„Einfach so, ganz einfach", sagte er, als Shanley schließlich atemlos stehen blieb. „Jetzt erlauben Sie *mir vielleicht* , ein Wort zu sagen. Es ist Ihnen vielleicht nicht in den Sinn gekommen, dass ich nach Ihnen geschickt habe, damit *ich* das Reden übernehmen kann – oder?"

Dies schien wirklich keiner Antwort zu bedürfen, also gab Shanley keine Antwort.

„Gestern", fuhr Carleton fort, „sind Sie wegen eines Jobs zu mir gekommen, und ich habe Ihnen einen gegeben, nicht wahr?"

„Ja", gab Shanley zu und leckte sich die Lippen.

„Genau so", sagte Carleton sanft. „Dann habe ich dich eingestellt. Ich feuere dich jetzt. Ziemlich schnelle Arbeit, was?"

„Sie sind der Arzt", sagte Shanley ruhig. Er hatte trotz all seiner Logik nicht mehr und nicht weniger erwartet – er war zu fest von seiner ganz eigenen und exklusiven Art von Glück überzeugt. „Sie sind der Arzt", wiederholte er. „Es geht um zwanzig Dollar———

„Dazu kam ich gerade", unterbrach Carleton; „Aber ich bin froh, *dass du* es erwähnt hast. Ich muss ehrlich zugeben, dass ich kaum damit gerechnet habe. Ein Mann, der sich so verhält, wie Sie es getan haben, tut im Allgemeinen nicht – oder?"

„Ich habe dir gesagt , dass es nicht meine Schuld ist", sagte Shanley hartnäckig.

Carleton griff nach seiner Pfeife, zündete ein Streichholz an und musterte Shanley dabei mit einem halb verwirrten, halb fragenden Blick.

„Du bist eine queere Karte", bemerkte er schließlich. „Warum lässt du den Alkohol nicht weg?"

„„ Es war nicht meine Schuld, das sage ich dir ", beharrte Shanley. „Du bist eine ziemlich gute Hand mit deinen Fäusten, was?" sagte Carleton irrelevant. „Kelly ist selbst kein Faulpelz."

Shanley blinzelte. Es schien, dass der Supervisor ebenso genau über die Ereignisse des Vorabends informiert war wie er selbst. Die Bemerkung deutete auf eine Inspektion der betreffenden Fäuste hin. Sie waren schmutzig und schmutzig, und die meisten Fingerknöchel waren gebellt; Im geschlossenen Zustand ähnelten sie zwei Miniatur-Sturmböcken.

„Ganz gut", gab er bescheiden zu.

"Hm! Ungefähr zwanzig. Du hast vor, es zurückzuzahlen, nicht wahr?"

„Ich bin kein Dieb, was auch immer ich sonst bin", schnappte Shanley. „Natürlich werde ich es zurückzahlen. Du brauchst dir keine Sorgen zu machen."

"Wann?" beharrte Carleton kühl.

„Wenn ich einen Job bekomme."

„Ich gebe dir einen", sagte Carleton – „ Königlicher" Carle-ton nannten ihn die Jungs, der edelste Mann, der jemals eine Division niedergeschlagen hat. „Ich gebe dir einen, bei dem deine Fäuste keinen Unfug treiben und du die hohen Gelenke nicht ganz so hart schlagen kannst wie letzte Nacht. Aber ich möchte, dass du das verstehst, Shanley, und zwar gut und gut, und ein für alle Mal ist es deine letzte Chance. Du hast dich letzte Nacht lächerlich gemacht, aber gestern hast du dich wie ein Mann verhalten – deshalb bekommst du einen neuen Deal. Sie fahren mit McCann wegen der Bauarbeiten zum Glacier Canon. Sie werden es sowieso nicht als luxuriös empfinden, und vielleicht werden Sie McCann mögen, vielleicht auch nicht – er hat sich schon lange nach einem weißen Mann gesehnt, mit dem er zusammenleben kann. Sie können ihm dabei helfen, die Italiener um ein Uhr fünfundsiebzig am Tag zu kontrollieren, und Sie können heute Morgen um Uhr neunundzwanzig hochfahren, die kümmert sich um Ihren Transport. Was sagen Sie?"

Shanley konnte nichts sagen. Er blickte auf den Super und blinzelte; dann blickte er nachdenklich auf seine Fäuste – und blinzelte.

Carleton kritzelte auf ein Blatt Papier.

„Alles klar, oder?" sagte er, blickte auf und reichte das Papier. „Es gibt einen Befehl an Dinkelman : Lassen Sie sich dieses Mal nur von jemand anderem den Weg zeigen und nehmen Sie die andere Straßenseite nach oben. Verstehen?"

"Herr. Carleton", platzte es aus Shanley heraus, „wenn ich jemals wieder satt werde, dann –"

"Ich werde!" sagte Carleton grimmig. „Ich werde dich so hart und schnell feuern, dass du einen Monat lang außer Atem sein wirst. Machen Sie da keinen Fehler. Bei mir bekommt kein Mann mehr als zwei Chancen. Das nächste Mal, wenn du dich betrinkst, wird deine Karriere als Eisenbahner für immer zu Ende sein, das verspreche ich dir."

„Ja", sagte Shanley demütig; und dann, nach einem Moment des nervösen Zögerns: „Über Kelly, Mr. Carleton. Ich möchte ihn dabei nicht in Verlegenheit bringen. Sehen Sie, es war so. Er ging früh – das war der Grund für den Streit. Ich habe ihn einen – einen – Aufgebenden – oder so ähnlich genannt."

„Hm, ja; oder so ähnlich", wiederholte Carleton trocken. „ Das glaube ich. Ich habe mit Kelly gesprochen. Sie müssen sich seinetwegen nicht von der unverständlichen Funktionsweise Ihres Gewissens quälen lassen. Kelly weiß, wann sie aufhören muss. Seine Bilanz in diesem Amt ist in Ordnung. Kelly betrinkt sich nicht. Wenn er es täte, würde er genauso schnell gefeuert werden wie Sie, falls es jemals wieder passieren sollte."

„Wenn ich aus keinem anderen Grund gefeuert werde", rief Shanley in einem Anflug glühender Emotion aus, „dann habe ich einen Job fürs Leben." Ich werde es Ihnen beweisen, Mr. Carleton. Ich werde es wiedergutmachen. Du siehst, wenn ich es nicht tue."

„Sehr gut", sagte Carleton. "Ich hoffe du wirst. Das ist alles, Shanley. Ich werde McCann Bescheid geben, dass Sie kommen."

Shanleys zweiter Ausstieg aus der Präsenz des Super war anders als der erste. Er ging mit festem Schritt und kantigen Schultern hinaus. Er war verjüngt und voller Lebensfreude. Er war seinem Mut gewachsen – eine ganz andere Sache, eine ganz andere Sache, und deutlich anders als die dürftige Betrachtung eines bloßen Jobs. Er hatte Carleton gesagt, dass er es wieder gutmachen würde. Nun ja, das würde er – und das tat er auch. Carleton selbst sagte das, und Carleton hatte nicht die Angewohnheit, viele Pausen einzulegen, wenn es darum ging, einen Mann einzuschätzen – nicht viele. Das tat er manchmal, aber nicht oft.

Dinkelman's nicht die andere Straßenseite – auf keinen Fall. Er ging absichtlich so nah wie möglich am Blazing-Star-Saloon vorbei, mit verächtlicher Missachtung, prahlerisch im Wissen um seine eigene Stärke. Eine Lokomotive der 1600er-Klasse mit ihren vier Paaren von 46-Zoll-Fahrern kann unzählige Autos einen Berg hinaufziehen, der so steil ist, dass einem schwindelig wird, aber Shanley hätte darauf bestanden, gegen sie in einem Tauziehen um die knappe Strecke zu gewinnen Nur wenige Zentimeter trennten ihn im Vorbeigehen von MacGuires Apotheke. Nichts von MacGuire für ihn. Gar nicht. Der rothaarige Shanley mit sommersprossigem Gesicht, gebellten Knöcheln und einem Schanzkleid und einer Rüstung gegen die Versuchung hatte an diesem Morgen mit Mr. Dinkelman zu tun, einem Schnäppchenhändler für Herrenbekleidung .

Der Umgang war liberal – auf Seiten beider Männer. Von Shanleys Seite, weil er viel brauchte; von Mr. Dinkelmans Seite, weil es Mr. Dinkelmans Geschäft und seine Natur war, viel – wenn er konnte – sicher zu verkaufen. Das war äußerst sicher. Carletons Name stand in den Bergen zu jeder Zeit höher als garantierte, vergoldete Goldanleihen.

Als das Geschäft endlich zu Ende war, bestieg Shanley die Nummer 29, örtlicher Güterverkehr, Westen, und pünktlich, am späten Nachmittag, völlig nüchtern, kerzengerade, gereinigt, gepflegt und strahlend in einem neuen Anzug, verließ er das Schiff Als der Zug die Geschwindigkeit so weit verlangsamte, dass er eine Kampfchance für Leib und Leben hatte, fuhr er am Glacier Canon eine Kombüse an.

Er landete jedoch sicher inmitten einer plappernden italienischen Arbeitskolonne, die sein plötzliches Erscheinen mit Geduld und einer gewissen Ehrfurcht aufnahm. Ein kleiner Mann mit zusammengekniffenem Gesicht begrüßte ihn grinsend.

„ Ich heiße McCann", sagte er mit dem schielenden Gesicht. „Das ist Glacier Canon, was Ja, siehe da . Das sind die Eyetalianer. Du bist dort , wo ich schlafe, und aus dem gleichen Grund, wo Ihr werdet von nun an auch schlafen. Oben ist die Hütte der Männer. Sind ja plaziert breit Deine Einführung? Das ist nichts für ein Loch, in das du gekommen bist. Shanley ist der Name, oder? Ein guter Tag, und ich bin stolz, die Bekanntschaft zu machen."

Shanley blinzelte, als er seine Hand ausstreckte und sich mit seinem Vorgesetzten anfreundete, und blinzelte noch einmal, als er erst in die eine und dann in die andere Richtung schaute, um der anschaulichen Beschreibung der Umgebung durch den anderen zu folgen und sie aufzunehmen.

Die Zusammenfassung des Straßenmeisters war unbestritten. Glacier Canon war ein ebenso wildes Stück Strecke, wie die Hill Division prahlte, die einiges zu bieten hatte. Die Vorfahrt schmiegte sich an die kahlen grauen Felsen der Berge, die an einer Seite in steilem Schwung aufragten, und die Züge krochen um alles herum wie riesige Fliegen am Fuß einer Mauer. Auf der anderen Seite befand sich der Glacier River mit seinem tückischen Sandbett, der Gegenstand von mehr Berichten und grauen Haaren der Ingenieure gewesen war als der gesamte Rest des Systems zusammen. Das Baulager lag direkt östlich des Canon und am Fuße eines langen, steilen Gefälles von zwei Meilen und vier Prozent. Das war der Grund, warum das Lager dort war — dieser Grad.

Das Abschließen der Stalltür, wenn das Pferd nicht da ist, ist eine sehr alte Prozedur. Es stammt nicht von den Direktoren des Transcontinental — sie haben es nie behauptet. Aber ihre feste Politik hätte, wenn sie vor einem Schiedsgericht ordnungsgemäß dargelegt worden wäre, viel dazu beigetragen, einen klaren Titel dafür zu begründen. Wenn sie überhaupt eine Serpentine am Fuße des Gefälles gebaut hätten, hätte Extra Nummer Dreiundachtzig, als sie unten beim Abstieg die Kontrolle über sich verlor, genauso deutlich gezeigt, dass dort eine Serpentine vorhanden sein muss, wie sie es demonstrierte am gewaltsamsten, was passieren würde, wenn es das nicht gäbe. Damit soll gesagt werden, dass die Tür nun verschlossen werden sollte, und McCann und seine Männer waren da, um sie zu verschließen.

McCann erklärte dies Shanley, während er ihn herumführte, den Weg hinauf zu den Hütten der Männer, über die Arbeit und wieder zurück den Weg hinunter, um das Innere der gemeinsamen Wohnung zu inspizieren — ein Relikt der verstorbenen Extra-Nummer Achtzig - drei in der Form eines

Lastkraftwagens ohne Güterwagen mit verbeulten und ausgebeulten Seiten – das heißt, eine Seite war verbeult und die andere ausgebeult.

„Aber", sagte Shanley, „ich weiß nicht , was eine Serpentine ist."

„Wer hat das von euch erwartet?" fragte McCann. „Welchen Unterschied macht es ? Carleton hat gesagt, dass du grün warst. Ihr müsst es nicht wissen. Ihr könnt also tun, was man euch sagt , und die Geeser dazu bringen , das zu tun, was man ihnen sagt, *und ihr* könnt nachts vierundvierzig spielen – das ist der Punkt, der Hauptpunkt für mich, und es ist meine Aufgabe, mit ihnen klarzukommen ——'twird in Ordnung sein. Seit Meegan, der mir geholfen hat, vor einer Woche krank wurde , bin ich allein. Verdammt, Solytare zu spielen ist – "

„Ich kann 45 spielen", sagte Shanley.

McCanns Gesicht hellte sich auf.

„Gepriesen seien die Mächte!" er rief aus. „Dann werde ich dich über die Sache mit den Serpentinen aufklären, mein Sohn, damit du eine klare Vorstellung von der Arbeit bekommst. Eine Spitzkehre ist ein bisschen wie eine Stichstraße, die in Abständen auf einer schlechten Steigung , wie z. Es verläuft abseits der Hauptlinie, wohlgemerkt , und im Gegensatz zum Gefälle des Gefälles nach oben. Wenn ein herunterkommender Zug außer Kontrolle gerät und sich durch die Trillerpfeife ausdrückt, wird sie ausgeschaltet und erhält die Chance, auf verschiedene Art und Weise bergauf zu laufen, bis sie anhält. Und das Gleiche gilt, wenn sie sich auf dem Weg nach oben ausreißt. Ist alles klar?"

„Das ist es", sagte Shanley. „Wann fange ich mit der Arbeit an?"

„Morgens . " Es ist jetzt kurz vor sechs, und die Jungs werden für die Nacht aufhören . Forty- Five ist ein großartiges Spiel. Wir werden es heute Abend unserem besseren Bekannten vorspielen . Ich behaupte , das ist das Nationalspiel der alten Schule ."

Ob McCanns Behauptung durch Tatsachen oder durch die noch wichtigere Berücksichtigung der öffentlichen Meinung bestätigt wird, ist von geringer Bedeutung. Shanley spielte an diesem Abend und an vielen Abenden danach mit McCann. Er verlor ein oder zwei Beträge von dem Gehaltsscheck, der noch kommen sollte, aber er gewann die goldene Meinung des kleinen Straßenchefs, die ethisch und in diesem Fall praktisch von weitaus größerem Wert war.

„Er ist ein aufgeweckter, fröhlicher Junge ", schrieb McCann am Ende eines Wochenberichts.

Und als Carleton das sah, war er sehr erfreut, denn Carleton hatte nicht die Angewohnheit, viele Pausen einzulegen, wenn es darum ging, einen Mann einzuschätzen – nicht viele. Das tat er manchmal, aber nicht oft. Shanley machte es gut. Carleton war sehr zufrieden.

Von den drei Wochen, die Shanleys Ankunft in Glacier Canon folgten, hat diese Geschichte wenig mit Einzelheiten zu tun; Aber im Großen und Ganzen sind diese drei Wochen pointiert, beredt und wichtig – sehr wichtig.

Italienische Arbeiter haben viele Fehler, aber auch viele Tugenden. Sie sind einfach, demonstrativ und ihre Fähigkeit zur Anbetung – sowohl von Menschen als auch von Dingen – ist sehr groß.

Von Jacko, dem Wasserjungen, bis hin zu Pietro Maraschino, dem Padrone, verehrten sie Shanley und thronten ihn als Idol in ihren Herzen, aus dem ganz einfachen Grund, dass Shanley, der von Beruf kein professioneller Sklaventreiber war, etwas Neues und Altes etablierte ungeahnte Beziehungen zu ihnen. Shanley war sehr grün, sehr unwissend, sehr unerfahren – er behandelte sie wie Menschen. Das war alles. Shanley wurde populärer als jeder andere Mann, der zuvor oder nachher jemals dazu aufgerufen war, sich um das „ausländische Element" in der Hill Division zu kümmern.

Und die Arbeit ging voran. Von Tag zu Tag bohrte sich der Schnitt tiefer in den hartnäckigen Berghang; Tag für Tag plätscherte der Glacier River friedlich über sein tückisches Sandbett, einer der schönsten landschaftlichen Effekte des Systems, so hübsch, dass die Firma ihn in den Zeitschriften verwendete; Tag für Tag schnaubten Stammgäste und Statisten, Frachten und Passagiere aus Ost und West das Gefälle hinauf und hinunter, die einzigen Besuche aus der Außenwelt; Nacht für Nacht spielte Shanley 45 mit McCann in dem verrauchten, lastwagenlosen Güterwagen.

Außerdem war das Lager trocken, sehr trocken, trockener als ein Sanatorium – das heißt als *einige* Sanatorien. Carle-ton hatte völlig recht gehabt. Es gab keine Gelegenheit für Shanley, die hohen Gelenke ganz so hart zu schlagen wie in dieser Nacht in Big Cloud – es gab *überhaupt* keine Gelegenheit für ihn, die hohen Gelenke zu schlagen . Shanley hatte drei Wochen lang keine Flasche gesehen. Deshalb fühlte sich Shanley tugendhaft, was auch richtig war.

Manche Ereignisse folgen anderen als natürliches, logisches Ergebnis und Abschluss vorangegangener; andere wiederum sind offenbar irrelevant, und der Zusammenhang lässt sich weder durch Logik, Schlussfolgerung noch auf andere Weise erklären. Beispiele dafür sind Rain, McCanns Abgang zu Big Cloud und Pietro Maraschinos Geburtstag.

Wenn es zu einem Sturm in den Bergen kommt, dann ist das so, wenn die Elemente wirklich ernst, sintflutartig und langanhaltend sind, und hat zur

Folge, dass die Bauarbeiten stärker blockiert werden, als es eine einstweilige Verfügung des Obersten Gerichtshofs auch nur annähernd erreichen könnte.

McCann hatte Geschäfte mit Big Cloud zu erledigen, ob persönlich oder unternehmensbezogen, spielt keine Rolle, und an dem Tag, an dem der Sturm einsetzte – der Morgen zeigte, dass er nicht als vorübergehend einzustufen war – nutzte er die Gelegenheit, um den Nachmittag anzukündigen Güterverkehr Richtung Osten. Das war natürlich und logisch und eine Gelegenheit, die man nicht vernachlässigen sollte.

Dass dieser Tag jedoch der Jahrestag des Tages sein sollte, an dem die Mutter des Padrone vor 53 Jahren im sonnigen Neapel Pietro Maraschino zur Welt gebracht hatte, ist zwar scheinbar irrelevant, aber keineswegs so; und da sein eigentümliches und zufälliges Geschehen weder logischen, natürlichen, wissenschaftlichen noch philosophischen Schlussfolgerungen zugeschrieben werden kann und da es irgendeiner Erklärung bedarf, muss es zwangsläufig dem Metaphysischen zugeschrieben werden – was ein Name ist gegeben für alle Dinge, von denen niemand etwas weiß.

„ Yez haben das Sagen", sagte McCann großspurig und winkte Shanley zu, als er sich in die Kombüse schwang. „ Yez ist für die Arbeit verantwortlich, mein Sohn. Sehen Sie sich um. Ich vertraue dir."

Da die Arbeit im Moment völlig stillstand und dies wohl bis zu McCanns Rückkehr am nächsten Tag bleiben sollte, war das sehr gut von McCann. Aber alle Männer mögen anerkennende Worte, die meisten davon, ob sie sie verdienen oder nicht, also ging Shanley aus dem Regen zurück in den Güterwagen, um über den Tribut nachzudenken, den McCann ihm gezahlt hatte, und auch über das Neue nachzudenken Verantwortung, die ihm zugefallen war.

Er dachte nicht lange nach; tatsächlich konnte die Fracht, die McCann transportierte, kaum außer Sichtweite über dem Gipfel des Gefälles gewesen sein, als auf ein Klopfen an der Tür der Eintritt der tropfenden Gestalt des Padrone folgte.

Shanley blickte besorgt auf.

„Hallo, Pietro", sagte er nervös, denn das Wetter war nicht die Art, die einen Mann umsonst rausholen würde, und er war sich dieser neuen Verantwortung sehr bewusst. „Hallo, Pietro", wiederholte er. „Stimmt etwas nicht?"

Pietro grinste freundlich, schüttelte den Kopf, knöpfte seinen Mantel auf und hielt ihm eine Flasche hin.

Shanley starrte erstaunt darauf und begann dann wütend zu blinzeln.

"Hier!" sagte er. "Was ist das?"

„Chianti", sagte Pietro und grinste stärker als je zuvor.

„Schlüsseltante." Shanley verzog das Gesicht. „Was zum Teufel ist Schlüsseltante?"

„Sehr guter Wein aus Italien", sagte der strahlende Padrone.

„Das ist es, oder? Nun ja, das verstößt gegen die Regeln", stellte Shanley überzeugt fest. "Es ist gegen die Regeln. McCann'u würde dich bei lebendigem Leibe häuten. Er würde. Wo hast du es her? Was ist los? Es ist gegen die Regeln. Ich bin für."

erklärte Pietro. Es war sein Geburtstag. Es war sehr schlechtes Wetter. Für den Rest des Nachmittags würde es keine Arbeit geben. Sie würden den Geburtstag feiern, Meester McCann sei mit dem Zug gefahren. Was den Wein angeht – Pietro zuckte mit den Schultern – seine Leute liebten Wein. Sofern sie nicht sehr arm waren, hatten seine Leute vielleicht ein wenig Wein im Rucksack. Er war sich nicht ganz sicher, woher sie es hatten, aber es war sehr rücksichtsvoll von ihnen, sich an seinen Geburtstag zu erinnern. Jeder hatte ihm etwas Wein geschenkt. Diese Flasche war Ausdruck ihrer großen Wertschätzung für Meester Shanley . Vielleicht würde Meester Shanley später selbst zur Hütte kommen.

„Das verstößt gegen die Regeln", blinzelte Shanley. „McCann, du würdest dich bei lebendigem Leib häuten. Vielleicht komme ich nach und nach mal vorbei. Du kannst die Flasche lassen."

Pietro hüpfte auf und ab, grinste entzückt, reichte ihm die Flasche und wich rückwärts in den Sturm hinaus.

Shanley, immer noch blinzelnd, stellte die Flasche auf den Tisch und betrachtete sie ein paar Minuten nachdenklich – und seine Gedanken waren bei Carleton.

„Wenn es Whisky wäre", sagte er, „hätte ich keinen Teil davon, keinen Tropfen, nicht einmal einen Geruch. Ich würde nicht. Ich würde es nicht anfassen. Aber so wie es ist –" Shanley entkorkte die Flasche.

Gar nicht. Von einer Flasche Chianti-Wein betrinkt man sich *nicht* . Eine einzige Flasche Chianti-Wein ist sehr wenig. Das ist das Problem – es ist *sehr* wenig. Nach drei Wochen Abstinenz ist es tatsächlich sehr wenig – so wenig, dass es geradezu verlockend ist.

Der Nachmittag ging schnell zu Ende – und damit auch der Chianti. Draußen ließ der Sturm nicht nach, sondern wurde schlimmer – der Donner donnerte durch die Berge, die Blitze schnitten gezackte Streifen in den schwarzen Himmel, der Regen prasselte in Strömen herab, die die

Durchlässe und Schleusen überfluteten. Es bereitete sich auf eine schlimme Nacht in den Bergen vor, was in den Rocky Mountains nicht zu vernachlässigen ist. „Kein Wunder, dass McCann es einsam fand", murmelte Shanley, während er den letzten Tropfen aus der Flasche trank. „Es ist in der Tat sehr einsam" – er hielt die Flasche auf den Kopf, um sicherzustellen, dass sie vollständig geleert wurde – „ höchst ungewöhnlich einsam." Es ist das. Vielleicht werden diese Eyetalianer denken , dass ich vielleicht festgefahren bin – was aber nicht der Fall ist. Es ist ein seltsamer Name, den das Zeug hat, auch wenn er gegen die Regeln verstößt, und ich verstehe ihn nicht, aber ich habe schon Schlimmeres probiert. Aus Höflichkeit werde ich bei der Geburtstagsfeier vorbeischauen."

Er schlüpfte in McCanns Gummistiefel, zog McCanns Gummimantel an und machte sich auf den Weg.

„Und zu bedenken", sagte er, während er sich schwappend und schleppend die zweihundert Meter lange Strecke zu den Bauhütten hinaufbahnte, „zu bedenken, dass Pietro bei so schrecklich schlechtem Wetter herausgekommen ist, um ihm seine Komplimente zu überbringen und Frag mich mal vorbei! „ Es wäre unhöflich, die Einladung abzulehnen; außerdem wird meine Anwesenheit sie in angemessenen Grenzen halten und zurückhalten. Ich habe gehört, dass Eyetalianer als Ausländer keine Zurückhaltung üben – aber da sie Ausländer sind, ist ihnen das nicht vorzuwerfen. Ich habe das Sagen und werde dafür sorgen."

Sie begrüßten ihn im größten der drei Etagenhäuser. Sie begrüßten ihn herzlich, aufrichtig, lautstark und mit Inbrunst. Sie freuten sich aufrichtig, ihn zu sehen, und wenn er nicht von Natur aus ein bescheidener Mann gewesen wäre, hätte er verstanden, dass seine Popularität höher war als die Popularität, die jemals einem Chef zuteil wurde. Ebenso war ihre Gastfreundschaft ohne Maß. Wenn es einen Mangel an Lagerbeständen gäbe – was durchaus fraglich ist –, verneinten sie, dass Shanley die Krise vielleicht nicht zu spüren bekommen würde. Shanley wurde von der reinen Menschenebene erhoben – er wurde ein König.

Ein bisschen Chianti ist ein bisschen; Mit viel Chianti ist zu rechnen und auf keinen Fall zu verachten. Shanley wurde nicht nur König, er wurde auch königlich, kaiserlich, königlich und majestätisch betrunken. Auch der Chianti war endlich zu Ende, und in diesem Stadium der Verhandlung watschelte Shanley mit übertriebener Würde und passenden Worten – einer Ermahnung zur Zurückhaltung – zur Tür, um seinen Abschied zu nehmen.

Draußen war es sehr dunkel, sehr dunkel, außer wenn ein Blitz kurzzeitig für Tageslicht sorgte. Pietro Maraschino reichte Shanley eine der vielen Laternen, die sie zu Ehren des festlichen Anlasses ohne Rücksicht auf die

Farbe aus den Werkzeugkästen geholt und in der Hütte aufgehängt hatten. Außerdem bot er Shanley an, ihn auf dem Weg zu sehen.

Das Hilfsangebot berührte Shanley – es berührte ihn zu Unrecht. Es deutete auf einen mehr oder weniger akuten Zustand der Behinderung hin, den er mit einem verletzten Gesichtsausdruck und energischen Worten auf der Zunge ablehnte. Er lehnte es ab; und aus Kummer lehnte er auch die Laterne ab, die Pietro ihm hinhielt. Stattdessen wählte er eine für sich selbst – diejenige, die seiner Hand am nächsten war. Dass es rot war, machte keinen Unterschied. Blau, Weiß, Rot, Grün oder Lila, für Shanley war alles eins. Sein verwirrtes Gehirn konnte nicht differenzieren. Ein Licht war ein Licht, das war alles.

Die kurze Strecke von der Hüttentür bis zur Vorfahrt bewältigte Shanley mit Geschick und Gelassenheit, und dann machte er sich auf den Weg den Weg hinunter. Das war jedoch eine andere Sache.

Eisenbahnschwellen ermöglichen bestenfalls nicht das reibungsloseste Gehen der Welt, und es ist durchaus erwähnenswert, diese Leistung unter bestimmten Bedingungen zu vollbringen. Shanleys Auftritt lässt die englische Sprache vermissen – es gibt keine Metapher. Für alle zehn Fuß, die er vorwärts bewegte, legte er zwanzig Seitenteile zurück, und wenn man bedenkt, dass die Seitenteile auf die dürftigen vier Fuß und achteinhalb Zoll beschränkt waren, die die Spurweite der Schienen ausmachten, war diese Leistung unbestreitbar mehr als würdig bloße Notiz – es war etwas, worüber man sich wundern konnte. Er klammerte sich grimmig an die Laterne, mit dem Ergebnis, dass die Bewegungen dieses kleinen roten Lichts in der Dunkelheit die Vorstellung eines Experten mit einer leuchtenden Hantel in den Schatten gestellt hätten. Währenddessen sprach Shanley ernst mit sich selbst.

„ Queshun ist, ob ich betrunken bin – das ist das Queshun . " Wenn ich betrunken bin, verliere ich meinen Job. Vergiss , was Carleton gesagt hat – verliere meinen Job. Wenn ich nicht betrunken bin, ist alles in Ordnung. Ich wünschte, ich wüsste , ob ich betrunken bin oder nicht."

Er verfiel wieder in stille Gemeinschaft und Debatte. Dies dauerte eine sehr lange Zeitspanne, in der er, wunderbar zu erzählen, nicht nur einen Punkt gegenüber seinem Wohnsitz im Güterwagen erreicht hatte, sondern, ohne sich dieser Tatsache bewusst zu sein, auf der Strecke weitergefahren war. Der Fortschritt wurde jedoch immer schwieriger. Shanley nahm eine Position ein, die man in gewisser Weise mit dem Buchstaben C vergleichen könnte, da die Schwerkraft einen übermäßigen Einfluss auf seinen Kopf auszuüben schien. Shanley kam auf die Erde.

Aufgrund seiner Verbundenheit mit sich selbst begann er wieder zu sprechen, und seine Worte deuteten darauf hin, dass er Zweifel an der Wahrheit hatte.

„Nur mein Glück", sagte er bitter. „Nur mein Glück. Allus das gleiche Glück. Was musste ich zum Geburtstag von Peto Mara – Mars – Marscheeno tun ? Nichts. Nichts Großes. „ Das war nicht meine Schuld." Nur mein Glück. Nur mein——"

Shanley kam auf die Erde. Außerdem kam sein Kopf mit dem unnachgiebigen Stahl des linken Geländers in Berührung, und als Folge davon fiel er träge ausgestreckt über die Vorfahrt, keine zehn Meter westlich der Stelle, an der der Glacier River einmündet und das Gleis dicht an die Gleise drängt Bergbasis.

Die Vorsehung kümmert sich manchmal um diejenigen, die nicht in der Lage sind, für sich selbst zu sorgen. Nach dem Gesetz der Wahrscheinlichkeit hätte die Laterne schnell und vollständig ins Unglück geraten müssen; Doch als es Shanley aus der Hand fiel, landete es mit der rechten Seite nach oben knapp außerhalb der Reling zwischen zwei Schwellen und brannte, abgesehen von einem kurzen und zögernden Flackern durch den Ruck, ruhig weiter. Und es brannte immer noch, als fünf Minuten später über dem Rauschen der Wassermassen des Glacier River, der jetzt ein plätschernder, wütender Bach mit angeschwollenen Ufern war, über dem Stöhnen des Windes und dem Donnergrollen durch die Berge, über dem Donnergrollen Das Plätschern des stetigen Regens ertönte auf der Steigung das heisere Kreischen der Pfeife von Nummer Eins.

Sanderson, der in der Kabine saß, erwischte den Roten auf der rechten Seite vor ihm und pfiff eindringlich in Richtung der Strecke. Da dies keine Wirkung zeigte, grunzte er, gab Gas und gab „Luft" ein. Der Strahl des Scheinwerfers kroch zwischen den Schienen entlang, schwebte über einem schwarzen Gegenstand neben der Laterne, ging wieder weiter und blieb nicht auf den glitzernden, regennassen Schienen – sie waren verschwunden –, sondern *auf* einem bröckeligen Straßenbett und einem dunklen Fleck Als Nummer Eins mit einem letzten Kreischen der knirschenden Bremsbacken zum Stillstand kam, strömte Wasser in die Luft.

„Heiliger MacCheesar !" rief Sanderson aus, als er aus dem Taxi schwang.

Er ging an den Fahrern vorbei bis zu der Stelle, an der die Nase des Piloten neugierig gegen die Laterne gestoßen war, hob die Laterne auf und beugte sich über Shanley.

„Heiliger MacCheesar !" „„ rief er erneut und richtete sich nach kurzem Nachdenken auf. „Heiliger MacCheesar !"

„Was ist los, Sandy?" schnappte eine Stimme hinter ihm, die Stimme von Kelly, Spider Kelly, dem Schaffner, der herbeigeeilt war, um den außerplanmäßigen Stopp zu untersuchen.

„Durchsuchen Sie mich", antwortete Sanderson. „Sieht so aus, als hätte die Glacier ihre alten Tricks ausgeführt. Vor uns liegt eine Katastrophe, und zwar eine schlimme, schätze ich. Aber was das hier bedeutet, ist mir ein Rätsel. Der Kerl lag zusammengerollt auf der Strecke, gerade als Sie ihn sehen, mit dem brennenden Licht daneben, das hat uns gerettet, aber er ist so betrunken wie ein Lord."

Als Kelly sich über die liegende Gestalt beugte, erschienen andere Zugbegleiter am Tatort. Er warf einen Blick auf Shanleys unter keinen Umständen zu vergessendes, heimeliges Gesicht und befahl den Männern hastig, vorwärts zu gehen und die bevorstehende Flut zu untersuchen. Dann wandte er sich an den Ingenieur.

„Der Mann ist nicht betrunken, Sandy", sagte er.

„Er ist herrlich und herrlich betrunken, Kelly", antwortete der Ingenieur.

„Was würde er dann hier tun? Er ist nicht betrunken."

„Ausschlafen. Er ist schändlich betrunken."

„Sehen Sie nicht den Schlag auf seinen Kopf, wo er im Dunkeln gestolpert sein muss, als er versuchte, den Zug zu retten, und gegen die Reling prallte? Er ist nicht betrunken."

„Kannst du nicht riechen?" erwiderte Sanderson. „Er ist todtrunken!"

„Ich habe mit ihm gekämpft und er hat mich geleckt. Er ist ein Mann und ein Freund von mir" – Kelly hielt Sanderson seine Laterne ins Gesicht. „ *Er ist nicht betrunken* ."

„Er ist *nicht* betrunken", sagte Sanderson. "Er ist ein Held. Was machen wir mit ihm?"

„Wir werden ihn, du und ich, zur Bauhütte tragen, es sind nur ein paar Meter, und ihn in seine Koje legen. Er arbeitet hier, wissen Sie. McCann ist in Big Cloud, denn ich habe ihn dort gesehen. Danach rennen wir zurück zum Bend, um Befehle zu holen und unseren Bericht zu erstatten."

„Dann beeilen Sie sich", sagte der Ingenieur. „Nimm seine Beine. Worüber lachst du?"

„Ich habe an Carleton gedacht", sagte Kelly. „Carleton? Was hat Carleton damit zu tun?"

„Das erzähle ich dir später, wenn wir am Bend ankommen. Aufleuchten."

„Hm", sagte Sanderson, als sie mit ihrer Last zur Güterwagenhütte taumelten. „Ich habe den Eindruck, dass ein Schlag auf den Kopf mehr Dreck als Schmerz ist. Er hält eine Rede, nicht wahr?"

„Nur mein Glück", murmelte der wiederbelebte Shanley traurig. „Nur mein Glück. Alius hatte das gleiche Glück."

„Möglicherweise", sagte Kelly. „Setzen Sie ihn ab und schieben Sie die Tür zurück. Das ist richtig. Jetzt bei ihm. Wir haben keine Zeit, es ihm so bequem wie möglich zu machen, aber ich denke, er wird es schaffen. Ich kann ihn am Bend besser reparieren als hier."

„Am Bend? Was meinst du ?" forderte Sanderson.

„Du wirst sehen", antwortete Kelly grinsend. "Du wirst sehen."

Und Sanderson sah es. Carleton tat es auch – in gewisser Weise. Kellys Bericht, als sie am Bend ankamen, war ein Kunstwerk. In zehn kurzen, wohlgewählten Worten erläuterte er die Art und das Ausmaß der Katastrophe, aber der Telefonist bekam einen Krampf, bevor Kelly damit fertig war, Shanley mit Ruhm zu überschütten. Die Passagiere, die in dem kleinen Warteraum zusammengedrängt waren und nach Details schrien, schrien wie aus dem Häuschen, als er die Nachricht laut vorlas – und machten prompt eine Spende, eine sehr großzügige Spende, denn in psychologischen Momenten sind alle Spenden großzügig – das heißt, wenn nicht zu lange hinauszögern, um eine Erholung von der Hysterie zu ermöglichen.

Bei Big Cloud sandte der Dispatcher einen Notruf an Carletons Haus, weil es sich bei der Wasserkatastrophe um eine ernste Angelegenheit handelte, die den Verkehr nicht nur zu behindern drohte, sondern ihn sogar zu blockieren drohte, was den Super auf der Flucht ins Büro brachte. Zu diesem Zeitpunkt war die Sammlung gezählt und der Gesamtbetrag als zusätzliches Detail überwiesen: einhundertvierzig Dollar und dreiunddreißig Cent. Die seltsame Änderung war ein Beitrag eines Schweden in der Kolonistenkutsche, der kein Englisch konnte und zahlte, weil ein Mann in Uniform, ein Bremser, der als Werber fungierte, den Antrag gestellt hatte. Ein Schwede hat großen Respekt vor einer Uniform.

„Hm", sagte Carleton, als er alles gelesen hatte. „Ich erkenne einen Mann, wenn ich einen sehe. Sagen Sie Shanley, sie soll sich hier melden. Ich schätze, wir können etwas Besseres für ihn finden, als Arbeiter zu kommandieren. Was? Ja, schicken Sie den Brief mit dem Bauzug hoch. Einhundertvierzig, dreiunddreißig, oder? Sag ihm das auch. Er wird sich gut fühlen, wenn er es morgens sieht."

Aber Shanley fühlte sich nicht gut, als er es am Morgen sah, denn er litt unter sehr starken Kopfschmerzen und einem Magen, der zu Zimperlichkeiten neigte. Der Brief lag auf dem Boden, wo jemand ihn rücksichtsvoll hineingeworfen hatte, ohne ihn zu stören. Sein Blick fiel darauf, als er sich aus seiner Koje erkämpfte. Er hob es auf, öffnete es, las es – und blinzelte. Sein Gesicht zeigte einen sehr leeren und verwirrten Ausdruck. Er las es noch einmal und noch einmal. Dann ging er zur Tür und schaute hinaus.

Etwas unterhalb von ihm stand ein Bauzug auf der Strecke, und eine Gruppe Männer, weder seine noch die von Pietro Maraschino, waren eifrig bei der Arbeit. Während er hinsah, verzog sich sein Gesicht. Das Problem, das ihn auf der Rückreise von der Geburtstagsfeier am Abend zuvor so beschäftigt hatte, war kein Problem mehr.

„Ich *war* betrunken“, sagte er voller Überzeugung. „Das *muss ich* gewesen sein.“

Er wandte sich wieder dem Brief zu, studierte ihn noch einmal und kratzte sich dabei am Kopf.

„Etwas“, murmelte er, „ist passiert. Was es ist, ich weiß nicht . Ich war betrunken und ich bin nicht gefeuert. Ich war betrunken und wurde befördert. Ich war betrunken und werde dafür gut bezahlt, sehr gut. Ich war betrunken – und ich werde meinen Mund halten.“

Das war genau der Rat, den Kelly ihm eine halbe Stunde später mühsam gab, als Nummer Eins zum Canon hinunterkroch und ein paar Minuten vor dem zerlegten Güterwagen anhielt, während der Bauzug die letzten Handgriffe an seine Arbeit machte .

VI – DER BAUER

Jede Geschichte hat zwei Seiten – ein Sprichwort, das so alt ist, dass es bei Vater Zeit selbst im Rennen ist. Es wird hier wiederholt, weil *etwas Wahres darin* sein muss – alles, was den Abnutzungserscheinungen der Jahrhunderte, der Zyniker und den weisen, alten philosophischen Eulen standhalten kann, ohne dass an den lebenswichtigen Stellen K.-o.-Drillinge gemacht werden, muss etwas Wahres haben Art von Verdienst im Grunde, was? Wie auch immer, das Unternehmen hatte seine Seite und die Herrenversion war natürlich anders. Vielleicht hatte jeder in gewisser Weise mehr oder weniger Recht und in gewisser Weise auch mehr oder weniger Unrecht. Vielleicht haben beide Seiten auch die Beherrschung verloren und ihre Kronblätter sind ausgebrannt, bevor der Schiedsgerichts-Pow-Wow eine Chance hatte, die Linie klarzustellen und irgendjemandem Rechte zu geben, sei es im Zeitplan oder auf andere Weise. Wie dem auch sei, wer auch immer Recht hatte oder wer Unrecht hatte, der eine oder der andere oder beide, es ist der Streik, nicht die Ethik, der damit zu tun hat – aber einen Moment, wir sind vorbei -Ausführen unserer Wartebefehle.

Von dem Zeitpunkt an, als die letzte Schiene befestigt wurde und die Überbrückung der Rocky Mountains eine Realität und kein Traum war – von da an bis zum heutigen Tag gibt es keinen besseren Weg, die Hill Division zu beschreiben, als sie als rau und bereit zu bezeichnen. Wenn man es auf die Einzelfälle ankommt, ist die Geschichte dieses Gleisstücks, die Geschichte der Männer, die ihr Bestes gegeben haben, um es zu bauen, und die Geschichte derer, die es seitdem betrieben haben, nicht weit davon entfernt, ziemlich typisch zu sein und umfassendes Beispiel für den pulsierenden, dominanten, beharrlichen und vorwärtsstrebenden Geist eines Kontinents, dessen Schritte und Fortschritt das Wunder der Welt sind; und darüber hinaus ist es ein so kompaktes und konkretes Beispiel, dass man durch es das größere Bild in allen seinen Winkeln und in allen seinen Schattierungen sehen und betrachten kann. Heldentum und Ruhm und Tod und Scheitern – es hat sie alle gekannt –, aber immer und vor allem anderen hat es die unbezähmbare Geduld, die unbezähmbare Beharrlichkeit, die unbezähmbare Entschlossenheit gekannt, gegen die keine Zeiten, keine Bedingungen, keine Sitten und Gebräuche antreten können. Keine Hindernisse können bestehen – der Geist der Neuen Rasse und des Großen Neuen Landes, die Essenz und der Keim davon.

Eine Straße durch die Rocky Mountains zu bauen und die Sierras anzuzapfen, um dem Ziel Schwung zu verleihen, war keine Kinderleistung; Und es eingleisig auf verrückt-wilden Schnitten und Auffüllungen und Tangenten und Kurven und Tunneln und Böcken mit der Natur zu fahren, um zu kämpfen und gegen sie zu kämpfen, ist auch keine Leistung für

Kleinkinder. Die Hill Division war rau und bereit. Das war schon immer so und so ist es auch heute noch – ganz natürlich. Und Big Cloud, der Trennpunkt, der sich zwischen den Hügeln in den östlichen Ausläufern schmiegt, ist es umso mehr. Es prahlt mit jeder Nationalität, die in bestimmten gelehrten Ausgaben von kleinen Büchern mit großen Namen aufgeführt ist, und hat obendrein noch ein oder zwei zusätzliche Anomalien übrig, die in petto sind; Aber im Großen und Ganzen besteht es, oder vielmehr bestand es – es hat sich mit den Jahren etwas verändert – aus Indern, bösen Amerikanern, ein paar Chinesen und einem unbeschreiblichen Gemisch von Menschen aus allen vier Teilen Europas, den Cockneys, den Polacken , der Schwede, der Russe und der Italiener   Arbeiter der Baukolonnen. Big Cloud war etwas mehr als rau und fertig – es war nicht gerade das, was man einen Kurort für nervöse Nerven nennen würde.

Im Großen und Ganzen war die Hill Division also von einem Ende bis zum anderen nicht der ruhigste oder friedlichste Ort auf der Karte, schon bevor es zu dem Unglück kam. Danach – nun ja, erzählen Sie einem der Oldtimer von dem großen Streik, und er wird schnell genug und intensiv genug reden und in einer Minute so viel sagen, dass Sie sich fragen, ob die Biographen sich bei den Verabredungen nicht einig waren und ob Dante das schon getan hatte Das Material für seinen kleinen Haargummi hat er nicht weiter entfernt als in den Rocky Mountains und nicht länger zurück als vor ein paar Jahren. Aber kein Problem--

Die Geschichte beginnt mit dem Streik – *nicht* mit seiner Ethik. Es gibt noch ein gewisses hartes Gefühl – zu viel davon, um in die eine oder andere Richtung Partei zu ergreifen. Aber abgesehen davon ist dies nicht die Geschichte eines Streiks, sondern die Geschichte von Männern – eine Geschichte, die die Jungen nachts in den dunklen Lokschuppen im Schatten der großen Zehnräder an der Box erzählen, während die … Dampf schnurrt leise an den Anzeigen und manchmal öffnet sich ein Pop-Ventil mit einem eingängigen Schluchzen. Sie erzählen es auch über die Gleise im Hauptquartier oder auf der Straße und in Baulagern; Aber irgendwie erzählen sie es im Rundschuppen besser, obwohl es keine Ingenieursgeschichte ist – und Clarihue , der Nachtumkehrer, erzählt es am besten von allen. So wie es hier dargelegt wird, hat es für ihn keinen Rang – aber nicht alle haben das Glück, zugehört zu haben, während Clarihue redete.

Nur noch ein Wort, um sicherzustellen, dass die Roten nirgendwo gegen uns sind, und wir kommen zu Keating und Spirlaw – nur ein Wort, um zu sagen, dass Carleton, „Royal" Carle-ton, damals Superintendent war und Regan Meistermechaniker Harvey war Abteilungsingenieur, Spence war Chefdisponent und Riley war Zugvorsteher. Ziemlich gute Männer, diese kleine Gruppe, ziemlich gute Eisenbahner – es gab nie bessere. Einige von ihnen sind heute in den Augen der Welt größer, Systemleiter statt

Abteilungsleiter – und einige von ihnen werden nie mehr erfolgreich sein. Jedoch---

Wenn Sie Shanley nicht vergessen haben, werden Sie sich an den Glacier Canon erinnern, und vor allem an den Glacier River mit seinem tückischen Sandbett, das sich dicht an die Vorfahrt schmiegte und die Strecke hart gegen die felsigen Wände des Glacier River drückte Bergbasis. Das Chaos, das der Glacier in der Nacht von Shanleys denkwürdigem Heldentum in der Betriebsabteilung anrichtete, war nicht das erste Mal, dass er sich schlecht benahm, und es war auch nicht das letzte Mal – das war das Problem. Es spülte das Straßenbett mit solch konsequenter Beharrlichkeit und mit so wenig Provokation aus, und zwar so effektiv, dass es schließlich sogar das träge Blut der Direktoren im Osten verärgerte. Also stimmten sie für die Summe, obwohl es weh tat, und trösteten sich mit dem Gedanken, dass es sich letztlich um Sparmaßnahmen handelte – was stimmte.

Es gab nur eines, was man gegen diesen übergastlichen und liebevollen kleinen Strom tun konnte, und das war, ihm zu entkommen; Doch bevor sie dazu übergingen – um genügend Spielraum für die Arbeit zu haben, damit die Flugblätter, die schnellen Mails und der Verkehr im Allgemeinen nicht jedes Mal hängen blieben, wenn ein Polack eine Spitzhacke schwang –, schoben sie die Schiene über das Geschwätz hinaus Fluss auf einem langen, temporären Hybridbock aus Holz und Stahl. Nachdem das erledigt war, lag der Rest bei Spirlaw – bei Spirlaw und Keating.

Die Pläne sahen vor, den Berghang abzurasieren, wobei das Frisieren größtenteils mit Dynamit erfolgen sollte, denn der Bart der Rocky Mountains ist nicht der Flaum eines Jugendlichen. Als der Bock fertig war, begab sich Spirlaw mit einer Gruppe von etwa dreißig Polen in das Baulager, riss umgehend das alte Gleis ab und machte sich an die Arbeit. Wenig später gesellte sich Keating zu ihnen.

Spirlaw war ein Straßenboss und der raueste seiner Art. Körperlich war er ein Riese; und wer von den dreien am härtesten war, sein Gesicht, seine Faust oder seine Zunge, würde dem sportlichen Element eine hervorragende Gelegenheit bieten, sich ein wenig Buchmacherei zu gönnen, wobei die Chancen rundum ausgeglichen wären. Sein Haar war ein rauher, gelbbrauner Schopf, der ihm über die Augen fiel; und seine Augen waren ganz und gar schwarz – sie schienen überhaupt keine Pupille zu haben, was ihnen ein Glitzern verlieh, das härter war als ein kalter Meißel. Zusammenfassend lässt sich sagen, dass Spirlaw ein ziemlich schwieriges Unterfangen zu sein schien, und in gewisser Weise, vielleicht in den meisten Fällen, war er es auch – er hat es nie geleugnet.

du zum blauen, blendenden Licht , was?" bemerkte er und griff zum „Kauen" in seine Gesäßtasche, während er mit dem anderen Arm umfassend über die besondere Menge schwitzender Ausländer strich, die sich zu dieser Zeit zufällig in seinem Zuständigkeitsbereich befand. „Was denkst du ? Mit so einem Outfit kann man mit Schmierseife und Zuckerstangen keine Cuts and Fills machen, oder? Na dann – ja?"

Dieses letzte „H'm" war mehr oder weniger schlüssig – nur sehr wenige hatten Lust, das Argument weiter zu verfolgen. Aus sicherer Entfernung bombardierten die Großen der Division Spirlaw zur Beruhigung ihres Gewissens, wenn humanitäre Ideen im Übergewicht waren, mit Telegrammen, deren Ton eindringlich und schrecklich drohend war – aber das war auch schon alles. Spirlaws Arbeitsbericht für einen Tag zu allem, von der Überbrückung einer Kanone bis zum Schlagen eines Lochs in den bitteren harten Fels des Berghangs, war ein Bericht, den noch niemand in der Abteilung jemals erreicht hatte, geschweige denn dupliziert hatte – und Zahlen zählen vielleicht nur ein bisschen mehr in der Betriebsabteilung einer Eisenbahn als irgendwo sonst auf der Welt. Spirlaw benutzte die Telegramme als Überlauf, um eine Pfeife anzuzünden, die genauso hart aussah wie er selbst, deren Pfeifenkopf wegen des vielen Kratzens auf einer Seite heruntergerutscht war, und bei solchen Gelegenheiten war es für den mürrisch aussehenden Polacken, der das riskieren sollte, mehr als gewöhnlich unglücklich um seinen Zorn zu erregen.

Manche Männer besitzen die Liebe zum Kampf und ihre Natur ist aufgrund ihrer Nationalität stürmisch, weil manche Nationalitäten davon abhängig sind. Dies könnte bei Spirlaw der Fall gewesen sein – oder auch nicht. Man kann es nicht sagen, denn Spirlaws Nationalität war ein Fragezeichen. Er hat sich nie zu diesem Thema geäußert, und aus der Ableitung seines Namens konnte man es sicherlich nicht herausfinden – *das* hätte fast alles sein können und fast überall herkommen können.

Zu sagen, dass „Gegensätze sich anziehen", ist nicht origineller und auch nicht weniger graubärtig als die Worte am Anfang dieser Seiten. Im Allgemeinen wird so etwas in der abgedroschenen, abgestandenen Welt der Plattitüden dargestellt, in der Vertrautheit zu Verachtung führt, und bei der salbungsvollen Wiederholung rümpft man fast die Nase; Aber hin und wieder hat das Leben die Angewohnheit, in eine Krise zu geraten oder eine Wendung zu nehmen, die einem einen Ruck und ein anderes Seitenlicht verleiht, und dann klingt so etwas irgendwie so frisch und männlich, als hätte man es gerade getan Habe es zum ersten Mal gehört. Soweit irgendjemand wusste, war Keating der Einzige, der jemals in Spirlaws Schneckenhaus gelangte, der Einzige, bei dem der Straßenchef jemals die geringsten Anzeichen dafür zeigte, dass er sich um ihn kümmerte – und dennoch, oberflächlich betrachtet, zwischen den beiden hatte nichts gemeinsam. Wo das eine poliert war, war das andere rau; Wo einer schwach war, war der andere stark. Keating war klein, dünn, hatte ein blasses Gesicht und hatte einen Husten – einen Husten, der ihn eilig nach Westen geschickt hatte, ohne auf das andere Jahr zu warten, das ihm sein Ingenieurdiplom von der Hochschule im Osten beschert hätte.

Als der Junge, er war kaum mehr als ein Junge, bei Big Cloud abgesetzt wurde und Carleton den Brief las, den er von einem der großen Ostbetreiber mitgebracht hatte, zog der Supervisor ein wenig die Augenbrauen hoch, musterte ihn von oben bis unten und schickte ihn hinaus zu Spilaw . Anschließend sprach er mit Regan über ihn.

„Ich wusste nicht, was ich mit ihm machen sollte, Tommy; aber ich musste etwas tun, was? Jeder , der auch nur ein halbes Auge hatte, konnte erkennen, dass er im Freien gehalten werden musste. Ich dachte, er könnte Spirlaw vielleicht ein wenig als Assistent helfen, oder? Ich schätze, er wird die Arbeit schnell genug erledigen. Er sieht nicht stark aus.“

„ Vielleicht ist es auch gut so“, grinste der Mechanikermeister. „Er wird nicht in der Lage sein, die Bande zu verprügeln. Ein Mann, der das tut, reicht aus – wenn es Spirlaw ist .

Spirlaw hörte davon, bevor er Keating sah, und er fluchte inbrünstig.

"Was zum Teufel!" er knurrte. „Denken Sie, ich betreibe eine Gärtnerei oder ein Freiluftsanatorium? Ich schätze, ich habe genug zu tun, ohne mich um kranke Kinder zu kümmern . Er wird eine große Hilfe sein – hilf meinem Auge! Ich brauche keine Hilfe.“

Spirlaw die Hand reichte, alles anders – danach war alles Keating bis *zum* Straßenchef war besorgt.

Merkwürdig, wie die Dinge laufen. Keating blickte sich um, der letzte Mann auf Erden, von dem man erwarten würde, dass er einem Vorarbeiter mit eisernen Fäusten die Ellenbogen reibt, dessen Zunge rauer ist als ein Stacheldrahtzaun; der letzte Mann, der sich mit einer von Sklaven getriebenen Bande hässlicher Polen behaupten konnte. Für so etwas schien er zu ruhig, zu schüchtern, körperlich völlig ungeeignet zu sein. Der Junge hatte kein Blut mehr – er wurde es schneller los, als er es schaffen konnte. Aber seine Ausbildung kam ihm zugute, und innerhalb seiner Grenzen hat er sich wie ein alter Hase durchgesetzt. Das war es, was Spirlaw erwischte . Er tat, was ihm gesagt wurde, und er tat, was er konnte – tat manchmal etwas mehr, als er konnte, was ihn für zwei oder drei schlimme Tage davon abhalten würde.

„Guter Mann“, kritzelte Spirlaw eines Tages an den unteren Rand eines Berichts – ein Tag, der zu etwa gleichen Teilen aus dem Bellen seiner Fingerknöchel auf den Kopf eines Polen und dem Füttern von Keating in seiner Koje mit gebrochenem Eis bestand. Gebrochenes Eis? Nein, es stand nicht auf der regulären Speisekarte des Lagers – aber die Firma lieferte es trotzdem. Spirlaw hielt mit äußerster Verachtung für die Fahrdienstleiter, ihre Fahrpläne und ihre Zugpläne Nummer Zwölf und den Gepäckträger des Pullman für einen beträchtlichen Anteil der Ware, die dieser farbige Herr besaß. Das ist es, was Spirlaw über Keating dachte.

In den ersten Wochen nach seinem Einmarsch in das Lager hatte Keating nicht viel über sich selbst oder irgendetwas anderes zu sagen; Aber nachdem er Spirlaw etwas näher gekommen war und die gegenseitige Zuneigung stärker wurde, begann er sich nachts zu öffnen, wenn er und der Straßenchef vor der Tür der Bauhütte saßen und zusahen, wie die Sonne hinter den mächtigen Gipfeln verschwand und wieder kriechte mit einem wunderbaren goldfarbenen Schimmer zwischen einem Spalt in der Bergkette und versinkt schließlich mit der darauffolgenden Dämmerung außer Sichtweite. Dann konnte Keating reden.

„Ich weiß nicht, wofür Sie jemals Ingenieurswesen studiert haben ", bemerkte Spirlaw eines Abends. „Es geht um das raueste Leben, das ich kenne, und du ——"

„Ich weiß, ich weiß", lächelte Keating. „Du denkst, ich bin nicht stark genug dafür. Noch ein Jahr hier draußen im Westen und ich werde wie ein Pferd sein."

„Sicher, das wirst du", stimmte Spirlaw hastig zu. „Das habe ich nicht so gemeint." Dann lutschte er kräftig an seinem Dornbusch.

Spirlaw hatte nicht viel mit Therapeutika zu tun, er wusste mehr über Felssprengen, aber tief in seinem Herzen gab es keine großen Zweifel an einem weiteren Jahr im Westen für den Jungen, und noch eines und noch eines, alle von ihnen – nur dass sie es *sein* würden über die große Kluft, die man nur einmal überquert, wenn man sie für immer überquert. Sechs Monate, vier, drei – nur Monate, nicht Jahre, las er in Keatings Gesicht. „Was ich meinte", ergänzte er, „war, dass Sie das nicht tun müssen. Nach dem, was Sie gesagt haben, gehe ich davon aus , dass Ihre Leute da hinten bereit wären , Sie auf fast jede Linie zu setzen, die Sie sich ausgesucht haben, oder?"

„Nein, das muss ich nicht", antwortete Keating und sein Gesicht leuchtete auf, als er sich vorbeugte und den Ärmel des Straßenchefs berührte. „Aber, Spirlaw , es ist das Größte auf der Welt. Verstehst du nicht? Ein Mann tut etwas. *Er baut* . Ich werde ein Baumeister sein – ein Erbauer von Brücken und Straßen und solchen Dingen. Ich möchte eines Tages etwas tun – etwas, das sich lohnt . Deshalb werde ich Ingenieur; Denn überall auf der Welt haben die Ingenieure von Anfang an den Weg geebnet und – und sie haben etwas hinterlassen. Ich denke, das ist das Größte, was man über einen Menschen sagen kann, wenn er stirbt – dass er ein Baumeister war, dass er etwas hinterlassen hat. Ich möchte, dass sie das über mich sagen. Nun, nachdem ich ein weiteres Jahr hier draußen verbracht habe – mir geht es sogar jetzt um einiges besser als damals, als ich kam –, gehe ich zurück, um meinen Kurs zu beenden, und dann – nun ja, Sie verstehen, was ich tun möchte, nicht Du?"

Es gab viele solcher Gespräche, Abend für Abend, und sie endeten alle auf die gleiche Weise –

Spirlaw schlug seine Pfeife gegen einen Stein oder seinen Stiefelabsatz und „ dachte , er würde ein Stück das Lager entlangschlendern und sicherstellen, dass für die Nacht alles in Ordnung war."

Spirlaw war ein ziemlich harter Mann , aber hinter dem rauen und brutalen, geilen, dickhäutigen Äußeren verbarg er ein anderes Selbst, eine seltsame Seite seines Selbst, die er nie gekannt hatte, bis er Keating kennengelernt hatte. Es ging ihm ziemlich tief und ziemlich hart in den Sinn, der Junge und seine Ambitionen; und die Ironie darin, grimmig und bitter, vertiefte sein Mitleid und weckte auch ein Gefühl heftiger, heißer Abneigung gegen das Schicksal, das in seiner erbarmungslosen Macht ein so wehrloses und kümmerliches Opfer verspottete. Für sich selbst nannte er Keating „den Baumeister", und eines Tages, als Harvey auf einer Inspektionsreise vorbeikam, erzählte er dem Abteilungsingenieur davon – so sprach es sich herum.

Als Carleton es hörte, sagte er nichts – er drückte nur mit dem Zeigefinger die Pfeife in seine Pfeife und starrte auf die Weichen in den Höfen. Sie waren es gewohnt, zu sehen, wie die Oberfläche der Dinge in den Bergen umgepflügt und die Ecken zurückgekehrt wurden. Es vergingen nicht viele Tage, an denen etwas, das das Rohe zeigte, nicht auf die eine oder andere Weise geschah, aber es brachte nie Gefühllosigkeit oder Gefühllosigkeit hervor Gleichgültigkeit, vielleicht nur ein wahrerer Sinn für Werte.

Sie hatten bereits zwei Monate lang in der Kanon gesprengt, als sich die ersten Anzeichen von Schwierigkeiten zeigten, und der Anfang war, als die Arbeiter bei Big Cloud ausfielen – die Kesselbauer und die Schmiede, die Maler, die … Tischler und Monteure. Das Baulager, also Spirlaw , machte sich darüber keine großen Sorgen, und zwar aus dem ganz einfachen Grund, weil es keinen Grund zu geben schien, warum es oder er es tun sollte – das war Regans Jagd. Aber als das Zugpersonal diesem Beispiel folgte und vereinzelte Gerüchte über ein oder zwei Schlägereien in Big Cloud aufkamen, mit der Wahrscheinlichkeit, dass es nach dem ersten noch heftiger zuginge, bekamen die Dinge ein ganz anderes Gesicht; denn der Aufruhr, soweit er stattgefunden hatte, lag nicht an der Tür der Eisenbahnjungen, sondern bei den Faulenzern und Mitläufern der Stadt, diesen und dem Fremdenelement – insbesondere dem Fremdenelement – den Brüdern und

Cousins der Polacken, die Spitzhacken und Schaufeln unter der eisernen Hand von Spirlaw , ihrem zeitweiligen Herrn und Meister, schwangen – die Polacken, sanft und unsanft, wenn sie amüsiert waren, wie ausgehungerte Pumas.

Dann sagte die Bruderschaft: „Aufhören", und das Lokpersonal folgte den Lokführern. Die Dinge fingen an, düster auszusehen, und dem Hauptquartier fiel es ziemlich schwer, irgendetwas zu bewegen. Der Zugfahrplan hinter dem Canon wurde um mehr als die Hälfte reduziert, und die Gesichter der Männer in den Taxis und Kombüsen waren neue Gesichter für die im Lager – die Gesichter der Männer, die die Kompanie zu eiligen Einsätzen herbeiholte, wo immer sie konnte Holen Sie sie sich aus den Ebenen im Osten oder der Küste im Westen.

Jeder Tag brachte Berichte über Unruhen von einem Ende der Leitung zum anderen, mehr Unruhen, mehr Unordnung bei Big Cloud; und in dem Bemühen, so viel davon wie möglich im Keim zu ersticken, erließ Carleton den Befehl, alle Bauarbeiten einzustellen – alle mit Ausnahme der Arbeiten in Glacier Canon, denn dort lag ihm der provisorische Stützpunkt unbehaglich auf der Seele.

An dem Tag, an dem die Stoppbefehle anderswo ergingen, ging ein Brief an Spirlaw . Spirlaw las es und sein Gesicht verzerrte sich wie eine Gewitterwolke. Er reichte es Keating.

Keating las es – und sah ernst aus.

„Ich schätze, die Dinge dort unten sind nicht allzu rosig", kommentierte er; dann langsam: „Mir ist aufgefallen, dass unsere Männer in letzter Zeit etwas mürrisch wirkten. Der Streik interessiert sie nicht besonders, es muss eine Art sympathische Bewegung mit dem Rest ihrer Menge sein, die bei Big Cloud tobt – nur verstehe ich nicht, wie sie sehr viel darüber wissen können, was vor sich geht. Wir selbst übrigens nicht."

Spirlaw lächelte grimmig.

„Ich sage dir wie", sagte er. „Ich habe letzte Nacht im Lager einen Polen gefangen, der nicht hierher gehörte – und ich habe ihm zum zweiten Mal den Kopf gebrochen, verstehen Sie? Er hat vor etwa einem Jahr für mich gearbeitet – da habe ich es zum ersten Mal kaputt gemacht. Er ist einer ihrer einflussreichen Bürger – sein Name ist Kuryla . Habe mich hier reingeschlichen, um Ärger zu machen – ich schätze, es tut ihm leid, ich schätze, das tut ihm leid."

„Das ist das erste Mal, dass ich davon gehört habe", sagte Keating und öffnete überrascht die Augen noch ein wenig.

„Du hast geschlafen", erklärte Spirlaw knapp.

Keating starrte den Straßenchef eine Minute lang neugierig an, dann warf er noch einmal einen Blick auf den Brief des Supervisors, den er immer noch in der Hand hielt.

„Carleton sagt, er verlässt sich darauf, dass Sie diese Arbeit durchziehen, wenn es möglich ist. Du glaubst aber nicht wirklich, dass wir hier ernsthafte Probleme bekommen werden, oder?"

Spirlaw biss tief in seinen Stecker, bevor er antwortete.

"Ja, Sohn; Das tue ich", sagte er schließlich, „und es gibt viele Gründe, warum wir das auch tun werden. Fangen Sie einmal damit an Und es gibt keinen schlimmeren Teufel auf der Welt als die Rasse, mit der wir nebenan leben . Außerdem *lieben* sie mich nicht – sie haben nur Angst vor mir, wie ich sie, beim heiligen Razoo , auch vor ihnen habe. Lassen Sie sie einmal die Oberhand riechen, und es wäre den ganzen Tag *ein* Abschied. Lasst sie bei Big Cloud gut vorankommen , und hier werden sie gut vorankommen – dann werden sie irgendwie denken, dass es kein Gesetz gibt , das sie stört – und, es sei denn, ich verliere meine Vermutung, Big Cloud steht vor der heißesten Feier in seiner Geschichte, die einiges ausmachen wird , denn es gab schon einige, die sich nicht durch einen verdammten Anblick bändigen ließen."

„Nun", fragte Keating, „was haben Sie vor?"

„Hm-m", sagte Spirlaw gedehnt nachdenklich, und in seinen Augen lag ein nachdenklicher Ausdruck, als er seinen Assistenten betrachtete. „Das ist es, worüber ich nachgedacht habe , seit ich letzte Nacht dieses Stinktier Kuryla gefangen habe . Soweit ich es mir vorstellen kann , hängt die Wahrscheinlichkeit von Ärger davon ab, wie weit diese Flüche bei Big Cloud gehen. Wenn ich das wüsste, wüsste ich, was mich erwartet, oder? Ich dachte, ich schicke dich für einen Tag ins Hauptquartier. Sie könnten mit dem Vorgesetzten sprechen, ihm sagen, wo wir hier stehen, und die Dinge dort oben allgemein einschätzen. Was sagen Sie?"

„Natürlich. „Na gut, wenn du willst", stimmte Keating bereitwillig zu.

„Das ist der Junge", sagte Spirlaw herzlich. „Nummer zwölf wird in einer halben Stunde da sein. Ich werde sie markieren, und Sie können jetzt gehen und sich fertig machen. Ich gebe dir einen Brief, den du nach Carleton mitnehmen kannst."

Als Keating sich mit einem zustimmenden Nicken zügig abwandte, beobachtete Spirlaw , wie er außer Sichtweite war – und der Anflug eines Lächelns spielte über die Lippen des Straßenchefs. Er zog ein Berichtsblatt aus seiner Tasche und kritzelte auf die Rückseite mühsam einen Brief an den Superintendenten der Hill Division. Es war kein sehr langer Brief, auch wenn das PS beilag. Sein Lächeln wurde härter, als er es las.

„Supt., Big Cloud", hieß es. „Sehr geehrter Herr: – Als Antwort auf Ihre Frage vom 8. Inst. senden Sie bitte ein paar gute .45er und *jede Menge Füllmaterial* . („Viel Füllung" wurde stark unterstrichen.) Jahre. bzw. H. Spirlaw . PS: *Halten Sie den Jungen da oben da raus* ." (Das PS wurde noch stärker unterstrichen als das andere.)

Klug und gelehrt im Umgang mit Menschen – und Polen – war Spirlaw . Spirlaw beschäftigte sich nicht mit der *Möglichkeit* eines Ärgers – es ging lediglich darum, wie lange es dauern würde, bis er begann. Er faltete den Brief zusammen, versiegelte ihn in einem der Manilas des Unternehmens, und während er zusah, wie Nummer Zwölf mit Keating an Bord und dem Brief in Keatings Tasche um die Kurve verschwand und nach Osten zur Big Cloud dampfte, streckte er seine großen Arme aus als der Bohrturm dröhnte und tief Luft holte wie ein Mann, dem eine schwere Last von den Schultern gefallen ist.

An diesem Tag redete Spirlaw aus tiefstem Herzen zu den Männern, und sie hörten in mürrischem, dummem Schweigen zu, gestützt auf ihre Spitzhacken und Schaufeln.

„Du kennst mich", blaffte er, und sein Blick, beginnend rechts von der Gruppe, ruhte für eine knappe Sekunde auf jedem einzelnen Gesicht, während sie über die Linie glitten. „Du kennst *mich* . Ihr habt euch in letzter Zeit wie schmollende Hunde benommen – glaube nicht, dass mir das nicht aufgefallen ist. Du hast gesehen, was mit deinem Kojotenfreund passiert ist, der sich letzte Nacht hier reingeschlichen hat. Ich meinte es als eine Lektion für Sie alle und auch für ihn. Die Geschichten, mit denen er Sie vollgestopft hat , sind größtenteils Lügen, und wenn das nicht der Fall ist, geht es Sie sowieso nichts an. Es lohnt sich nicht, nach Ärger zu suchen, das verspreche ich Ihnen. Sie können mir glauben, dass ich den ersten Mann verprügele, der es probiert. Verstanden? Na dann, wackeln Sie ein bisschen mit den Picks und machen Sie sich an die Arbeit!"

„Der Mann, der zuerst zuschlägt", sagte sich Spirlaw , als er wegging, „ist der Mann, der normalerweise die Nase vorn hat." Ich schätze, ein paar nette Worte von mir werden ihnen etwas zum Kauen geben, bis Carle-ton die Hardware runterschickt, ich schätze, das werden sie, oder?"

In dieser Nacht war es im Lager ziemlich ruhig – ruhiger als sonst. Das Kochhaus und die drei Etagenhäuser, die ein paar hundert Meter östlich des Bocks lagen, hätten trotz aller Geräusche, die von ihnen kamen, von toten Männern bewohnt sein können. Gelegentlich sah Spirlaw , der wie üblich vor seiner eigenen Hütte zwischen dem Bock und den Quartieren der Bande saß, ein oder zwei Polen von einer der Schlafhütten zur anderen schleichen – und er runzelte die Stirn, als er seine Hütte aufteilte Blicke zwischen ihnen und dem Himmel. Es sah aus wie ein Sturm in den Bergen, und ein Sturm in den Bergen ist auf keinen Fall zu wünschen übrig – schon gar nicht zu wünschen übrig. Die Männer bei der Arbeit waren eine Sache; Die Männer waren für einen Tag oder zwei Tage in erzwungener Untätigkeit eingesperrt, und die Stimmung, in der sie sich befanden, war eine andere …

Spirlaw kam in dieser Nacht mit dem leisen, unheilvollen Donnergrollen in der Ferne als Schlaflied herein.

Einmal in der Nacht erwachte er plötzlich durch das Geräusch eines krachenden Knalls, und einmal, zweimal und wieder erfüllten die Blitze wie ein wilder, blinkender Flammenstrom die Hütte taghell, während der Regen gleichmäßig auf das Dach prasselte das Tattoo eines Korps kleiner Trommeln. Spirlaw lächelte grimmig, als die Dunkelheit sich wieder über ihn legte.

„Habe den kleinen Baumeister gerade zum richtigen Zeitpunkt rausgeholt, oder?" bemerkte er bei sich selbst; und als er sich in seiner Koje umdrehte, schlief er wieder ein – aber selbst im Schlaf blieb das grimmige Lächeln auf seinen Lippen.

Der Morgen brach mit einem anhaltenden Regenguss an, der nicht nachließ. Überall lief Wasser, und der Felseinschnitt war damit gefüllt. An Arbeit war nicht zu denken. Spirlaw aß sein Frühstück, das ihm der triefende Lagerkoch gebracht hatte, und machte sich dann, nachdem er seine Gummistiefel und seinen Mantel angezogen hatte, auf den Weg zur Rennstrecke. Nummer Elf sollte um halb acht im Canon eintreffen, und sie würde das Paket an „Hardware" bekommen, um das er Carleton gebeten hatte.

Aber obwohl es halb acht war, kam Nummer Elf nicht – und auch kein anderer Zug, weder im Osten noch im Westen. Die Stunden vergingen von einem langen Morgen bis zu einem längeren Nachmittag. Irgendwo stimmte etwas nicht – und zwar völlig falsch. Spirlaws Gesicht war schwärzer als der Sturm. Zweimal, einmal morgens und einmal nachmittags, machte er sich auf den Weg die Strecke hinunter in Richtung Keefer's Siding, das genau das war, was der Name verriet: ein Abstellgleis, nicht mehr und nicht weniger, nur dass dort ein Bediener war . Jedes Mal änderte er jedoch seine Meinung, nachdem er nicht weiter als ein paar Meter gekommen war. Den Polacken war die Tatsache, dass etwas Ungewöhnliches in der Luft lag, nicht weniger bewusst als ihm selbst, und zweite Überlegungen gingen zu der Überzeugung über, dass es ratsam sei, in der Nähe des Lagers zu bleiben, damit seine Anwesenheit die Wirkung hätte, die Begeisterung zu dämpfen von jeglichem Unheil, das sich zusammenbrauen könnte.

Erst gegen acht Uhr abends und im letzten Abenddämmerung ertönte das heisere Kreischen einer Pfeife den Kanonenhang hinunter – ein langer Ton und drei kurze. Nummer Elf pfiff verspätet zum Lager – sie hörte nicht auf, sondern ging einfach langsamer, um ihr Geschäft zu erledigen. Spirlaw , der sich zu diesem Zeitpunkt in seiner Hütte befand, schnappte sich seinen Hut, rannte aus der Tür und machte sich auf den Weg zur Gleisbiegung. Während er dies tat, erblickte er aus dem Augenwinkel die Polacken, die sich mit herausgestreckten Köpfen aus den offenen Türen der Schlafunterkünfte drängten.

Als er die Ziellinie erreichte, bog Nummer Elf um die Kurve, und die Tür des Schnellzugwagens schwang zurück. Der Bote ließ ihm ein Paket in die Hand fallen, das der Straßenchef mit einem grimmigen Lächeln entgegennahm, und ein Wort an sein Ohr, das Spirlaw die Kinnlade herunterklappen ließ – und das war nicht alles, denn es kam vom hinteren Ende, als der Zug vorbeirollte – ließ Keating fallen.

Der Junge sah bleich und zitternd aus – noch mehr als sonst. Spirlaw starrte, als hätte er eine Erscheinung gesehen, starrte eine Minute lang schweigend hin, bevor er Worte in Worte fassen konnte – dann kamen sie wie der Ausguss eines Vulkans.

„Was zum Teufel hat das zu bedeuten ?“ er brüllte.

„Wer in den doppelten Flammen hat dich aus Big Cloud rausgelassen? Ich nehme etwas –“

„Lass uns aus dem Nass reinkommen“, unterbrach ihn Keating und lächelte trotz eines Hustenanfalls, der ihn in diesem Moment quälte. „Dann kannst du ruhig knurren, wenn du willst“ – und er fing an, zur Hütte zu rennen.

Drinnen ging Spirlaw erneut auf den Jungen zu und er blieb erst stehen, als er außer Atem war.

„Hat Carleton dir nicht gesagt, du sollst bleiben, wo du warst ?“ Er endete bitter.

„Oh ja“, sagte Keating, „das war ungefähr das Erste, was er *sagte* , nachdem er Ihren Brief gelesen hatte, als ich ihn ihm gestern gab.“ Dann dachte ich darüber nach, warum du mich aus dem Lager geschickt hast. Du bist ungefähr so eckig, wie man es sich vorstellen kann, Spirlaw . Du brauchst Carle-ton nicht die Schuld zu geben, *er* hatte so ziemlich alles, was er tun konnte, ohne mir oder irgendjemand anderem Aufmerksamkeit zu schenken. Gab es irgendwelche Nachrichten oder Nachrichten hier?“

Spirlaw schüttelte den Kopf.

"NEIN; Aber ich wusste, dass etwas nicht stimmte, denn Nummer elf ist heute der erste Zug, der ein- oder ausfährt. Der Expressbote sagte gerade, dass sie sich in Big Cloud austoben und alles in Sichtweite zerstören würden, aber ich schätze, er hat es ein wenig vermasselt. “

„Er hat nichts angezogen", sagte Keating langsam. „Mein Gott, Spirlaw , es war eine schreckliche Nacht! Das Frachthaus, die Läden und das Ringlokschuppen, was davon noch übrig ist, liegen in Schutt und Asche. Sie haben alle Drähte durchtrennt und dann haben sie sich selbst losgelassen – die Polen und diese Menge, wissen Sie. Ja, sie haben alles zerstört, was in Sicht war, und ein Dutzend Menschenleben sind dafür gestorben." Keating hörte plötzlich auf und begann erneut zu husten.

Spirlaw sah den Jungen unruhig an und fummelte mechanisch an den Schnüren des Pakets herum, das er auf den Tisch gelegt hatte. Als er die Verpackung entfernt und zwei hässliche, sachlich aussehende .45er und ein halbes Dutzend Schachteln Patronen zum Vorschein gebracht hatte, war Keatings Anfall vorüber.

„Ich schätze, es war jedenfalls aufregend genug für *mich* " – Keating gab sich alle Mühe, sein Lachen wahr werden zu lassen. „Ich bin davon noch ein bisschen geschwächt."

„Wenn du nicht krank wärst", platzte Spirlaw heraus, „würde ich dich krank machen, weil du hierher zurückkommst. " Du weißt ganz genau, dass wir es als nächstes bekommen werden – du wusstest so gut, dass du zurückgekommen bist, um zu helfen – –"

„Ich habe Carleton gesagt, er solle Hilfe hierher schicken", unterbrach Keating hastig; „Und er sah mich einfach wie einen Verrückten an – er war sowieso halb verrückt nach dem Ruin der Dinge. 'Helfen!' Er warf mich an. „Woher kommt es? Lass Spirlaw seine Einsätze erhöhen und aussteigen, wenn es schlecht aussieht!'"

"Herausziehen!" schrie Spirlaw mit plötzlichem Brüllen. "Herausziehen! *Mich!* Nicht für all die schielenden, lahmgelegten Polen im System!"

„Ich denke, das wäre besser für dich", sagte Keating leise. „Nach dem, was ich letzte Nacht gesehen habe, denke ich, dass es dir besser gehen würde. Man konnte sie nicht zurückhalten – sie waren wie Wilde, und je weiter sie vordrangen, desto schlimmer wurde es mit ihnen. Begleitet wurden sie von Whiskey und dem schlimmsten Element der Stadt. Ich war mit Carleton, Regan, Harvey, Riley und Spence und einigen anderen Disponenten im Bahnhof. Es war eine regelrechte offene Schlacht, und trotz ihrer Revolver wäre die Station mit den anderen gegangen, wenn uns nicht gegen Morgen die streikenden Eisenbahner und die Bruderschaft zur Seite gestanden hätten. Ich weiß nicht, ob es schon vorbei ist, dass es heute Abend nicht wieder ausbrechen wird; Allerdings hörte ich Carleton sagen, dass um vier Uhr eine Polizeieinheit in der Stadt sein würde. Ich wünschte, du würdest dich zurückziehen, Spirlaw . Du hast selbst gesagt, dass all diese Kerle hier anfangen müssten, ihre Krallen in dich zu stecken, das war eine kleine

Ermutigung vom anderen Ende. Sie hatten Angst vor dir, aber sie hassen dich wie Gift. Wenn sie einmal angefangen haben, werden sie schlimmer sein als die Menge im Big Cloud, denn Hass ist ein härterer Treiber als Whisky. Außerdem glaube ich wirklich, dass Sie in Big Cloud von größerem Nutzen wären. Du könntest dort etwas Gutes tun, ganz gleich, was das Ende war, während du hier allein bist und Gefahr läufst, alles zu verlieren und nichts zu gewinnen. Ich wünschte, du würdest dich zurückziehen, Spirlaw , nicht wahr?"

Spirlaw streckte seine Hand aus und legte sie auf Keatings Schulter, während er den Kopf schüttelte.

„Ich habe eine ganze *Menge* zu verlieren", antwortete er und sein hartes Gesicht wurde ein wenig weicher. "Eine ganze Menge. Ich kann die Dinge nicht so sagen, wie Sie es tun, aber ich denke, Sie werden es verstehen. Du hast etwas, das dir sehr viel bedeutet, für das du alles riskieren würdest – was du tun willst und was du zurücklassen willst, wenn es an der Zeit ist, Geld zu verdienen. Nun, ich denke, die meisten von uns haben etwas davon Auf die eine oder andere Weise, aber vielleicht hat es nirgendwo einen vergleichbaren Rang . Ich denke auch, dass viele von uns nie daran denken, es in Worte zu fassen, und viele von uns könnten es auch nicht, wenn wir es versuchen würden, aber es ist bei jedem Mann vorhanden, der etwas nützt. Ich gehe lieber auf Dauer raus, als mich zurückzuziehen – mir wäre es lieber, wenn sie mich einsperren würden. Glaubst du , ich würde leben wollen und die Straße überqueren müssen, weil ich nicht *einmal einem Polen* in die Augen sehen konnte – ein Mann wäre besser tot, was?"

Einen Moment lang antwortete Keating nicht, er schien die Möglichkeit abzuwägen, die Entschlossenheit des Straßenchefs noch zu erschüttern, bevor er sie als unwiderruflich akzeptierte; dann kam er offensichtlich zu dem Schluss, dass es sinnlos sei, weiter zu argumentieren, und zeigte auf die Revolver .

„Dann je früher du sie lädst, desto besser", sagte er ruckartig.

Spirlaw sah ihn neugierig und fragend an.

„Weil", fuhr Keating fort und antwortete auf die unausgesprochene Frage, „als ich aus dem Zug ausstieg, sah ich, wie dieser Kuryla – er wurde mir gestern in Big Cloud gezeigt – und drei oder vier weitere auf der anderen Seite ausstiegen." Bis dahin wusste ich natürlich nicht, dass sie im Zug waren, sonst hätte ich sie vertrösten lassen. Es besteht kein großer Zweifel daran, wozu sie hier sind, oder?"

„Das ist es also, oder?" Spirlaw stieß einen Fluch aus. „Nein, da gibt es nicht viel Zweifel!"

Er schnappte sich eine Patronenschachtel, schnitt das Papierband mit dem Daumennagel auf, zerbrach die Revolver und begann, die Patronen in die Zylinder zu stopfen. Sein Gesicht zuckte und das Rot, das es errötete, verwandelte sich in ein tiefes Lila. Von ihm kam kein weiteres Wort – nur eine tödliche Stille. Er steckte die Waffen in die Taschen, ging zur Tür, öffnete sie, trat über die Schwelle – und blieb stehen. Einen Moment lang blieb er unentschlossen stehen, dann kam er zurück, schloss die Tür hinter sich, setzte sich auf die Kante seiner Koje und sah Keating grimmig an.

„Es ist ein Zug gefahren, es wird noch einer kommen", schnappte er. „Und der Erste, der kommt, wird von Ihnen bestiegen. Ich hasse es, diese jammernden Kojoten warten zu lassen , aber –"

„Ich nehme keinen Zug", warf Keating kühl ein; „Aber ich nehme einen Revolver."

Spirlaw knurrte und schüttelte den Kopf.

gleich von Kuryla erzählt ?" fragte er unvermittelt.

„Du weißt genauso gut wie ich warum", lächelte Keating. „Ich wollte dich von hier wegbringen, wenn ich könnte. Es hätte überhaupt keinen Sinn gehabt, es zu versuchen, wenn ich Ihnen das zuerst gesagt hätte. Damals hätten dich wilde Pferde nicht bewegt. Was den Zug angeht, was nützt es, darüber zu reden? In weniger als einer Stunde wird es wahrscheinlich keinen weiteren Zug geben. Geben Sie mir in der Zwischenzeit eine der Waffen."

"Nicht m--"

Spirlaws Weigerung erstarb halblaut auf seinen Lippen, als er plötzlich aufsprang; Dann zog er die Revolver hervor und drückte Keating schnell einen in die Hand.

Vom Wind getragen, erklang der Klang vieler Stimmen, die zu Rufen und unharmonischem Gesang erhoben wurden. Es wurde lauter, schwoll an und brach in einen hohen, trotzigen Schrei aus.

"Whiskey!" biss Spirlaw zwischen den Zähnen zusammen.

„Dieser Teufel Kuryla und die Kojoten, die mit ihm kamen, wussten, wie sie den Ball am besten und schnellsten ins Rollen bringen konnten ." Nun ja, mein Sohn, ich schätze, wir stehen vor der Tür. Das Einzige, was mir leid tut, ist, dass Sie hier sind. aber daran lässt sich jetzt nichts ändern. Du warst bereit zu kommen – Heilige Mutter, hör dir das an!" – ein weiterer Schrei ertönte lauter und heftiger als zuvor über das Tosen des Sturms.

Spirlaw ging zur Tür und spähte hinaus. Es wurde bereits dunkel. Der Regen regnete immer noch in Strömen, und der Wind heulte in wilden, heftigen, krampfhaften Böen die Schlucht hinunter. Dünne Lichtstreifen streuten aus den Türen der Schlafhütten, und um die Türen herum versammelten sich schattenhafte Gruppen. Noch einen Moment, und die schattenhaften Gruppen verschmolzen zu einer einzigen dunklen Masse. Aus einer einzigen Kehle ertönte ein wahnsinniger, jubelnder Schrei. Es wurde eingeholt, zurückgeschleudert, von Dutzenden Stimmen widerhallt – und die dunkle Masse begann sich zu bewegen.

„Du solltest wohl besser das Licht ausmachen, mein Sohn", sagte Spirlaw kühl. „Es hat keinen Sinn, unsere Ziele zu erreichen –"

Bevor er zu Ende ging, bevor Keating mehr als einen Schritt nach vorne gemacht hatte, ließ ein Felsbrocken das kleine Fenster erzittern und prallte gegen die Lampe – es war für immer verschwunden. Auf diese Zurschaustellung seiner Treffsicherheit folgte ein Geheul, und darauf prallte eine Steinsalve dicht und schnell wie Hagel gegen die Seite der Hütte – dann das Anstürmen von Schritten.

Spirlaws Revolver durchschnitt das Schwarze mit einem langen, blendenden Blitz, dann noch einer und noch einer. Schreie und Schreie antworteten ihm, aber das hielt die Polacken nicht auf. In einer Menge stürmten sie zur Tür. Spirlaw sprang zurück und versuchte, die Tür hinter ihm zu schließen; Stattdessen packten ein Dutzend Hände es und rissen es halb aus den Angeln.

„Leg dich schnell auf den Boden , Spirlaw ! „Es war Keatings Stimme, unterbrochen von einem Husten. Im nächsten Augenblick bellte seine Waffe wie ein Gatling durch die Tür.

Vom Boden aus mischte sich der Straßenboss ein. Der Mob schwankte, schwankte hin und her, brach dann ab und rannte los, wobei er miteinander kämpfte, um aus der Schusslinie zu kommen.

"Hurra!" rief Keating. „Ich denke, das wird sie halten."

„Das hat noch nicht begonnen", war Spirlaws grimmige Antwort. „Wo sind die Patronen?"

„Auf dem Tisch – hast du sie?"

„Ja", sagte Spirlaw nach einer Minute des Herumtastens. „Hier, stecken Sie eine Schachtel in Ihre Tasche."

„Was haben sie jetzt vor?" fragte Keating, während sie in der inzwischen eingetretenen Stille nachluden und zuhörten.

„Gott weiß", knurrte Spirlaw ; „Aber ich denke, wir werden es schnell genug herausfinden."

Während er sprach, ertönte aus einiger Entfernung das splitternde Krachen von Holzwerkstücken – dann war es wieder still.

„Das ist das Lagerhaus", knurrte Spirlaw . „Sie sind hinter den Riegeln und allem anderen her, was ihnen in die Finger kommt. Ich schätze, sie haben nicht damit gerechnet , dass wir mehr als unsere Fäuste haben , mit denen wir kämpfen können, das stimmt wohl auch nicht."

Keatings einzige Antwort war ein Husten.

Die Minuten vergingen, zwei, drei, fünf. Als wir draußen waren, ertönte etwas, das wie ein heimliches Gerangel von Füßen oder nur ein von der Fantasie so konstruiertes Sturmgeräusch hätte sein können. Dann ertönte aus der Richtung des Flussbettes plötzlich und scharf ein schreckliches Brüllen.

"Mein Gott!" schrie Spirlaw . „Da ist der Bock weg – sie haben ihn in die Luft gesprengt! Auch hier haben sie sicher eine Sicherung gelegt. Verschwinde schnell von hier! So dumm ich auch war, ich hätte wissen können, dass es das *Dynamit war* , hinter dem sie her waren."

Während er sprach, rannten beide Männer zur Tür. Sie erreichten es keinen Augenblick zu früh. Der Boden hinter ihnen hob und hob sich; Die Wände, das Dach der Hütte erhoben sich, brachen wie Eierschalen und zerstreuten sich in fliegende Stücke – und die mächtige, ohrenbetäubende Detonation der Explosion hallte in der Schlucht auf und ab, hallte noch einmal – und verklang.

Der Mob erblickte sie, als sie rannten, stieß einen Wutschrei aus, als er zunächst vereitelt wurde, und nahm dann die Verfolgung auf.

„Mach den Schnitt", rief Spirlaw . „Dort hinter den Felsen können wir sie aufhalten."

Keating fehlten die Worte. Keuchend, ihm wurde schlecht, sein Kopf schwirrte, ein Blutfleck auf seinen Lippen, er kämpfte sich hinter der riesigen Gestalt des Straßenboss her; während hinter ihm, immer näher kommend, in seinen Ohren die wilden Schreie der wahnsinnigen Polen zu hören waren. Das Plätschern des Wassers erweckte ihn ein wenig zu neuem Leben, als sie entlang der alten Wegerechte stürzten, wo der vom Sturm überschwemmte Fluss wieder sein Eigentum beansprucht hatte. Das Schlimmste lag in seinen Achselhöhlen. Ein Griff an seiner Schulter und ein Zug von Spirlaw halfen ihm hinüber. Sie erreichten die andere Seite mit nur knapp zwei Metern Abstand von der Menge hinter ihnen, gingen weiter – und dann erwischte Spirlaw seinen Fuß, stolperte und warf sich kopfüber, sodass Keating, der ihm auf den Fersen folgte, stolperte und über ihn fiel.

Wie wilde Tiere stürzten sich die Polen auf sie. Keating versuchte, wieder auf die Beine zu kommen, kam aber nicht weiter als bis zu den Knien, als ihn ein heftiger Schlag mit einem Spitzhackenstiel am Kopf traf. Halb benommen ließ er sich zurücksinken, und als er das Bewusstsein verlor, hörte er Spirlaws große Stimme wie das wütende Brüllen eines Stiers aufbrüllen, sah die riesige Gestalt aufsteigen, anscheinend mit einem Dutzend Polacken, die sich an Hals, Schultern, Beinen usw. festhielten Körper, sah, wie er sie abschüttelte und die massiven Arme hoben und senkten – und alles war verschwommen, alles dunkel.

Der Straßenchef lag ausgestreckt einen Meter von ihm entfernt, als er die Augen öffnete. Er war sehr schwach. Er stützte sich auf seinen Ellbogen. Vom Lager aus konnte er die Lichter in den Schlafunterkünften sehen und die Rufe der Betrunkenen hören. Er kroch zu Spirlaw , rief ihn an, schüttelte ihn – der große Straßenboss rührte sich nie. Offensichtlich hatten die Polacken beide für tot gehalten – und einer schien es auch zu sein. Er schob seine Hand in die Weste des anderen, um den Herzschlag zu hören . Zuerst war es so schwach, dass er es nicht spüren konnte, dann begriff er es, und als ihm klar wurde , dass Spirlaw noch am Leben war, richtete er sich auf und blickte sich hilflos um – und blitzschnell, wie die Glocke des Untergangs, kehrten Spirlaws Worte zurück er: „ *Da ist der Bock weg!*“"

Der Junge litt unter einer verklumpten Lunge, todkrank, geschwächt durch den Schlag auf den Kopf, schwindelig und sein Gehirn schwamm. *Da ist der Bock weg!* " – er hustete es zwischen seinen blauen Lippen hervor.

„ Da ist der Bock weg!"

Keefer's Siding war eine Meile entfernt. Irgendwie muss er es erreichen, muss entlang der Strecke die Nachricht verbreiten, dass der *Bock draußen war* , die Nachricht weitergeben, bevor der stagnierende Verkehr weitergeht, bevor der erste Zug nach Osten oder Westen in den Tod stürzt, bevor weitere Wracks und Ruinen hinzukommen Geschichte, die schon einmal passiert war. Er beugte sich zu Spirlaws Ohr und rief ihm dreimal hektisch zu: „ Spirlaw ! " Spirlaw ! *Spirlaw !* „Es gab keine Antwort. Er versuchte ihn hochzuheben, versuchte ihn zu ziehen – die große Masse überstieg seine Kräfte bei weitem. Und die Minuten vergingen wie im Flug, jede markierte vielleicht den Zeitpunkt, an dem es zu spät sein würde, zu spät, um irgendjemanden zu warnen, dass der Bock ausgefallen war.

Gleich hinter dem Felseinschnitt, kaum zwanzig Meter entfernt, wo die Zuleitungen zum provisorischen Gleis in die Gerade der Hauptstrecke übergingen, befand sich die Plattformdraisine, mit der sie Werkzeuge und Kleinkram an Vorräten zwischen dem Lagerhaus und dem Lager transportiert hatten Arbeit – wenn er Spirlaw nur dorthin bringen könnte!

Er rief ihn erneut, schüttelte ihn und flüsterte ein Gebet um Hilfe. Der Straßenchef regte sich, richtete sich ein wenig auf und ließ sich stöhnend wieder nieder.

„ Spirlaw , *Spirlaw* , um Himmels willen, Mann, versuch mal aufzustehen! Ich werde dir helfen. Du musst, hörst du, *du musst!* „-er zerrte am Kragen des Straßenchefs.

Keatings Stimme schien das Bewusstsein des anderen zu erreichen, denn schwach, benommen, benommen, blind ging Spirlaw auf die Knie, dann auf die Füße und schwankte, taumelte wie ein Betrunkener, seinen Arm um Keatings Hals, sein Gewicht fast Sie zerschmetterten denjenigen, der kränker war als er selbst, zu Boden, die beiden stolperten, überschlugen sich und *krochen am Ende* die zwanzig Meter weit.

„Die Draisine, Spirlaw , die Draisine!" keuchte Keating. „Mach schon. Du musst! Versuchen! Versuchen!"

Spirlaw richtete sich auf, machte einen Satz nach vorne und fiel mit ausgestreckten Armen halb über das Auto – wieder bewusstlos.

Den Rest schaffte Keating irgendwie, so weit, dass die baumelnden Beine ein paar Zentimeter vom Boden abhoben; Dann, mit platzenden Lungen und weit erschöpft, löste er die Räder, schob das Auto den kleinen Sporn hinunter, legte den Schalter um, schleppte sich an Bord und begann, nach Westen in Richtung Keefer's Siding zu pumpen.

Niemand darf die Einzelheiten dieser Meile erzählen, von der jeder Zentimeter dem Blut abgerungen war, das aus geöffneten, zitternden Lippen sickerte; Niemand darf fragen, von wem die Kraft zu dem gebrechlichen Körper kam, wo es keine Kraft gab; die Gnadenfrist für die gebrochenen Lungen, die längst ihr Schlimmstes getan haben sollten – nur Keating wusste, dass die Jahre für immer zu Ende waren, dass die Zeit mit jedem Schlag auf den Pumphebel kürzer wurde. Die wenigen Minuten bis zum Sieg – das war der letzte Einsatz!

Am Ende verschluckte er sich – er kämpfte um sein Bewusstsein, während Schalterlichter wie tanzende Punkte vor ihm schwammen. Er betätigte die Bremse, taumelte aus dem Auto, stürzte, versuchte aufzustehen und fiel wieder zurück. Dann kroch er auf Händen und Knien zur Bahnhofstür. Endlich war es soweit. Der Blutsturz, den er mit aller Kraft bekämpft hatte, war über ihm. Er klopfte an die Tür. Es öffnete sich, eine Laterne wurde auf ihn gerichtet und er fiel hinein.

„Der Bock ist draußen am Gletscher – hält Züge in beide Richtungen – Polen – Spirlaw an – Draisine – ich – –"

Das war alles. Keating sprach nie wieder.

„Ich weiß nicht , wie man ihn einen Baumeister nennen würde", sagt
Clarihue , der Nachtumkehrer, als *er* die Geschichte im dunklen
Rundschuppen im Schatten der großen Zehnräder an der Box erzählt,
während der Dampf leise an den Messgeräten surrt und manchmal öffnet
sich ein Pop-Ventil mit einem eingängigen Schluchzen: „Ich weiß nicht , wie
du es wüsstest. Es kommt darauf an, wie man es betrachtet. Ihm zufolge war
er das . Er hat etwas zurückgelassen, was?"

VII – DER WÄCHTER DES TEUFELS DIA

Es gibt ein schlechtes Stück Strecke in der Hill Division, besonders schlecht, was das Gleiche bedeutet, als würde man sagen, dass es das schlechteste Stück Strecke überhaupt auf dem amerikanischen Kontinent ist. Nicht, dass die Ingenieure schuld wären – sie waren es nicht. Es war Dame Nature in Form der Rocky Mountains – Dame Nature und die Regisseure.

Sir Ivers Clayborn, grauhaarig und ergraut, ein Mann, der die praktische Schule vieler Länder und viele Jahre lang besucht hatte und der leitende beratende Ingenieur war, als die Straße gebaut wurde, empfahl einen Doppelschleifentunnel, der seiner Skizze zufolge etwas Besonderes aussah wie die Figur 8, die seitwärts geneigt ist. Die Direktoren richteten ihre Gläser auf und betrachteten interessiert die Skizze, bis sie den mit Bleistift gezeichneten Kostenvoranschlag in der Ecke erblickten. Damit war die Sache erledigt. Sie haben sich nicht einmal die Mühe gemacht, abzustimmen. Sie fragten nach einer Alternative – und sie bekamen sie. Sie haben die Teufelsrutsche bekommen.

Erstens und letztens hat es mehr Geld aus der Schatzkammer der Transcontinental geschöpft, als nötig gewesen wäre, um die Dinge auf die Art und Weise von Sir Ivers aufzubauen, dass sie von Anfang an entstanden wären; und es hat einige Jahre gedauert, bis die Regisseure ihre Lektion gelernt haben. Der alte Vorstand hat das übrigens nie getan; Aber vielleicht dank jüngerem Blut haben sie jetzt begonnen, so zu bauen, wie sie es ursprünglich hätten bauen sollen. Er ist noch nicht fertig, dieser Doppelschleifentunnel, das wird es in den nächsten Jahren nicht sein, aber egal, er hat begonnen, und eines Tages werden nicht wenige Männer dadurch besser schlafen.

Von Carleton, dem Super, bis zum Hand- und Trackwalker im letzten Abschnitt war die Devil's Slide ein Albtraum. Die Fahrdienstleiter verfluchten es in den grauen Morgenstunden unter ihren Lampen mit grünem Schirm; die Verkehrsbehörde verfluchte es gelegentlich, aber in solchen Momenten so aus ganzem Herzen und mit solch aufrichtigem Eifer und Hingabe, dass die gelegentlichen Ausfälle ins Schweigen übersehen wurden; Die Triebfahrzeugabteilung in Gestalt von Regan, dem Meistermechaniker, verfluchte die ganze Zeit darüber und tat es atemlos. Es hatte nur einen Freund – die Abteilung des Passagieragenten. Die Passagierabfertigung schwor *darauf* – der Landschaft wegen.

"Landschaft!" schluckten die Disponenten, und das Weiße zeigte sich unter ihren Nagelspitzen, als ihre Finger sich fester um ihre Schlüssel schlossen.

"Landschaft!" heulte die Verkehrsbehörde und griff nach der Schadensakte.

„Landschaft!" – Regan sagte es nicht – er würgte. Ich war nur erstickt und spuckte das Ausrufezeichen in einem Schwall von Schwarzband aus.

"Landschaft!" murmelte Mr. General Passenger Agent ästhetisch und winkte von der Plattform von Carletons Privatwagen aus mit einer sanften, diamantengeschmückten Hand . "Wunderbar! Großartig! Herrlich! Wir haben sie alle ins Koma geprügelt. Nirgendwo auf der Welt gibt es eine vergleichbare Straße."

„Das haben sie nicht", stimmte Carleton zu, und die Bitterkeit seiner Seele lag in seinen Worten.

Alle hatten Recht.

Der General-Passagieragent hatte Recht – die landschaftliche Großartigkeit war unvergleichlich, und er machte das Beste daraus in Broschüren, Flugblättern, Broschüren und auf Dutzenden Seiten in Dutzenden verschiedener Zeitschriften.

Die anderen hatten Recht – die Teufelsrutsche war genau das, was die Ethik der Technik nicht sein sollte. Es war weder eben noch gerade. Auf seinen wunderbaren zwei Meilen von der Passhöhe bis zum darunter liegenden Kanon kam er dem Ethischen am nächsten mit einem Gefälle von drei Prozent. Davon gab es nicht viel – das meiste davon waren Straight Five! Es drehte sich, es drehte sich, es glitt, es schlitterte und es tauchte in skandalösen Tangenten und mit unanständiger Abruptheit um vorspringende Berghänge herum.

Chick Coogan schwor grinsend, dass er bei jeder Fahrt nach oben oder unten etwa die Hälfte der Zeit sehen konnte, wie sein eigener Scheinwerfer auf ihn zukam. Das ist natürlich ein wenig übertrieben – aber nicht viel! Coogan schätzte die Teufelsrutsche ziemlich gut ein, als er sagte, dass alles in allem ziemlich gut war – es gab kaum eine Chance, sich zu verwechseln, was er meinte, was die Teufelsrutsche war oder was er davon hielt. Wie dem auch sei, Coogans Beschreibung gab der Abteilung die einzige Chance, die sie jemals hatte, ein Lächeln auf den Lippen zu haben, als es um die Teufelsrutsche ging.

Damals lächelten sie, diese Eisenbahner der Rocky Mountains, aber jetzt werden sie einen seltsam ansehen, wenn man die beiden zusammen erwähnt – Coogan und die Teufelsrutsche. Das Schicksal ist manchmal ein ziemlich grimmiger Spieler.

Jeder in der Hill Division kann Ihnen die Geschichte erzählen – sie haben Grund, es zu wissen, und das tun sie auch – bis zum letzten Mann. Wenn Sie es lieber aus erster Hand in einem Ringlokschuppen oder zwischen Zügen vom Betreiber an einem einsamen Bahnhof bekommen möchten, der nicht mehr als ein Abstellgleis ist, oder in der Kombüse eines Güterzuges – wenn Sie groß genug sind, um dorthin zu fahren, und das bedeutet, größer zu sein als die meisten Männer – oder irgendwohin, wo Ihre Wahl oder Ihre Umstände Sie vom Büro des Supervisors in die Baracke eines Wanderers führen, wenn Sie es lieber so haben möchten, und Sie werden es besser, viel besser bekommen als Du wirst hier keine lustigen Geschäfte machen, um die Jungs zum Reden zu bringen – sag einfach ein gutes Wort für Coogan, Chick Coogan. Das ist der „Sesam der offenen Tür" – und der Einzige.

Es hat keinen Sinn, über das Logische oder das Unlogische, das Rationale oder das Irrationale zu sprechen, wenn es um Coogans Geschichte geht. Coogans Geschichte ist nur Coogans Geschichte, das ist alles. Was ein Mann tut, tut ein anderer nicht. Man kann die menschliche Gleichung nicht aufheben, weil es nichts gibt, womit man sie aufheben könnte; Es ist die ganze Zeit da und beeinflusst, bezwingt und dominiert jeden Akt im Leben eines Mannes. Die höheren Zweige der Mathematik gehen weit, und für manche Menschen sind drei Dimensionen nur elementar, aber es gibt ein Problem, das selbst sie nie gelöst haben und auch nie lösen werden – die menschliche Gleichung. Was Coogan getan hat, werden Sie vielleicht nicht tun – oder vielleicht doch.

vollwertiger Ingenieur von einer anderen Straße zum Transcontinental, wie es viele der Jungs getan haben, obwohl das nichts gegen sie ist; Coogan war schlicht und einfach ein Produkt der Hill Division. Er begann als Kind, fast bevor der Stahl durchbohrt wurde, und schon gar nicht, bevor die Vorfahrt soweit eingeschränkt wurde, dass es wie ein Geschäft aussah. Er fing unten an und ging nach oben. Callboy, Kehrer, Scheibenwischer, Feuerwehrmann – einer nach dem anderen. Der Aufstieg erfolgte in der Anfangszeit schnell, denn sobald die Rocky Mountains überbrückt waren, liefen auch die Geschäfte schnell; und Coogan hatte seinen Motor bei einundzwanzig, und bei vierundzwanzig zog er die Imperial Limited.

„Gute Ware", sagte Regan. „Das ist er. Das beste überhaupt."

Niemand stellte das in Frage, nicht nur, weil es in der Abteilung niemanden gab, der Coogan in einem Taxi etwas vorziehen konnte, sondern auch, weil, und das war vielleicht ein noch wichtigerer Grund, jeder Coogan mochte – einige von ihnen taten mehr als das .

Gerade wie eine Saite, sauber wie eine Pfeife war Coogan, 1,80 m in seinen Strümpfen, mit einem Körper, der jeden Zentimeter seiner Körpergröße mitspielte, schwarzes Haar, pechschwarz, schwarze Augen, die mit dir lachten, nie dich an, ein *Lächeln* und immer ein fröhliches Nicken – die Art von Mann, der einem jedes Mal, wenn man sie sieht, das Gefühl gibt, dass die Welt doch nicht so ein ewiger, düsterer Trubel ist. Das war Chick Coogan – alles außer seinem Herzen. Coogan hatte ein Herz wie das einer Frau , und eine unglückliche Geschichte von einem „ Bo" , der eine Mitfahrgelegenheit gestohlen hatte, einem Eisenbahner oder irgendjemandem sonst, führte dazu, dass er immer um einen großzügigen Prozentsatz dessen ärmer wurde, was ihm gerade gehörte Tasche damals. Wer würde ihn nicht mögen! Seltsam, wie die Dinge passieren.

Es war der Tag, an dem Coogan heiratete, als Regan ihm 505 und den Limited Run als eine Art Hochzeitsgeschenk schenkte; und in dieser Nacht stellte sich Big Cloud völlig auf den Kopf, um dem Anlass Ehre und Gerechtigkeit zu erweisen.

Big Cloud hat vorher und nachher schon andere Feierlichkeiten veranstaltet, aber keine war so einstimmig wie diese. „Restraint" war in der Stadt zwar nie ein überwältigend starker Favorit, aber in dieser Nacht hing es höher als die Arme an den Telegrafenmasten. Männer, hinter denen sich die Gemeinschaft versteckte und die sie als Geiseln der Rechtschaffenheit nach vorne drängte, wenn sie sich gut benahm und eine Fassade aufsetzen wollte, sich losmachte und das Beste – oder das Schlimmste, wenn Sie das besser mögen – in den Schatten stellte die Menge, die nie einen Hehl daraus machte, auf der anderen Seite des Zauns zu sein. Sie zündeten rote Fackeln an, sehr viele davon, und Carleton vergaß zu glauben, dass es irgendeinen Zusammenhang mit dem Ladenbesitzer und dem Versorgungskonto geben könnte; Sie begingen Indiskretionen, meist flüssiger Natur, die jeder außer dem Zugführer, der vorübergehend auf beiden Augen blind war, hätte sehen können; und infolgedessen war die Hill Division am nächsten Tag eine äußerst gelähmte und schwache Angelegenheit. Dies ist eine sehr allgemeine Beschreibung des Ereignisses, da es manchmal nicht ratsam ist, sie im Einzelnen zu präzisieren – dies ist ein typisches Beispiel.

Coogans Verabschiedung war eine Verabschiedung, die kein anderer Mann, sei es König, Prinz, Präsident, Shogun oder hochrangiger Dreckskerl welchen Grades auch immer, hätte erreichen können – außer Coogan. Coogan bekam es, weil er Coogan war, einfach Coogan – und die Nacht war eine Nacht zum Staunen.

Regan fasste es am nächsten Abend beim üblichen Pedro -Spiel mit Carleton oben über dem Bahnhof im prächtigen Büro zusammen.

„Außer Coogan und mir", sagte der Mechanikermeister mit immer noch verdächtig heiserer Stimme, „abgesehen von Coogan und mir und *vielleicht* dem Pfarrer –" der Rest war eine Handbewegung. Regan konnte mit einer verblüffenden Beredsamkeit mit der Hand winken . .

„Ganz recht", stimmte Carleton grinsend zu. „Aber schade , *sie* da hineinzuziehen. Für mich beides „Pädagogische Kinder", Tommy. Es ist gut für die Disziplin der Abteilung, dass Bigamie gegen das Gesetz verstößt, was?"

„Sie werden darüber reden", erinnerte sich Regan, „wenn du und ich auf dem Schrottplatz liegen, Carleton."

„Ich denke, das stimmt", gab der Supervisor zu. „Spiel weiter, Tommy."

Aber das war es nicht. Sie redeten nur etwa ein Jahr lang über Coogans Hochzeit – nein, jetzt reden sie nicht mehr darüber. Wir werden gleich darauf zurückkommen.

Die Imperial Limited war der Star der Division – Regan gab Coogan den dreiunddreißigsten Grad, als er ihm diesen gab – und 505, was das letzte Wort im Maschinendesign war. Und Coogan nahm sie, nahm sie und die damit verbundenen Fahrplanrechte, die eine freie und sauber bereinigte Strecke waren, und Tag für Tag, bergauf und bergab, fuhr Nummer Eins oder Nummer Zwei, je nachdem, ein Aufteilung auf den Punkt. Coogans Aktien schnellten in die Höhe – wenn das möglich wäre; aber nicht Coogan. Der jüngste Ingenieur auf der Straße und der Beste von allen wären für ihn Ausrede genug gewesen, sein Bestes zu geben, und in anständigen Grenzen hätte niemand das Schlimmste von ihm gedacht – Coogan zuckte nie mit der Wimper. Er war immer noch der Freund des ' Bo und der Mann in Schwierigkeiten, immer noch der Coogan, der im Lokschuppen als Scheibenwischer gedient hatte; und doch vielleicht nicht ganz dasselbe, denn zwei neue Lieben waren in sein Leben getreten – seine Liebe zu Annie Coogan und seine Liebe, die Liebe zum Handwerksmeister, zu 505. In dem kleinen Haus zu Hause sprach er mit Annie des Big-Mountain-Rennfahrers und Annie, die sowohl die Tochter als auch die Frau eines Ingenieurs war, hörte verständnisvoll und mit einem Lächeln zu, und in dem Lächeln waren Stolz und Liebe; Im Taxi redete Coogan von Annie, immer von Annie, und eines Tages erzählte er seinem Feuerwehrmann ein Geheimnis, das den großen Jim Dahleen dazu brachte , verlegen zu grinsen und eine schmutzige Pfote herauszustrecken.

Das Schicksal ist manchmal ein ziemlich düsterer Spieler – und die Karten scheinen immer gut zu sein.

Die Tage, die Wochen und die Monate vergingen, und dann kam ein Morgen, an dem sich eine Gruppe nüchterner, ernster Gesichter im Büro des Supervisors versammelt hatte, als der Pfiff von Nummer Zwei, der von der Richtung Osten kam, die Schlucht hinunter erklang . Sie sahen Regan an. Langsam drehte sich der Meistermechaniker um, verließ den Raum und stieg die Treppe zum Bahnsteig hinunter, während 505 um die Kurve schoss und in den Bahnhof rollte. Einen Moment lang stand Regan unschlüssig da, dann machte er sich auf den Weg zum vorderen Ende. Er ging nicht weiter als bis zur Kolonistenkutsche, die hinter dem Postwagen angekuppelt war. Hier blieb er stehen, machte einen Schritt nach vorne, überlegte es sich anders, kletterte über die Kolonistenplattform, ließ sich auf der anderen Seite des Gleises fallen und begann, zum Ringlokschuppen zu laufen — bei Big Cloud wechselten sie die Lokomotiven und 505 war bereits abgekuppelt rutschte nach oben, um den Sporn zu erreichen, um zum Tisch zurückzukehren .

Die Sohlen von Regans Stiefeln wirkten beim Gehen wie Bleiplatten, und er wischte sich nervös die Stirn. Im Rundschuppen herrschte allgemein ein Hauch von Verlassenheit. Der Tisch war gedeckt und bereit für 505, aber es war keine Menschenseele in Sicht. Regan nickte mitfühlend und verständnisvoll. Er überquerte die Drehscheibe, ging um den Halbkreis herum und betrat den Ringlokschuppen durch die Maschinentüren an der gegenüberliegenden Grube — die neben der Grube, die zu 505 gehörte. Hier, gleich drinnen, wartete er, während der große Mogul langsam die Grube herunterkam Track, nahm den Tisch mit einem leichten Ruck und blieb stehen. Er sah, wie Coogan, groß und muskulös, wie ein Athlet aus dem Führerhaus schwang, und dann hörte er, wie der Lokführer mit seinem Feuerwehrmann sprach.

„Sieht hier aus wie ein Friedhof, Jim. Ich frage mich, wo die Jungs sind. Ich kann es kaum erwarten, den Tisch zu schwenken , ich schätze, sie werden in einer Minute da sein. Ich möchte zu der kleinen Frau hinauf."

„In Ordnung", antwortete Dahleen . „Überlass sie mir, ich bringe sie rein. Viel Glück, Chick."

Coogan lief mit einem Schritt über die Höfe, der fast einem Lauf ähnelte. Regan öffnete den Mund, um zu schreien — und schluckte stattdessen einen Kloß im Hals hinunter. Zweimal machte er Anstalten, dem Ingenieur zu folgen, und zweimal hielt ihn etwas Stärkeres als er zurück; und dann schlich sich der Mechanikermeister, als wäre er ein Dieb gewesen, hinter den Türen hervor, ging über die Gleise zurück, stieg mit verzögerten Stufen die Treppe zu Carletons Zimmer hinauf und trat ein.

Der Rest war immer noch da: Carleton in seinem Drehstuhl, Harvey, der Abteilungsingenieur, Spence, der Leitende Fahrdienstleiter, und Riley, der Zugvorsteher. Regan schüttelte den Kopf und ließ sich auf einen Sitz fallen.

„Ich konnte nicht", sagte er mit heiserer Stimme. „Mein Gott, ich *konnte nicht* ", wiederholte er und streckte die Arme aus.

Ein bitterer Fluch entsprang Carletons Lippen, Lippen, die nicht oft profan waren, und seine Zähne brachen durch den Bernstein seines Dornbuschs. Die anderen schauten einfach aus dem Fenster.

MacVicar, ein Reservemann, fuhr in dieser Nacht mit dem Limited los, und es dauerte drei Tage, bis Coogan sich erneut meldete. Vielleicht lag es an der Passform der schwarzen Ladenkleidung, und vielleicht hing der Mantel nicht ganz richtig, aber als er den Rundschuppen betrat, sah er nicht mehr so aufrecht aus wie früher, und seine Schultern waren merkwürdig nach innen geneigt und er ging wie ein Mann, der nichts sah. Der federnde Schwung durch die Gangway war verschwunden. Er stieg zum Taxi, wie ein alter Mann hinaufsteigt – unter Schmerzen. Die Jungen hielten sich zurück und sagten nichts, sondern fluchten nur leise und aus vollem Herzen, wie es Männer tun. Es gab nichts *zu* sagen – nichts, was irgendetwas nützen würde.

Coogan nahm in dieser Nacht die 505 und die Limited heraus, nahm sie in der darauffolgenden Nacht und in den folgenden Nächten heraus, nur redete er nicht mehr, und die Neigung der Schultern wurde etwas deutlicher, ein wenig deutlicher, ein wenig über den Schnitt eines Mantels hinaus. Und an den Nachmittagen der Zwischenstopps in Big Cloud ging Coogan hinter die Stadt hinaus, wo am Hang des Hügels zwei frische Hügel standen – einer größer als der andere. Das war alles.

Regan, der kleine, pummelige und großherzige Regan, attackierte Jim Dahleen , Coogans Feuerwehrmann.

„Was sagt er auf der Flucht, Jim?"

„Er ist nicht gesprächig", antwortete Dahleen knapp.

„Was zum Teufel", knurrte der Mechanikermeister tief in seiner Kehle, um seine Emotionen zu verbergen. „ Es nützt ihm nichts, wenn er nachmittags dort hochgeht. Gott weiß, es ist ganz natürlich, aber es wird ihm nicht im Geringsten nützen – und ihnen auch nicht, soweit ich sehen kann, oder? Du musst ihn zum Reden *bringen* , Jim. Wecke ihn auf."

du nicht mit ihm?" forderte der Feuerwehrmann.

„Hm, ja. Also werde ich es tun. Das werde ich auf jeden Fall", antwortete Regan.

Und er hatte es ehrlich gesagt vor. Aber irgendwie sagten Coogans Augen und Coogans Gesicht „Nein" zu ihm, wie sie es zu jedem anderen Mann taten, und als die Tage vergingen, fast ein Monat, schüttelte Regan verwirrt und beunruhigt den Kopf, denn er mochte Coogan .

Dann, eines Nachts, passierte es.

Pedro allein im Hauptquartier, bis auf Spence, den Dispatcher, im Nebenraum. Es war fast halb elf. Die Imperial Limited, Richtung Westen, mit Coogan im Führerhaus, war vor anderthalb Stunden pünktlich abgefahren. Das Spiel verzögerte sich, und wie immer hatte sich das

Gespräch auf den Ingenieur ausgeweitet, der, wie immer, vom Mechanikermeister vorgestellt wurde.

„Ich weiß wirklich nicht, was ich für den Jungen tun soll", sagte er. „Ich würde gerne etwas tun. Reden bringt nichts, oder ? – selbst wenn man reden *kann* . Ich kann nicht mit ihm reden, was?"

„Ein Mann muss so etwas für sich selbst herausfinden, Tommy", antwortete Carleton, „und es braucht Zeit. Das ist das Einzige, was ihm jemals helfen wird: Zeit. Ich weiß, dass du Coogan ziemlich magst, sogar mehr als der Rest von uns, und das will schon viel heißen, aber du denkst selbst zu viel darüber nach."

Regan schüttelte den Kopf.

„Ich kann nicht anders, Carleton. Es hat *mich erwischt* . Zeit und so etwas mögen in Ordnung sein, aber es ist nicht sehr vielversprechend, wenn ein Mann so grübelt, wie er es tut. Ich bin nicht abergläubisch oder so etwas, aber ich habe das Gefühl, dass ich nicht einfach erklären kann, dass irgendwie etwas kaputt gehen wird. Eine Art Vorahnung. Haben Sie so etwas schon einmal gehabt? Es geht einem in den Sinn und man kann es nicht abschütteln. Es geht mir heute Abend schlimmer zu als je zuvor."

„Unsinn", lachte Carleton. „Vorahnungen sind veraltet, weil sie auf ihren Ursprung zurückgeführt werden konnten. Hier draußen würde ich sagen, dass es sich um zu viel von Dutchys Mittagsthekenkuchen handelte . Du solltest sowieso eine Diät machen, Tommy, du wirst zu dick. Gib mir deinen feinen Schnitt, ich————"

Er hielt inne, als ein scharfer Schrei aus dem Raum des Disponenten ertönte, gefolgt von einer kurzen Stille, dann ertönte das Krachen eines Stuhls, der hastig zurückgeschoben und auf den Boden fiel. Schnelle Schritte hallten durch den Raum, und im nächsten Moment stürmte Spence mit bleichem Gesicht und einem Tuch in der Hand auf sie zu.

Carleton sprang auf.

„Was ist los, Spence?" forderte er scharf.

„Nummer Eins", riss der Dispatcher hervor und hielt ihm das Blatt hin, auf das er die Nachricht gekritzelt hatte, als sie vom Echolot kam.

Carleton schnappte sich die Zeitung, und Regan sprang von seinem Stuhl auf und blickte ihm über die Schulter.

„Nummer Eins, Lokomotive 505, sprang östlich der Spitzkehre Nummer zwei in Devil's Slide vom Gleis ab. Melden Sie drei Tote, weitere Vermisste. „Ingenieur Coogan und Feuerwehrmann Dahleen sind beide verletzt", hieß es.

Carleton war immer der Mann der Tat, und seine Stimme klang hart wie gekühlter Stahl.

„Machen Sie die Linie frei, Spence. Holen Sie sich Ihre Erleichterung und Ihren Ärger sofort raus. Verdrahten Sie Dreamer Butte auch für ihren Zerstörer, damit sie von beiden Enden aus arbeiten können. Nun denn, Tommy – mein Gott, was ist mit dir los, bist du verrückt?"

Regan beugte sich über die Rückenlehne seines Stuhls, sein Gesicht war angespannt, sein Arm ausgestreckt, der Finger zeigte auf die Wand.

„Ich wusste es", murmelte er heiser. "Ich wusste es. Das ist es."

Carletons Blick wanderte erstaunt und verwirrt vom Meistermechaniker zur Wand und wieder zurück, dann schüttelte er Regan an der Schulter.

„Das ist was, was ist?" fragte er schroff. „Bist du verrückt, Mann?"

„Das Datum", flüsterte Regan und deutete immer noch auf einen großen Tageskalender mit großen Zahlen darauf, der hinter dem Schreibtisch des Supervisors hing. „Es ist der achtundzwanzigste."

„Ich weiß nicht, was du meinst, Tommy" – Carletons Stimme war ruhig und zurückhaltend.

"Bedeuten!" Regan brach in lautes Lachen aus. „Ich meine doch nichts, oder? Das hat nichts damit zu tun, vielleicht ist es nur Zufall, vielleicht aber auch nicht. *Heute Abend ist es ein Jahr her, dass Coogan geheiratet hat.* "

Einen Moment lang schwieg Carleton; wie Regan starrte er an die Wand.

"Du denkst das--"

„Nein, das tue ich nicht" – Regan holte ihn grob ein – „ Ich denke überhaupt nichts." Ich weiß nur, dass es seltsam, schrecklich seltsam ist."

Carleton nickte langsam. Es kamen Schritte die Treppe hinauf. Die Stimme von Flannagan, dem Abwrackboss, erreichte sie, andere aufgeregte und laute Stimmen mischten sich ein. Er klopfte dem Mechanikermeister auf die Schulter.

„Ich wundere mich nicht, dass es dich erwischt hat, Tommy", sagte er. „Es ist fast gruselig. Aber dafür ist jetzt keine Zeit. Aufleuchten."

Regan lachte, das gleiche harte Lachen, als er dem Chef in das Zimmer des Disponenten folgte.

„Östlich der Rückkehr Nummer zwei, was?" er fluchte. „Wenn es irgendwo auf diesem verfluchten Streckenabschnitt eine Möglichkeit zur Hölle gibt, dann ist es diese. Mein Gott, es ist gekommen, und es ist gut und hart gekommen – gut und hart."

Es hatte. Es war ein schlimmes Durcheinander, ein schreckliches Durcheinander – aber wie alles andere hätte es noch schlimmer kommen können. Anstatt nach rechts zu stürzen und sich auf die Kanone 1800 Fuß tiefer zu stürzen, wählte 505 die nach innen gerichtete Seite und rammte ihre Nase in die graue Felsmasse, die die Bergwand bildete. Die Zerstörer von Dreamer Butte und die Zerstörer von Big Cloud erzählen bis heute davon. Vierundzwanzig Stunden lang arbeiteten sie, dann brachen sie ab – und neue Männer nahmen ihre Plätze ein. Es gab keinen Platz zum Arbeiten – nur den schmalen Vorsprung der Vorfahrt in einer kreisförmigen Kurve, zwischen dem die vorspringende Klippe des Old Piebald Mountain ragte, die eine der Banden vor der anderen verbarg und um die herum die großen Abrisskräne baumelten Arme und Ketten wie Fischer, die nach einem Happen angeln. Es war ein zerfleischtes und verworrenes Knurren, und das Schlimmste davon ging in Teilen über den Rand der Kanone hinweg, als Äxte, Schlitten, Keile, Stangen und Kräne rissen und sich ihren Weg ins Herz bahnten. Und während sie arbeiteten, diese hartgesichtigen, schmutzigen, schwitzenden Männer der Abwracktrupps, wunderten sie sich – fragten sie sich, ob jemand lebend herausgekommen war.

Zurück im Hauptquartier in Big Cloud wunderten sie sich auch darüber – und sie wunderten sich auch über die Ursache. Jeder, der irgendwie Licht ins Dunkel bringen konnte, landete auf dem Teppich im Büro des Supervisors. Alle sagten aus – alle außer Dahleen , dem Feuerwehrmann, und Coogan, dem Ingenieur; und sie haben nicht ausgesagt, weil sie es nicht konnten. Coogan lag im Krankenhaus mit seltsamen, unzusammenhängenden Worten auf der Zunge und einem Striemen auf der Stirn, der den Knochen vom Auge bis zum Haaransatz seines Schädels freigelegt hatte; und Dahleen war auch da, nicht so schlimm, nur allgemein aufgedreht, aber immer noch zu schlecht, um zu reden. Und die Aussage war von geringem Nutzen.

Der Tender der Serpentine Nummer eins meldete, dass die Limited vielleicht etwas schneller als sonst an ihm vorbeigefahren sei – was der Geschwindigkeit eines Männerschritts entsprach, denn Züge kriechen mit Angst und Vorsicht die Teufelsrutsche hinunter –, aber nicht schnell genug ihn dazu bringen, darüber nachzudenken.

Hardy, der Dirigent, sagte aus. Hardy sagte, es sei die „Luft"; dass der Zug nach dem Passieren der ersten Kehre immer schneller zu rutschen begann und dass seine Geschwindigkeit bis zu dem Moment, als es zu dem Unfall kam, immer weiter zunahm. Er vermutete, dass es nichts anderes sein konnte – nur die „Luft" – es würde nicht funktionieren und die Kontrolle über den Zug ging verloren. Das war alles, was er wusste.

Und während Regan fluchte und tobte, wurde Carletons Gesicht grimmig und hart – und er wartete auf Dahleen .

Es dauerte eine Woche, bis der Feuerwehrmann Carleton am Schreibtisch des Supervisors gegenüberstand, aber als es soweit war, sprach Carle-ton ihn direkt von der Schulter an, nicht einmal ein Wort des Mitgefühls, nicht einmal „Ich freue mich, dass du wieder draußen bist." „„ direkt auf den Punkt gebracht, hart und schnell.

„ Dahleen ", blaffte er, „ich möchte wissen, was in dieser Nacht im Taxi passiert ist, und ich möchte eine klare Geschichte. Keine andere Art des Redens wird dir etwas nützen."

Dahleens Gesicht, weiß von der Blässe seiner Krankheit, wurde plötzlich rot.

„Sie gehen einem Mann ganz schön auf die Nerven, nicht wahr, Mr. Carleton?" sagte er verärgert.

„Vielleicht habe ich einen Grund dazu", antwortete Carleton. „Nun, ich warte auf diese Geschichte."

„Soweit ich weiß, gibt es keine Geschichte", sagte Dahleen ruhig. „Nachdem wir die erste Serpentine passiert hatten, verloren wir die Kontrolle über den Zug – die ‚Luft' funktionierte nicht."

„Erwarten Sie, dass ich das glaube?"

„Das scheint nicht der Fall zu sein", erwiderte Dahleen mit zusammengepresstem Kinn.

„Was hast du getan, um sie aufzuhalten?"

„Was ich konnte", sagte Dahleen mit knapper Endgültigkeit.

Carleton sprang auf und seine Faust krachte auf den Schreibtisch.

"Du lügst!" er donnerte. „Dieses Wrack und die verlorenen Leben stehen vor Ihrer Tür, und wenn ich es beweisen könnte!" – er schüttelte dem Feuerwehrmann die Faust. „So wie es aussieht, kann ich Sie nur wegen Regelverstoßes entlassen. Zuerst dachte ich, dass es Coogan war und dass er ein wenig den Verstand verloren hatte, und du bist schlau genug, die Schuld, wenn du könntest, darauf abschieben zu lassen, damit ich und jeder andere Mann so denken kann!"

Dahleen ballte die Fäuste und er trat einen Schritt vor.

"Das ist genug!" er weinte heiser. „Genug von dir oder irgendeinem anderen Mann!"

Carleton drehte sich wütender zu ihm um als zuvor.

„Ich habe dir die Chance gegeben, eine ehrliche Geschichte zu erzählen, aber du würdest es nicht tun. Gott weiß, was du in dieser Nacht getan hast. Ich glaube, du hast betrunken gekämpft. Ich glaube, dass die Schnittwunde in

Coogans Kopf nicht vom Wrack stammte. Wenn ich wüsste, dass ich dich reparieren würde." Er riss eine Schublade seines Schreibtisches auf, holte eine metallene Whiskyflasche heraus und schüttelte sie vor Dahleens Augen. *„Als du abgeholt wurdest, war das in der Tasche deines Pullovers!"*"

Die Farbe verschwand aus Dahleens Gesicht und machte es weißer als beim Betreten des Zimmers. Er befeuchtete seine Lippen mit der Zungenspitze. Der ganze Lärm, der ganze Streit war vorbei. Er starrte stumm, mit einem erschrockenen, ängstlichen Blick in den Augen, auf die vernichtenden Beweise in der Hand des Supervisors.

„Hast du es vergessen, oder?" Carleton warf sich grimmig hinaus. „Na, hast du etwas zu sagen?"

Dahleen schüttelte den Kopf.

„ Da gibt es doch nichts zu sagen, oder?" – seine Stimme war leise mit nur einem Hauch des früheren Trotzes. „Es gehört mir, aber du kannst nichts *beweisen* . Sie können nicht beweisen, dass ich es getrunken habe. Glaubst du, ich wäre dumm genug, etwas anderes zu tun, als den Mund zu halten?"

"NEIN; Ich kann es nicht *beweisen* " – Carletons Stimme war tödlich kalt. "Du bist draußen! Ich gebe dir zwölf Stunden, um aus den Bergen herauszukommen. Die Jungs würden dich schon allein um Coogans willen in Stücke reißen, wenn sie die Geschichte wüssten. Niemand außer dem Mann, der das in Ihrer Tasche gefunden hat, und mir selbst weiß es. Ich werde dir nicht noch einmal sagen, was ich von dir halte – *verschwinde!*"

Dahleen drehte sich wortlos langsam auf dem Absatz um und machte sich auf den Weg zur Tür.

"Warten!" sagte Carleton plötzlich. „Hier ist ein Pass nach Osten für Sie. Ich möchte nicht, dass dein Blut an meinen Händen klebt, wie ich es getan hätte, wenn Coogans Freunde, und das ist die letzte Seele hier draußen, dich erwischt hätten. Sie haben zwölf Stunden Zeit – danach werden sie es wissen –, um Coogan in Ordnung zu bringen."

Dahleen zögerte, kam zurück, nahm den Zettel mit einem freudlosen, halb erstickten Lachen entgegen, drehte sich wieder um und die Tür schloss sich hinter ihm.

Dahleen war draußen.

Carleton hielt sein Wort – zwölf Stunden – und dann erhob sich aus der Abteilung ein Schrei wie der Schrei wilder Tiere; aber Regan war wie ein Verrückter.

„Verfluche ihn!" Er fluchte bitterlich und brach in einen brodelnden Strom von Flüchen aus. „Warum hast du ihn gehen lassen, Carleton? Du hättest nichts damit zu tun. Du hättest ihn festhalten sollen, bis Coogan sprechen konnte, und dann hätten wir ihn gehabt."

„Tommy" – Carleton legte dem Mechanikermeister ruhig die Hand auf die Schulter – „ wir sind in diesem Land zu jung für viel Jura." Ich glaube nicht, dass Coogan weiß oder jemals wieder erfahren wird, was in dieser Nacht im Taxi passiert ist. Die Ärzte scheinen nicht ganz in der Lage zu sein, ihn selbst in den Griff zu bekommen, also haben sie es Ihnen und mir gesagt. Aber ob er es tut oder nicht, für Dahleen macht es keinen Unterschied . Es wäre Mord gewesen, ihn hier festzuhalten. Und wenn Coogan jemals reden kann, wird er niemals einen Kumpel schlecht machen, egal welche Konsequenzen das für ihn hat. Es gibt nichts gegen Dahleen , außer dass er während seines Dienstes Alkohol bei sich hatte. Dafür habe ich ihn gefeuert – das ist die einzige Geschichte, die aus diesem Büro bekannt ist. Es steht Ihnen, mir und dem Rest frei, die Konstruktion zu wählen, die am besten zu uns passt, und da ist es dann auch schon. Wenn es falsch war, ihn gehen zu lassen, dann lag ich falsch. Ich habe getan, was ich für richtig hielt – das ist alles, was ich jemals tun kann."

„ *Mabbe* ", knurrte Regan, „ mabbe ; aber, verdammt noch mal, er *sollte* ermordet werden. Ich hätte es gerne getan ! Es ist dieser Schlag auf den Kopf, der Coogan ins Verderben brachte. In einer Sache hast du wohl Recht, ich schätze, er wird nie wieder derselbe Coogan sein."

Und in gewisser Weise war das so; in einem anderen war es nicht so. Schuld daran war nicht die Wunde, da waren sich die Ärzte sicher; aber Coogan war, wie erbärmlich offensichtlich war, nicht derselbe. Körperlich verließ er das Krankenhaus am Ende eines Monats offenbar so gut wie noch nie in seinem Leben; aber irgendwo im Geiste war ein Rädchen verrutscht. Sein Gehirn wirkte verzerrt und geschwächt, in seiner Funktionsweise einfach wie das eines Kindes ; seine Erinnerung war verschwommen und benommen, voller unbestimmter, ungreifbarer Momente, vager, unbestimmter Einblicke in sein Leben zuvor. Eines schien an ihm zu haften, ihn zu dominieren, ihn zu beeinflussen – die Teufelsrutsche.

Regan und Carleton sprachen mit ihm und versuchten, seine Gedanken zu lenken und sein Gedächtnis anzuregen.

„Du erinnerst dich, dass du früher einen Motor gefahren hast, nicht wahr, Chick?" fragte Carleton.

"Motor?" Coogan nickte. "Ja; in der Teufelsrutsche."

„505", sagte Regan schnell. „Du kennst den alten 505."

Coogan schüttelte den Kopf.

Carleton versuchte einen anderen Weg.

„Du hattest eines Nachts einen schweren Unfall, Coogan. Sie waren im Führerhaus der Lokomotive, als sie zerschlagen wurde. Erinnern Sie sich, dass?"

„Der Smash war auf der Devil's Slide", sagte Coogan.

„Das ist es", rief Carleton. „Ich wusste, dass du dich erinnern würdest."

„Sie sind immer da", sagte Coogan schlicht, „immer da." Es ist eine schlechte Strecke. Ich bin ein Eisenbahner und ich weiß es. Es ist nicht richtig bewacht. Ich werde dort arbeiten und mich darum kümmern."

"Arbeite dort?" sagte Regan, die Tränen standen ihm fast in den Augen. "Welche Art von Arbeit? Was möchtest du machen, Chick?"

„Arbeiten Sie einfach dort", sagte Coogan. „Kümmere dich um die Teufelsrutsche."

Der Meister und der Mechanikermeister sahen sich an – und wandten den Blick ab. Dann brachten sie Coogan zu seiner Pension, wohin er gezogen war, nachdem Annie und die Kleine gestorben waren.

„Er wird nie wieder Gas geben", sagte Regan mit würgender Stimme, als sie herauskamen. „Der beste Mann, der jemals einen Riegel gezogen hat, der beste Mann, der jemals einen Gehaltsscheck für die Hill Division ausgestellt hat. Es ist die Hölle, Carleton, das ist es. Ich glaube nicht, dass er dich oder mich wirklich kannte. Er scheint sich an kaum etwas zu erinnern, obwohl er natürlich und fähig genug ist, auch auf andere Weise für sich selbst zu sorgen. Einfach irgendwie einfach. Es ist seltsam , wie Devil's Slide ihn erwischt hat, was? Wir können ihn da nicht rausgehen lassen."

„Ich frage mich, ob er sich an Annie erinnert", sagte Carleton. „Ich hatte Angst, ihn zu fragen. Ich wusste nicht, welche Auswirkungen es haben könnte. NEIN; wir können ihn nicht auf die Teufelsrutsche gehen lassen."

Aber die Ärzte sagten ja. Sie gingen noch weiter und sagten, es sei so ziemlich die einzige Chance, die er habe. Die Sache beschäftigte ihn. Es war besser, ihn bei Laune zu halten, und das Leben in den Bergen würde ihn mit der Zeit vielleicht wieder zu sich bringen.

Und während Regan knurrte und fluchte und Carleton in verwirrtem Protest die Brauen runzelte, hatten die Ärzte ihren Willen – und Coogan, Chick Coogan, ging zur Teufelsrutsche. Offiziell stand er als Sektionsarbeiter auf der Gehaltsliste; aber Millrae , der Abteilungsleiter, hatte seine eigenen Befehle.

„Lass Coogan in Ruhe. „Lass ihn machen, was er will, aber achte nur darauf, dass ihm kein Schaden zugefügt wird", telegrafierte der Supervisor.

Und als Millrae ihn fragte, was er tun wolle, antwortete Coogan einfach: „Ich werde mich um die Teufelsrutsche kümmern."

„Alles klar, Chick", stimmte der Abteilungsleiter fröhlich zu. "Es liegt an Ihnen. Feuer voraus."

Zuerst verstand es niemand, vielleicht sogar am Ende verstand es niemand ganz – möglicherweise am allerwenigsten Coogan. Vielleicht hat er etwas Gutes getan – vielleicht auch nicht. Mit der Zeit nannten sie ihn den „Wächter der Teufelsrutsche" – nicht abwertend, sondern wie starke Männer redeten, die jeder Lächerlichkeit trotzten, mit einem schroffen Klang der Bestimmtheit in ihrer Stimme, der keine Frage duldete.

Auf und ab, ab und auf, zwei Meilen östlich, zwei Meilen westlich patrouillierte Coogan auf der Teufelsrutsche, und nie entging ihm ein geschwächtes Geländer, eine versunkene Schwelle, ein gelockerter Dorn – vielleicht hat er etwas Gutes getan, vielleicht aber auch nicht.

Er schlief hier und da in einer der Hütten des Tenders, bewegt und beherrscht von keinem anderen Grund als der Müdigkeit – Tag und Nacht waren wie zwei Dinge. Er aß auch mit ihnen; und gewissenhaft bezahlte er seinen Lebensunterhalt. 25 Cent für eine Mahlzeit, 25 Cent für ein Bett oder eine Decke auf dem Boden. Sie nahmen sein Geld, weil er es ihnen aufzwang, und waren wütend über den Anflug einer Weigerung; aber meistens steckte die Münze unbemerkt zurück in die Tasche von Coogans Mantel – arme Männer und grob, sie waren nichts von Furnier, nichts von Politur, schmutzige, in Overalls gekleidete Arbeiter mit geilen Fäusten, deren Herzen groß wären, wenn ihre Geldbörsen es nicht wären .

Zu jeder Tageszeit, in der frühen Morgendämmerung, am Mittag oder am späten Nachmittag, passierten die Zugbesatzungen und die Lokbesatzungen für Passagiere, Sonderzüge und Güterzüge Coogan auf und ab, immer mit nach vorne geneigtem Kopf und auf die rechte Seite gerichtet Weg – mit einem fröhlichen Zuruf und dem Flirten einer Hand aus dem Taxi, der Kombüse oder dem verzierten Schwanz eines grellen Pullman. Und für die Touristen wurde er zu einer größeren Attraktion als die landschaftliche Großartigkeit der Rocky Mountains selbst; Sie starrten vom Aussichtswagen aus und hörten mit einem Feuerfeuer staunender Kommentare zu, wie die mit Messingknöpfen besetzten, vor Wichtigkeit geschwollenen, farbigen Träger die Geschichte erzählten, bis sie schließlich die Rocky Mountains hinter sich hatten und den Guardian of the . verpassten Devil's Slide soll sie überhaupt nicht gemacht haben. Es ist selbstverständlich, dass alles Außergewöhnliche funktioniert und die Neugier des Publikums weckt. Vielleicht nicht sehr schön, nein – aber natürlich. Den Eisenbahnern gefiel es nicht, und das war auch natürlich; aber ihre Gefühle oder Meinungen hatten in der Natur der Sache kaum eine Wirkung auf die eine oder andere Weise.

Coogan wurde weder besser noch schlechter. Die Monate vergingen und es ging ihm weder besser noch schlechter. Der Winter kam, und mit dem Bock, der in dem großen Sturm dieses Jahres ausfiel, ging Coogan zum letzten Mal in die Division, überquerte die Große Kluft, derselbe einfache, gebrochene Coogan, der seine selbsternannte Aufgabe begonnen hatte der Frühling – vielleicht hat er etwas Gutes getan, vielleicht auch nicht. Sie fanden ihn nach zwei oder drei Tagen und schickten ihn zurück nach Big Cloud.

„Er hätte das selbst gewählt, wenn er hätte wählen können", sagte Carleton nüchtern. „Gott weiß, was das Ende gewesen wäre. Die Jahre wären alle gleich gewesen, er hätte nie wieder zu sich gekommen. Es ist alles zum Besten, was?"

Regan antwortete nicht. Die Philosophie und das Herz des Mechanikermeisters maßen die Dinge nicht immer gleich.

Die Bruderschaft übernahm die Organisation und Coogans Beerdigung war die größte Beerdigung, die Big Cloud jemals hatte. Jeder wollte marschieren, also hielten sie den Gottesdienst am späten Nachmittag ab und schlossen die Läden um halb fünf: Und die Ladenarbeiter, vom Chefschlosser bis zum Wassermann, kamen bis zum letzten Mann – und das taten auch alle noch einer in der Stadt.

Es wurde dunkel und es war schon Zeit für das Abendessen, aber Carleton, der einige unvollendete Arbeiten auf seinem Schreibtisch gelassen hatte, ging zurück in sein Büro, anstatt nach Hause zu gehen. Er zündete die Lampe an, stellte den Schornstein auf, aber das Streichholz brannte noch zwischen seinen Fingern, als sich die Tür öffnete und ein Mann mit tief ins Gesicht gezogenem Hut eintrat und sie hinter sich schloss.

Carleton wirbelte herum, das Streichholz fiel zu Boden, und er beugte sich über seinen Schreibtisch vor, ein harter Ausdruck machte sich auf seinem Gesicht breit. Der Mann hatte seinen Hut zurückgeschoben. Es war Dahleen , Coogans Feuerwehrmann Jim Dahleen .

Einen Moment lang sprach keiner der beiden. Bittere Worte stiegen Carleton auf die Zunge, aber etwas im Gesicht des anderen hielt sie zurück und hielt sie zurück. Es war Dahleen , die zuerst sprach.

„Ich habe von Chick gehört – dass er ausgegangen ist", sagte er leise. „Ich glaube nicht, dass es ihm gut getan hat, aber ich musste irgendwie zum Abschied beitragen – Chick und ich waren früher ziemlich dick. Ich habe dich hierherkommen sehen und bin dir gefolgt. Starr mich nicht so an, du hättest das Gleiche getan. Hast du die Flasche schon?"

„Ja", antwortete Carleton mechanisch und holte es ebenso mechanisch aus der Schublade seines Schreibtisches hervor.

„Haben Sie es jemals genauer untersucht?"

„Untersuchen Sie es?"

„Ich denke, das beantwortet meine Frage. Ich hatte Angst, dass du es könntest, und ich wollte dich an diesem Tag darum bitten, aber ich dachte, du fändest es sehr lustig, lehnte ab und na ja – na ja, schau es dir selbst an. Würdest du es bitte kurz hier lassen?"

Carleton reichte es schweigend weiter.

Dahleen nahm ihn, zog die untere Hälfte ab, die als Trinkbecher diente, legte seinen Finger auf den inneren Rand und stellte ihn zurück in den Supermarkt.

Carleton trat näher an das Licht heran – dann wurde sein Gesicht blass. *Es war Coogans Flachmann!* Die Inschrift war in feiner Gravur etwas abgestumpft, aber immer noch deutlich genug. „An Chick von Jim, anlässlich seiner Hochzeit." Carletons Hand zitterte, als er sie ablegte.

"Mein Gott!" sagte er heiser. „Es war Coogan, der in dieser Nacht betrunken war – nicht du."

„Ich dachte mir, dass Sie es genauso lesen würden, Sie oder jeder andere Eisenbahner", sagte Dahleen . „Er oder ich und einer von uns waren in den Augen aller Jungen auf der Straße von dem Moment an betrunken, als die Flasche auftauchte. Es gab nur eine Sache, die dich zu einer anderen Meinung hätte bewegen können, und ich konnte es dir nicht sagen – dann. Ich hätte den gleichen Standpunkt vertreten wie Sie. Aber du liegst falsch. Coogan war an diesem Abend nicht betrunken – er rührte keinen Tropfen an. Ich würde dir das jetzt doch nicht erzählen, wenn er es getan hätte, oder?"

„Setzen Sie sich", sagte Carleton.

Dahleen setzte sich auf den Stuhl neben dem Schreibtisch, legte seine Füße auf das Fensterbrett und starrte auf die funkelnden Lichter unter ihm.

„Ja, ich habe ihm die Flasche geschenkt", sagte er langsam, als würde er den Faden einer Geschichte wieder aufnehmen, „als Hochzeitsgeschenk." An dem Tag, als er nach dem Tod der kleinen Frau und des Babys zu seinem Lauf zurückkehrte , hatte er es in der Tasche und reichte es mir. „ *Ich habe Angst davor, Jimmy* ", sagte er. Das war alles, nur dass er mich *ansah* . Dann stieg er aus dem Taxi, um zu ölen, ich hielt es immer noch in der Hand, denn die Worte trafen mich irgendwie – sie bedeuteten eine ganze Menge. Nun, bevor er zurückkam, hob ich meinen Sitz an und warf ihn in die Kiste darunter. Ich möchte keine lange Geschichte daraus machen. Du weißt, wie er zum Grübeln neigte. Manchmal sagte er von einem Ende des Laufs zum anderen kein Wort. Und hin und wieder schien er sich etwas seltsam zu benehmen. Ich dachte nicht viel darüber nach und sagte zu niemandem etwas, weil ich dachte, dass es nachlassen würde. Als wir in der Nacht des Unfalls aus Big Cloud herausfuhren, sah ich nichts Ungewöhnliches an ihm, ich hatte mich mittlerweile schon an ihn gewöhnt und wenn es einen Unterschied gab, bemerkte ich ihn nicht. Den ganzen Weg nach draußen sagte er kein Wort, bis wir den Gipfel der Teufelsrutsche erreichten und mit dem Abstieg begannen. Ich hatte die Feuerraumtür offen und warf gerade Kohle nach, als er so plötzlich sagt, dass ich fast die Schaufel fallen lassen müsste:

„,Jimmy, weißt du, welche Nacht das ist?'"

„,Klar', sage ich, ohne darüber nachzudenken, ,es ist Donnerstag.'

„Er lachte irgendwie leise vor sich hin.

„,Es ist meine Hochzeitsnacht, Jimmy', sagt er. „Meine Hochzeitsnacht und wir werden feiern."

„Das Licht aus der Feuerbüchse warf sein volles Gesicht, und er hatte den seltsamsten Ausdruck, den man je bei einem Mann gesehen hat. Er war weiß und seine Augen starrten und er fuhr sich mit der Hand durchs Haar und schaukelte auf seinem Sitz. Ich war Scart . Einen Moment lang glaubte ich, er würde in Ohnmacht fallen, dann erinnerte ich mich an den Whisky, sprang auf meine Seite des Taxis, öffnete den Sitz und schnappte ihn mir. Ich ging mit ihm in der Hand zu ihm zurück. Ich glaube nicht, dass er es jemals gesehen hat – ich weiß, dass er es nicht gesehen hat. Er lachte wieder dieses sanfte Lachen, als würde er singen, und er streckte seine Hand aus und stieß mich weg.

„,Wir werden feiern, Jimmy', sagt er noch einmal. „Wir werden feiern. Es ist meine Hochzeitsnacht.'

„Ich spürte, wie die Geschwindigkeit etwas zunahm, wir waren damals auf der Rutsche, wissen Sie, und ich sah, wie seine Finger den Gashebel fester umschlossen. Dann hat es mich erwischt, und mein Herz schlug mir bis zum Hals – Chick hatte keinen Kopf mehr. Ich steckte die Flasche in meine Tasche und versuchte, seine Hände vom Gashebel wegzulocken.

„,Lass mich sie verzaubern, Chick', sage ich und denke, dass meine beste Chance darin besteht, ihn zu belustigen.

„Er hat mich abgeworfen, als wäre ich ein Spielzeug. Dann versuchte ich, ihn wegzuziehen, und er schlug mir einen zwischen die Augen und warf mich zu Boden. Wir fuhren immer schneller. Ich habe ihn erneut angegriffen, aber ich hätte genauso gut ein Baby sein können, und dann – dann – nun, die

Wunde in seinem Kopf kam von einem langstieligen Schraubenschlüssel, den ich aus dem Werkzeugkasten geholt hatte. Er ging zu Boden wie ein gefällter Ochse – aber es war zu spät. Bevor ich einen Hebel erreichen konnte , lagen wir in Splittern."

Dahleen blieb stehen. Carleton rührte sich nie, er beugte sich vor, die Ellbogen auf dem Schreibtisch, das Kinn in den Händen, sein Gesicht angespannt, die Augen fest auf den anderen gerichtet.

Dahleen fummelte einen Moment lang an seiner Uhrenkette herum und drehte sie um seine Finger, dann fuhr er fort:

„Während ich im Krankenhaus lag, ging ich mir die Sache ziemlich oft durch den Kopf, lange bevor die Ärzte dachten, ich wüsste meinen eigenen Namen wieder, und ich kam zu dem Schluss, dass der alte Coogan, wenn er jemals bekannt würde, völlig außer sich war Wenn es ihm besser ginge, wäre sein Kopf wieder in Ordnung, weil man ihm unter keinen Umständen jemals ein Taxi anvertrauen würde, verstehen Sie? Wenn er nicht klar herauskam, warum endete das natürlich? aber ich hatte im Kopf, dass es sich nur um das handelte, was man eine vorübergehende Abweichung nennt. Ich könnte ihn nicht queer machen, wenn das alles wäre, oder? Also sagte ich mir: „Jimmy, du weißt nur, dass die „Luft" nicht funktionieren würde." Das habe ich dir an diesem Tag gesagt; Und dann hast du mir die Flasche über den Kopf geworfen. Du hattest recht, ich *hatte* es vergessen. Whiskey im Taxi in der Nacht eines Unfalls ist schon fast ein offenes Spiel. Es war er oder ich, und ich konnte Ihnen die Geschichte damals nicht erzählen, ohne Coogan kaltzumachen, aber Coogan ist jetzt weg und es kann ihm nichts anhaben. Das ist alles."

Das Ticken der Uhr an der Wand, das Klicken des Signalgebers aus dem Zimmer des Dispatchers nebenan waren für eine lange Minute die einzigen Geräusche, dann schabte Carletons Stuhl und er stand auf und streckte seine Hand aus.

„ Dahleen ", sagte er heiser, „ich würde viel dafür geben, ein so weißer Mann zu sein wie du."

Dahleen schüttelte den Kopf.

„Jeder hätte es für Coogan getan", sagte er.

VIII – DAS BLUT DER KÖNIGE

es nie und auch heute noch gibt es nichts Ungreifbares, es sei denn, man spricht über die Laufleistung – wenn man die Laufleistung erreicht, trifft man auf tiefes Wasser, und die Funktionsweise ist folgende. Die meisten Dinge, die groß, lebenswichtig und dauerhaft sind, entwickeln sich im Laufe der Jahre zu ihrer eigenen Reife, und mit der Reife kommt die Vollkommenheit – so gut wie alles perfekt ist. Als die letzte Reling, die die Beherrschung der Rocky Mountains und Sierras durch den Menschen als vollendete Tatsache verkündete, mit viel Zeremoniell und mehr Eklat an den Krawatten befestigt wurde, ganz zu schweigen von den etwas wackeligen und unsicheren Schlägen, mit denen der mit Seidenhut bekleidete, sehr wichtige … Nationale Persönlichkeiten führten diesen krönenden Akt durch, während die Raufbolde, deren Arbeit, Schweiß, Schmutz und Blut die Meilen erkauft hatten, die die Redner lobten, nicht mehr zu den Auserwählten gehörten und aus respektvoller Distanz zusahen – als all dies geschah Die Hill Division war schon damals nur der Rohentwurf eines Meisterwerks.

In den darauffolgenden Jahren kam es zu Beschnitten und Veränderungen, zu Glättungen und Abschwächungen – Tunnel, die durch die Berghänge gebohrt wurden, verringerten die Steigungen und schnitten kurvenreiche Meilen um vorspringende Ausläufer ab; Böcke mit langen Böschungsansätzen trugen ihren Teil zu diesem erwünschten Ergebnis bei; während in den Ausläufern die Hügel selbst mit mathematischer Präzision halbiert wurden, anstatt rechts und links und links und rechts einer endlosen Prozession von Bergkuppen zu kreisen. Alles in allem sind auf diese Weise viele Meilen, sehr viele Meilen, vernichtet worden – das Unfassbare daran ist, dass, gemessen an den Dollars und Cents, die die Touristen für den Transport und die Verlader und Empfänger für den Frachttransport zahlen, die Strecke ist genauso lang wie immer! Und es scheint, dass viel Geld ausgegeben wurde, ohne dass man dafür etwas vorweisen konnte; Demgegenüber steht aber auch die Tatsache, dass die Regisseure im Osten nie als kurz bevorstehende oder fast unmittelbar bevorstehende Themen für eine Verrücktheitskommission eingestuft wurden. Der Kilometerstand ist schwer zu ermitteln – belassen Sie es dabei.

Im Übrigen gilt die Vorfahrt von Big Cloud, dem Trennpunkt, östlich der mächtigen, blau verschwommenen, schneebedeckten Bergkette, die sich im Norden und Süden bis zur Skyline erhebt – von dort bis zum hügeligen, hügeligen Land, das sich nach Westen erstreckt Die Hill Division, die Basis der Sierras, ist ohne Frage das wunderbarste Stück Strecke, das sich der Mensch jemals ausgedacht hat, und sie ist ein ewiges und bleibendes Denkmal für den Verstand und das Genie, ja, auch für die Männlichkeit dieser Menschen Wer hat es gebaut.

Das ist die Hill Division. Wer die Rocky Mountains kennt, kennt sie wegen der Großartigkeit ihrer Landschaft, kennt sie wegen der Herrlichkeit, mit der sie scheinbar unüberwindbare Hindernisse überwunden haben; Aber es gibt noch eine andere Seite, die Sie vielleicht nicht kennen, eine Seite, die die Karten und Pläne und Blaupausen und die Eisenbahnprospekte und die Fenster der Aussichtswaggons, so groß sie auch sind, nicht zeigen – und diese Seite ist die menschliche Seite. Es ist voller Tränen und Lachen, voller Trauer und Freude, voller Gefahren und Tod und Fehlern und Triumph – seine Geschichte würde viele Seiten füllen, aber es ist eine Geschichte, die niemals geschrieben werden wird, weder für die Generäle noch für die Basis Seine Armee hat ihre Schlachten ohne Trompetenschall ausgetragen, ihre Arbeit und ihre Pflicht getan, wie sie es sahen, einfach und mit wenigen Worten, ohne an persönlichen Gewinn und noch weniger an Ruhm zu denken. Sie erzählen untereinander ihre eigenen Geschichten und ehren diejenigen, die dazu berechtigt sind – eine Ehre , die Regierungen, Könige oder Fürstentümer nicht anerkennen, denn sie ist der Tribut eines Menschen an den anderen, ohne Glanz und ohne Vorwand. Wenn Sie ein Mann sind, wie sie Männer messen, werden sie Ihnen auch die Geschichten erzählen; Und wenn Sie rauchen möchten, bieten sie Ihnen ihre schwarzen Stöpsel mit den herzförmigen Blechetiketten an, die ihr Lieblingshersteller darin eingearbeitet hat, und geben Ihnen außerdem ihre Taschenmesser, mit denen Sie sie aufschneiden können. Wenn Sie weise sind , werden Sie verstehen, dass Sie über den meisten Menschen geehrt werden, und Sie werden angemessen demütig sein und zuhören. Aber wenn Ihnen dies aufgrund der Umstände und des Unglücks nie zuteil geworden ist, dann stoßen Sie hier und da, unzulänglich und dürftig, in gedruckter Form auf einen verirrten Hauch der Geschichte der Hill Division – das ist ein Fall in gedruckter Form von „König" Gilleen .

Gilleen war ein Mann, an dem man in einer Menschenmenge niemals vorbeigehen würde, ohne den Kopf ein zweites Mal zu drehen, um ihn anzusehen, nicht einmal in einer großen Menschenmenge, denn die Natur war mit Gilleen großzügig umgegangen – oder auch nicht – wie auch immer es Ihnen am besten gefällt, es zu betrachten . Er hatte rotes Haar in einem Farbton, den man als leuchtend bezeichnen könnte, den Regan, der Mechanikermeister, jedoch in einer Metapher beschrieb. Regan sagte: „Man konnte diesen Kopf eine Meile entfernt auf der anderen Seite einer Kurve in einem nächtlichen Schneesturm sehen, wenn er ihn aus dem Fahrerhausfenster steckte. Du wirst Gilleen nie auf den Teppich bekommen, weil sein Scheinwerfer aus ist, was?" Jedenfalls waren Gilleens Haare unbestreitbar rot. Er hatte blaue Augen und eine sehr kleine Nase, die trotz allem neben seinen Haaren das hervorstechendste Merkmal war, das er besaß – kleine Nasen mit einer leichten Anhebung zur Spitze sind ausgeprägt, im Gegensatz dazu nur die *Größe* . Sein Gesicht war sommersprossig, ebenso wie seine Hände; Außerdem war er kein kleiner Kerl, nicht besonders groß, aber seine Schultern waren beneidenswert, wenn man freundlich zu ihm war, oder respektvoll, wenn man nicht freundlich zu ihm war. Das war Gilleen , bis auf die Tatsache, dass er mit Nachdruck zugab, dass das Blut einer wilden irischen Königsrasse durch seine Adern floss. Dieser letzte Punkt wurde nie geklärt – jeder glaubte Gilleens Wort, das heißt jeder außer Regan, der selbst Ire war und, was noch wichtiger ist, Gilleens direkter Vorgesetzter. In diesem Punkt konnte Regan, der nie abgeneigt war, es zu tun, Gilleen schneller zum Stehen bringen als der Biss einer hungrigen Forelle.

„Bis Weihnachten", stammelte Gilleen bei solchen Gelegenheiten, „werde ich Sie wissen lassen, dass ich kein Lügner bin, und wenn da nicht die Frau und die sechs Kinder wären" – hier hielt Gilleen aus Schuldgefühlen immer inne, um zu zählen zu einer möglichen Ankunft seit dem letzten Zusammenstoß, in der Erkenntnis, dass jeder Ausrutscher vom grinsenden Meistermechaniker sofort und gnadenlos gegen ihn gerichtet werden würde – „ Wenn sie nicht wären, Regan, hör mir zu, ich würde dir ins Gesicht schlagen und" Dann ramme dir den dürftigen Job, den du mir gibst, in deinen Hals, das würde ich tun!"

„Nun", würde Regan erwidern, „wenn du auf einem schmuddeligen, vergoldeten Thron sitzt, obwohl er bis auf die Krone im Moor versunken ist, würde ich nicht mehr und nicht so viel von deinen Händen verlangen, wie du kriegst." von mir – das ist mehr, als Sie verdienen. Wer außer mir würde so viel für dich tun? Du solltest zurückwischen. Ich habe ernsthaft darüber nachgedacht, oder? Sechs, nicht wahr ? – Nun, es ist ein großartiges Rennen!"

Daraufhin sagte Gilleen heiße Worte und sagte sie inbrünstig, während er dem Meistermechaniker die Faust drohte.

„Ich werde es dir eines Tages zeigen, Regan", war sein letztes Wort. „Ich zeige dir, was für ein Rennen das ist, und vergiss es nicht!"

All das ist weder besonders interessant noch im geringsten witzig – es zeigt lediglich, woher Gilleens Spitzname stammt. Jeder in der Abteilung nannte ihn „König" – nicht ins Gesicht, das tun sie jetzt, aber damals nicht. Seltsam, wie so ein kleines Ding manchmal auf einen Mann wirkt. Gilleen war in gewisser Weise durchaus beliebt, aber niemand nahm ihn jemals wirklich ernst. Wenn man einen Mann mit einem Witz in Verbindung bringt, sind die beiden von nun an und für immer unzertrennlich. Er mag Bestrebungen und Ambitionen haben, was man will, aber es wird ihm nicht zugetraut, sie zu haben – bei Gilleen war es so. Nur Gilleen , „König" Gilleen – und ein Grinsen.

Der Herr weiß nur, was Gilleen dazu bewogen hat, seinen Vorfahren mit solch unerschütterlicher Loyalität treu zu bleiben – wenn Sie möchten, können Sie nach diesem letzten Wort ein Fragezeichen setzen –, es begann vielleicht mit nicht mehr als einer knabenhaften Prahlerei, als seine offizielle Verbindung mit den Vorfahren hergestellt wurde Das System war nicht weiter fortgeschritten als so weit, dass der Job des stellvertretenden Kesselwaschers im Ringlokschuppen nicht mehr übernommen werden konnte. Je mehr sie ihn unter Druck setzten, desto hartnäckiger hielt er durch – es war eine Sache, für die es sich zu kämpfen lohnte, und Gilleen kämpfte. Er warf Pfunde, Reichweite und andere Vorteile in den Wind und nahm es mit jedem und jedem auf. Als er zum Schießen überging, hatte er gegen alle gekämpft, die kämpfen wollten, und das waren nicht wenige; und als er dann im Laufe seiner Beförderung seinen Motor bekam, hatte er seine Behauptung zumindest äußerlich durch Schläge und nicht durch Argumente untermauert. Aus sicherer Entfernung ließ die Division, die sich an gebrochene Nasen und fehlende Zähne erinnerte und ihm sein königliches Blut nicht mehr verweigerte, seinen Willen zu, lächelte tolerant und nannte ihn „verrückt".

Regan war natürlich immer noch ein Kerl – aber Regan war Meistermechaniker. Nicht, dass er es aufgrund der Immunität getan hätte, die ihm seine offizielle Position gewährte, darüber hatte er nie nachgedacht. Er tat es, weil er Regan war und Regan so gebaut war. Er konnte auf ein Lachen oder ein inneres Lachen genauso wenig verzichten, wie er auf das Atmen verzichten konnte – und überleben. Ein Witz war ein Witz, nur Spaß mit ihm, das war alles.

Aber bei Gilleen war es anders. Da er nicht in der Lage war, seine Fäuste so zu benutzen, wie er es gewohnt war, und da er über kein anderes Sicherheitsventil verfügte, nahm der Druck stetig zu, bis er einen Punkt auf seinem mentalen Messgerät registrierte, der beredt von bevorstehenden Schwierigkeiten sprach.

Und so stand es, als nach einem eher trüben Sommer das Herbstgeschäft mit großem Trubel und Getöse eröffnete. Die Dinge bewegten sich mit einem Sprung, und die Schienen summten unter einem ständigen Verkehrsstrom von Osten und Westen. Zumindest hier war kein Scherz – einen Ansturm auf der Hill Division, eingleisig, durch die Berge, gab es nie. Nach einem Monat zeigten alle, vom Karren bis zum Hausverwalter, die Auswirkungen der Belastung. Überall gab es eine Verdoppelung, zusätzliche Aufgaben, zusätzliche Tricks. Die Disponenten fingen ihren Teil davon ein, und ihre Augen wurden unter den Lampen der Nacht rot und schwer, und die Köpfe der Tagfahrer schmerzten, als sie eine Reihe von Treffpunkten ausloteten, die keinen Anfang und kein Ende hatten; Aber so schlimm es auch für die Männer an den Schlüsseln war, für einige von denen in den Taxis war es noch schlimmer. Die Planer gingen zum Zerschlagen. Verderbliche Waren und Flugblätter erhielten das Beste davon – die Rechte des Rests waren die Abstellgleise. Es ging darum, entlangzukriechen, von einem zum anderen zu schleichen, mit einer Anordnung nach der anderen, bis sich die normale Dauer eines Tagesdienstes in Abschnitte von fünfzehn Stunden, manchmal sogar von vierundzwanzig, aufteilte. Schlaf, was sie davon haben konnten, die Lokmannschaften richteten sich kerzengerade in ihren Sitzen auf, während sie darauf warteten, dass der Scheinwerfer von Nummer Eins aus dem Osten strömte, oder nickten, bis sie vom Dröhnen und Donnern einer fliegenden Fracht, Autos und Autos, geweckt wurden von ihm, vollgestopft mit erstklassigen Bewertungen, raste nach Osten, während er mit unverschämter Missachtung aller sterblichen Dinge auf der Erde vorbeiraste.

Vielleicht hat Gilleen etwas mehr davon bekommen als jeder andere am Gashebel, vielleicht hat er es geschafft – oder vielleicht auch nicht. Gilleen glaubte jedenfalls, dass er es getan hatte, und führte es natürlich auf Regans Konto zurück. Regan war Leiter der Triebfahrzeugabteilung der Hill Division – es gab sonst niemanden, dem man das zuschreiben *konnte* . Es war Regan oder Einbildung. Gilleen , der nicht besonders stark in der Vorstellungskraft war, diskutierte die Frage nicht – er überließ es Regan.

Bei einem Lauf rein, bei einem anderen rausgeschossen – das war Gilleens Zeitplan. Die kleine Frau in dem kleinen Haus oben an der Main Street blieb für Gilleen größtenteils eine Erinnerung , und was die sechs ziegelköpfigen Sprösslinge seiner königlichen Rasse betraf, fragte er sich, ob sie überhaupt wirklich existierten.

In der Hill Division brummte und summte es, und während alle dort knurrten, fluchten und sich gegenseitig beschimpften, wie es müde, erschöpfte, vor Müdigkeit umfallende Männer tun, breitete sich das Lächeln auf den Lippen aus und breitete sich über die Gesichter aus der Direktoren im Osten, die sich wohltuend und erwartungsvoll die Handflächen rieben und den Duft zusätzlicher Dividenden und steigender Aktien witterten.

Eines Tages war es Mittag, als Gilleen , mit einer Schleppkette von Lastwagen im Schlepptau, in die Big-Cloud-Werften einfuhr, abkuppelte, rückwärts den Spurkranz hinunterfuhr, den Tisch überquerte und in den Ringlokschuppen rannte. Als er sich von der Gangway löste, stürmte Regan aus Richtung des Hauptquartiers durch die Maschinentüren von Gilleens Grube und ging auf den Ingenieur zu.

„ Gilleen ", sagte er energisch, „du musst Special Eighty-3 ausschalten." 1603 ist mit vollem Kopf in Grube zwei bereit."

"Was ist das?" schnappte Gilleen . „Jetzt ein Special rausholen *?* Du weißt ganz genau, dass ich gerade von einem Lauf zurückkomme. Ich bin müde. Du wirst es einmal zu oft unter die Lupe nehmen, Regan."

„Wir sind alle müde, nicht wahr?" erwiderte der Mechanikermeister schroff. „Glaubst du, du bist der Einzige? Was das Einreiben angeht, solltest du besser dein Feuer auf dich ziehen, mein Kumpel. Es wird nicht gerieben, außer im Auge! Wie auch immer, das ist genug Gerede. Sonderauftrag 83 auf Eilbestellung aus dem Osten, und sie ist jetzt schon seit einer Stunde hier."

„Nun, warum hast du die Crew, die sie hergebracht hat, dann nicht weitermachen lassen?" knurrte Gilleen . Es war eine dumme Frage und er wusste es; aber wie er gesagt hatte, war er müde und sein Temperament, das nie engelhaft war, war jetzt ziemlich nervös.

Regan starrte ihn einen Moment wütend an. Auch Regan war müde und gereizt und wurde in einem Ausmaß gequält, wie es bei den meisten Männern der Fall ist. Der Bedarf an Personal und Maschinen an die Triebfahrzeugabteilung hatte ihn mehr als eine Nacht wach gehalten und versucht, ein nahezu unmögliches Problem zu lösen.

„Lasst sie weitermachen !" er schnaubte. „Sie wissen ganz genau, dass ich nichts gegen die Männer der Prairie Division habe. Du weißt das – warum sagst du das? Du bist der erste Mann, der reinkommt – und du gehst zuerst raus."

„Mir kommt es so vor, als wäre ich heutzutage im *Allgemeinen* der erste Mann", erwiderte Gilleen wütend. „Und ich habe es satt, immer zu kurz zu kommen . Ich schätze, ich werde dieses Mal nicht ausgehen."

Es dauerte eine Atempause, bis der Meistermechaniker richtig explodieren konnte.

„Du nennst dich einen Eisenbahner!" er schleuderte wütend hinaus. „Worüber jammern Sie? Jeder Mann sitzt mit der Schulter am Steuer und schiebt, ohne zu reden. Für Aufgebende haben wir hier keinen Platz. Ich schätze, dein Blut, du bist so stecknadelkopfstolz –"

Regan war nicht fertig. Mit einem wütenden Schrei ging der rothaarige Ingenieur auf den anderen los wie ein angreifender Bulle, und der Mechanikermeister maß sofort seine Länge auf dem Boden des Rundschuppens anhand eines Schlags auf den Kopf, der ihn Sterne sehen ließ.

Regan rappelte sich auf. Sein Herz war das Herz eines Kämpfers, auch wenn sein Körperbau es nicht war. Er flog direkt auf Gilleen zu, und die Pässe, Ausfallschritte und Stöße, die er ausführte – während der Ingenieur wie eine Pauke auf dem Bauch des Meistermechanikers spielte und als Pflaster für den ersten einen zweiten Schlag auf den Kopf ausführte – sind nur für sie historisch infinitesimaler Wirksamkeitskoeffizient. Es ist zweifelsohne sicher, dass der Mechanikermeister dann und dort einen Teil seines verlorenen Schlafes wieder gut gemacht hätte, zumindest wenn Gilleens Feuerwehrmann und ein oder zwei Scheibenwischer sich nicht genau in diesem Moment zwischen die beiden Männer gestellt hätten.

Gilleen war verrückt vor Wut.

„Nun", heulte er, „haben Sie noch etwas zum Thema Aufhören oder so etwas zu sagen? Ich schätze, ich werde dieses Mal nicht ausgehen, was?"

Regan war genauso wütend. Und als er zärtlich seine Stirn befühlte, auf der sich eine Beule bildete, die schnell die Form eines Gänseeis annahm, wurde er noch wütender.

„Du gehst doch nicht raus, oder?" er brüllte. „ Na ja *Ich* denke, das wirst du; Und was noch wichtiger ist: Du gehst *jetzt raus* – und nimmst dir Zeit! Ich feuere dich, verstanden?"

„Wetten Sie!", sagte „König" Gilleen – und das war alles, was er sagte. Er sah den Mechanikermeister eine Minute lang an, *sagte aber* nichts mehr – lachte nur und verließ das Lokschuppen.

Natürlich ging die Geschichte in der Abteilung weiter und weiter, und alle redeten darüber. Mit ihrer rauen und unparteiischen Gerechtigkeit bringen sie beide Männer ins Unrecht, vor allem aber Gilleen wegen Gehorsamsverweigerung. Die Beleidigung, die Gilleen erlitten hatte, war nicht so groß und bedeutsam, in ihren Augen weit davon entfernt, das Entscheidende zu sein wie in seinen. Gilleen war in diesem Punkt einfach verrückt, das war alles. Regans Urteilsvermögen war schlecht gewesen, und der Moment, den er zu seinem Stoß und Wurf genutzt hatte, war keineswegs psychologischer Natur; aber trotzdem hatte Gilleen nichts damit zu tun, den Mechanikermeister anzugreifen. Er hatte bekommen, was auf ihn zukam – das war das Urteil. Er war endgültig draußen. Man war sich ziemlich allgemein einig, dass es lange dauern würde, bis er in der Hill Division wieder Gas geben würde.

Welche Sympathie der Ingenieur bekam, denn er bekam welche, war nicht sein eigenes Verdienst. Es war seiner Familie zu verdanken – allerdings nicht dem Ende seiner Vorfahren. Sechs Kinder und eine Frau lassen von einem Gehaltsscheck nicht viel Kleingeld übrig, selbst wenn dieser durch Überstunden aufgefüllt wird; Mit sechs Kindern und einer Frau ohne Gehaltsscheck geht es ziemlich schwer.

Gilleen war zu heiß unter dem Kragen, als dass er daran gedacht hätte, als er an jenem Mittag aus dem Lokschuppen marschierte; Aber es dauerte nicht viele Stunden, nachdem er ein paar Stunden investiert hatte, um den Schlaf auszugleichen, den er in den vorangegangenen Wochen nicht gehabt hatte, und das Problem lag nun bei ihm und eine Abstimmung über eine Vertagung war ausnahmsweise ausgeschlossen nicht in der Reihenfolge.

Frau Gilleen die Meinung ihres Ehepartners zum Thema seiner illustren Abstammung, vielleicht aber auch nicht – wenn sie es tat, gab sie sich diesbezüglich nie „aufdringlich". Waschen, Ankleiden und Kochen waren alles, was eine Frau in einem so großen Haushalt wie ihrem leisten konnte. Das sagte sie jedenfalls, wenn jemand sie danach fragte. Und ein Blick auf die rothaarige Brut, die den Vorgarten füllte und am Eingangstor schwang, dessen Angeln laut und bitter protestierten, genügte, um jeden Streit darüber auszuschließen. Sie war körperlich nur ein bisschen eine Frau; aber praktisch größer als das gesamte Korps führender Persönlichkeiten in der Sozial- und Binnenwirtschaft – was, wenn man darüber nachdenkt, Mrs. Gilleen mit schwachem Lob verdammt , während man nicht allzu viel über sie sagen könnte. Aber lassen Sie es sein. Frau Gilleen *war* praktisch, und sie übergab die Angelegenheit dem Ingenieur, fast bevor ihm der Schlaf aus den Augen gewischt war. Kein Nörgeln, kein Vorwurf, nichts dergleichen – Mrs. Gilleen war nicht so eine Frau. „König" oder nicht, Gilleen hätte es sein können, Katie Gilleen war eine *Königin* , vielleicht nicht vom Aussehen her, aber eine Königin – das ist platt. Eine gute Frau ist das Schönste auf der Welt, und wenn das etwas öfter gesagt würde, als es ist, wären die Dinge vielleicht im Großen und Ganzen nicht schlechter für sie – was allerdings kein Stein im Rampenlicht der Suffragetten ist hört sich vielleicht so an.

„Michael", sagte sie, „du hast mit Mr. Regan gestritten, und er hat dich gefeuert. Wird er dich zurücknehmen?"

Gilleen hielt das Handtuch an sein Kinn, um das tropfende Wasser aus seinen Haaren aufzufangen – er hatte gerade erst eine Minute zuvor seinen Kopf in der Waschschüssel vergraben – und sah seine Frau an.

„Ich würde ihn nicht *fragen* , Kate", sagte er knapp.

Mrs. Gilleen war stolz – aber trotzdem seufzte sie.

„Was wirst du dann tun, Michael?" Sie fragte.

„Ich weiß es noch nicht, kleine Frau. Ich schätze, einige der anderen werden mir einen Job geben. Vielleicht werde ich es mit dem Zugpersonal versuchen. Ich werde sie auf jeden Fall um etwas bitten."

„Aber da steckt viel weniger Geld drin" – Frau Gilleens Tonfall war richterlich, nicht klagend.

„Ich weiß es", erwiderte Gilleen ; „Aber es wird uns überbrücken und den Dampf aufrecht erhalten, bis wir die Chance haben, dorthin zu fahren, wo ein Mann einen Motor bekommen kann, ohne dass ein grinsender Idiot von einem Meistermechaniker ihn bei jeder Gelegenheit mit dem Schlimmsten übertölpelt bekommt."

„Ich hoffe, dass alles gut wird", sagte Frau Gilleen ein wenig wehmütig.

„Das wird es", versicherte ihr Gilleen . „Mach dir keine Sorgen. Sobald ich einen Bissen gegessen habe, werde ich mich sofort um einen Job kümmern."

Es war sogar einfacher, als Gilleen gedacht hatte – so wie es war – und es war ungefähr der letzte Job, den Gilleen als Möglichkeit in Betracht gezogen hatte. Die Dinge haben manchmal eine eigentümliche Art, sich von selbst zu lösen, und seltsamerweise mit Mitteln, die oberflächlich betrachtet oft scheinbar trivial und inkonsequent sind. Sicherlich, wenn Gilleen an diesem Morgen auf dem Weg zum Bahnhof nicht auf Gleason, den Hofvorsteher, gestoßen war, warum dann – aber er tat es.

„Callboys sind bei dir seit gestern ziemlich rar geworden , nicht wahr , Gilleen ?" war Gleasons Begrüßung.

„Ja", sagte Gilleen . "Ich bin raus."

„Sehen Sie, Sie sind auf dem Weg zum Bahnhof", bemerkte Gleason zögernd. „ Gehst du runter, um es zu reparieren?"

"NEIN!" antwortete Gilleen mit einem harten Klang in der Stimme – das „Nein" war nachdrücklich.

Gleason starrte den Ingenieur eine Minute lang an, dann biss er in den Stecker, und die Bewegung seines Kopfes hätte ein verständnisvolles Nicken oder nur ein oder zwei Schraubenbewegungen sein können, um seine Zähne aus dem schwarzen Riemen zu befreien, in dem sie verankert waren .

„Nein", sagte Gilleen erneut; "Ich bin nicht. Ich werde mich für einen anderen Job bewerben."

„Was für ein Job?" fragte Gleason.

„Jede Art von jemandem, der mich anziehen will – außer Regan."

Gleason dachte an seine verstopften Yards – der Ansturm hatte ihn keineswegs übersehen. Männer, Männer, die eine Deichsel und einen Weichengriff von einem Stück Käse her kannten, waren in seiner Abteilung genauso rar wie in allen anderen.

„Yards?" fragte er – und blinzelte.

„ Ist das dein Ernst?" forderte Gilleen und ließ ihn stehen.

„Klar, ich meine es ernst."

„Du bist dran", sagte Gilleen . „Nachtweichenmann", verstärkte der Hofmeister. „Du kannst heute Abend anfangen."

„In Ordnung, ich werde an Deck sein", stimmte Gilleen zu ; „Danke, Gleason. Ich bin Ihnen zu großem Dank verpflichtet."

„Hmpf!" grunzte Gleason. „ Im Vergleich zu einem Motor ist das kein großer Einsatz, aber es gehört Ihnen, gern gesehen."

Es stimmte völlig. Im Vergleich dazu war es nicht viel auf dem Spiel, und selbst die erste Nacht reichte aus, um den Vergleich deutlich und bitter zu machen. Wenn irgendetwas Gilleens Gefühlen gegenüber dem Mechanikermeister den letzten Schliff gegeben hätte, dann diese erste Nacht beim Hofwechsel, diese und natürlich die folgenden Nächte. Es lag nicht so sehr an der Arbeit, obwohl diese schon schwer genug war, und da der Ingenieur ein grüner Mensch war, verdiente er etwa doppelt so viel, wie nötig war, es war eine nicht zu leugnende Tendenz seiner Augen jedes Mal, wenn ein strahlender Scheinwerfer auf der Drehscheibe auftauchte, in Richtung Ringlokschuppen zu verirren. Wenn Gilleen noch nie zuvor gewusst hatte, wie sehr er eine Lokomotive liebte, wusste er es in jenen dunklen Stunden, als er eine Laterne von den Dächern eines Güterzuges schwang oder auf das Trittbrett der Rangierlok hüpfte. Von der Abenddämmerung bis zum Morgengrauen die Höfe auf und ab, begleitet vom Keuchen, Grunzen, Husten, der perspektivischen Entschuldigung für einen Rangierer, dem Aufeinanderprallen der Bremsbalken, dem Rumpeln und Rattern, Staccato, Diminuendo, wie eine Reihe von Güterwaggons grummelte in Bewegung, nahm aus dem Blickwinkel, aus dem Gilleen es betrachtete, keine rosafarbenen Farbtöne an; Auch ein hin und wieder ein- oder aussteigendes Zehnrad, das mit frecher Miene prachtvoll an ihm vorbeisegelte, half niemandem. Gilleens Sprache wurde so sommersprossig wie sein Gesicht und seine Hände und so feurig wie sein Kopf. Sogar die große alte irische Rasse, der er entstammte, diese wilde und ungezähmte Rasse königlicher Vererber, verblasste zur Bedeutungslosigkeit – Gilleen war mehr mit Regan beschäftigt. Was er dachte, sagte er, und zwar laut, ohne sich darüber zu ärgern – er sagte es durch die Zähne und mit geballten Fäusten.

Gilleen auch gut so , wenn er nachts war, denn normalerweise hatte der Mechanikermeister nichts, was ihn nach Sonnenuntergang durch die Höfe, Geschäfte oder das Lokschuppen bringen konnte – Regans Abende verbrachte er mit Carle-ton, dem Supervisor, einer Pfeife und einem Spiel von Pedro oben über dem Bahnhof im Büro des Superintendenten neben dem Zimmer des Disponenten – auch gut für beide; für Regans körperliche Verfassung; für Gilleen, weil er, so wenig er seinen Job mochte, bestimmte Dinge des täglichen Bedarfs brauchte, die selbst die kleine Mrs. Gilleen trotz all ihrer Geschicklichkeit und Sparsamkeit ohne Geld nicht decken konnte.

Wie auch immer, die Tage vergingen und die beiden Männer trafen sich nicht, obwohl Gilleens Reden schnell genug zu Regans Ohren gelangten. Der Mechanikermeister lachte nur, als er sie hörte.

„ Gilleen ", sagte er, „ist wie der Papagei, der ‚sic' em !" sagte. und sagte es einmal zu oft. Er redet zu viel. Wenn er den Mund gehalten hätte, hätte ich ihn nach einer Pause, um ihm Manieren beizubringen, zurückgelassen. So wie es ist, wenn er gerne wechselt, soll er dabei bleiben. Mabbe , wenn er müde ist, wird der Thron seiner Vorfahren für ihn bereit sein, was?"

All dies reichte aus, um Unruhen in der Luft auszulösen, und normalerweise hätte die Spaltung eines Mannes leicht vom Ausgang des finalen Showdowns abhängen können. Aber die Hill Division sehnte sich gerade nicht nach mehr, um die Sache zu beleben – sie bekam alles, was sie wollte, und noch ein bisschen mehr. Sich ausschließlich auf das Geschäft zu konzentrieren, war so ziemlich alles, was es leisten konnte, ein wenig über das hinaus, was es leisten konnte, und alles andere lag daneben – der Aufschwung zeigte eher Anzeichen einer Verstärkung als eines Abklingens. Es gab nirgendwo eine Pause – es brutzelte.

Es regnet nie, aber es schüttet, sagt man; und das ist zumindest ein Sprichwort, auf das die Eisenbahner von Big Cloud und auch die Stadt selbst bis heute schwören. Es gibt ein paar Dinge, an die sich Big Cloud lebhaft und mit erstaunlicher Detailgenauigkeit erinnert, aber die Nacht, in der die Geschäfte hochgingen, übertrifft sie alle.

Als alles vorbei war , kamen sie zu dem Schluss, dass ein schlummerndes Schmiedefeuer in der Schmiede der Grund dafür war – nicht, dass irgendjemand es wirklich wusste oder es jetzt weiß, aber sie führten es darauf zurück, weil es vernünftig klang und weil es so war Es gibt nichts anderes, *worauf man* es zurückführen kann. Unabhängig davon, ob dies die Ursache war oder nicht, gab es in einem Punkt keinen Anlass für eine Auseinandersetzung – und das war die Wirkung und das Ergebnis.

Wenn Sie Big Cloud früher kannten, wissen Sie, wo die Geschäfte waren und wie sie aussahen; Wenn Sie es nicht getan haben, wird es keine Minute dauern, es Ihnen zu sagen. Man konnte sie vom Bahnsteig aus über die Gleise hinweg weit oben am Westende der Bahnhöfe sehen; und sie ähnelten eher einer Reihe aneinander genagelter Scheunen als irgendetwas anderem, abgesehen von den niedrigen und flachen Dächern – die Gebäude waren alle einstöckig. Die Quartiere der Kesselbauer, Zimmerleute, Maschinisten und Schlosser, die alten Werkstätten erstreckten sich über ein beträchtliches Stück Land, und es war ein schmutziges, baufälliges, schmutziges, geschwärztes, gottverlassen aussehendes Gebäude. Heute gibt es dank dieses Brandes und des großen Streiks eine moderne Angelegenheit von Baustahl – und der Rest ist nur eine Erinnerung. Jedoch--

Im Herbst bricht in den Bergen die Nacht früh an, und um neun Uhr in der Nacht, in der das Feuer ausbrach, war es stockfinster. Auf den Werften war nichts zu sehen außer den blinkenden Weichenlichtern, den winkenden Lampen der Männer und dem gelegentlichen Schimmern des Scheinwerfers des Rangierers, wenn dieser vom Ende eines Güterwagens wegschoss. Auf der anderen Seite der Gleise waren die Lichter des Bahnhofs wie Glühwürmchen, und aus dem Lokschuppen war ein oder zwei Schimmer zu sehen. Abgesehen von der Tatsache, dass ein ziemlich starker Westwind über die Höfe strich, gab es, sofern man das als etwas anderes betrachten konnte, nichts Außergewöhnliches, alles lief wie gewohnt, als plötzlich und ohne Vorwarnung ein böser Flammenstrahl aufblitzte schoss in den Himmel, dann noch einer höher als der erste. Die Antwort kam mit einem Schrei der Hofarbeiter, die im Rundschuppen gefangen waren, und dann löste der Pfiff des Wechslers Alarm aus. Noch eine Minute, und alles, was so viel Dampf hatte, dass ein Ventil angehoben werden konnte, schloss sich an. Dunkle Gestalten begannen in Richtung der Läden zu rennen, und dann mischte sich die Glocke in der kleinen englischen Kapelle oberhalb der Stadt in den Lärm ein. Der Alarm war einhellig genug und allgemein genug, als er kam, daran gab es nie einen Zweifel, aber das Feuer musste einen ziemlich heftigen Start gehabt haben, bevor es durch die Fenster brach und den Eisenbahnern seine erste Herausforderung entgegenschleuderte.

Gilleen und der Rest der Werftmannschaft waren auf der Flucht zum Tatort, als Gleasons Stimme, die den Lärm übertönte, sie aufhielt.

„Machen Sie drei, vier und fünf aus und bringen Sie sie bis zum Ende der Höfe, damit Sie munter aussehen!" er schrie. „Lassen Sie die Gondelreihe bis zur letzten auf sechs. Springt jetzt, Jungs! Iss sie auf!"

Ölverschmierte Böden und ölverschmierte Wände sind ein Nährboden für Brände, als den es keinen besseren gibt. Die Flammenzungen sprangen immer höher und warfen einen gespenstischen Schein über die Rahen, und als der Wind sie einholte und in Böen aufwirbelte, warf sie auch einen strömenden Regen aus Funken, der die langen, dunklen Reihen des Rollmaterials bedrohte Der größte Teil erstickte an den Türen mit Fracht – Fracht genug, um eine Summe an Anspruchsschecks zusammenzufassen, die die Wangen des strahlendsten Direktors im Vorstand der Transcontinental erblassen lassen würde.

Unter dem Kommando von Gleason machten sich Gilleen und seine Kameraden kopfüber an die Arbeit. Die Art und Weise, wie sie diese Autos in Sicherheit brachten, hatte nichts Ausgefallenes oder Künstlerisches – es war keine Zeit, wählerisch zu sein. Hinter ihnen bildete das südliche Ende der Geschäfte bereits eine lodernde Masse. Die kleine Wechslerin ergriff erst eine Saite, dann eine andere, schüttelte sie eine Minute lang wütend, während ihr Auspuff ein schnelles Knistern von Knallgeräuschen auslöste und die Treiber sich wie Windräder drehten und die Stahlfliege zum Feuern brachten, dann hustete und grunzte sie und mit einem letzten Stoß würde sie die Autos von sich wegreißen, und die Schnur würde über den Hof segeln, um mit einem widerhallenden Krachen gegen das zu stoßen, was auch immer sich am anderen Ende befand. Am nächsten Morgen standen ein oder zwei Autos mit Vorder- und Hinterwagen und beiden Enden gleichzeitig, die aussahen, als wären sie in einem Zyklon gewesen; und es gab ein oder zwei Reklamationsgutscheine für eine Lieferung von Flaschen und einer Nähmaschine – nicht, dass beides unbedingt zusammenpassen würde, aber egal, damals stimmten sie. Wie auch immer, der Rekord, den die Bauarbeiter an diesem Abend aufgestellt haben, ist der heutige Rekord, und in nicht mehr als zehn Minuten war kein Auto mehr als dreihundert Meter von den Geschäften entfernt.

Aber während die Werftmannschaft arbeitete, waren andere nicht untätig. Regan und Carleton, beide, hatten den ersten Blitz aus den Fenstern des Zimmers des Supervisors gesehen, und sie waren die Treppe hinunter, über die Höfe und von Anfang an mitten im Spiel . Zusammen mit den Nachtmännern, den Pferdedieben und den großäugigen Callboys bekämpften sie das Feuer. Bis sie die fünfzig Fuß langen Schlauchlängen geschleppt und gekuppelt hatten, waren es fünf Längen, entlang der Gleise vom Ringlokschuppen, die Nadel auf dem Messgerät des Stationärs, glücklicherweise noch nicht ganz tot von der Arbeit des Tages und dessen Feuerbüchse Clarihue , Der Wender, jetzt vollgestopft mit ölgetränkter Packung, begann zu steigen, und sie hörten einen unsicheren, schwachen Bach spielen – unsicher, aber einen Bach. Danach ging es wie im Sturm weiter – in beide Richtungen – mit dem Feuer und dem Kampf.

Aus den Spielhöllen und den Kneipen , aus den Straßen und ihren Häusern kam die Bevölkerung von Big Cloud, die Polen, die Russen, die Eisenbahner, die guten und die bösen Weißen, die Mischlinge – und die örtliche Feuerwehr. Zwei weitere Ströme führten sie vom Ringlokschuppen aus, und das war die Grenze – der Rest des Schlauchs bestand irgendwo unter dem Feuer aus flüssigem Gummi.

Regan, mit einem bitteren, harten Gesichtsausdruck, denn die Geschäfte gehörten Regan, war überall gleichzeitig und tat, was ein Mensch tun konnte; aber Zentimeter für Zentimeter überwältigten die Flammen ihn. Die Höfe waren jetzt taghell, und die Hitze trieb den Kreis der Kämpfer zurück, während sie hartnäckig darum kämpften, sich zu behaupten. Mit den vier Assen in einer Hand sah es nach einem Grand Slam für das Feuer aus. Zweimal war Regan kurz davor gewesen, den Männern den Befehl zu geben, auf das Dach zu gehen, und zweimal hatte er sich zurückgehalten – einmal hatte er sogar befohlen, eine Leiter aufzustellen, nur um sie dann wieder wegzukommandieren. Das Gebäude bestand nur aus Holz und war alt, und das Dach war bestenfalls nicht allzu stark; Aber jetzt befanden sich unter dem Dach der Montagewerkstatt, das einen Monat zuvor anstelle des alten Systems des Hebens und Blockierens von Hand angebracht worden war und das Risiko um das Hundertfache erhöhte, die schweren Stahlträger und hydraulischen Laufkräne, die darauf gestützt wurden peitschte die großen Buckelpisten wie Strohhalme von ihren Rädern, um sie bis auf die blanken Kesselpanzer zu zerlegen. Regan schüttelte den Kopf – es war eine Aufforderung an einen Mann, sein Leben aufs Spiel zu setzen. Im Moment stand er ein wenig abseits vor der Menge und direkt hinter der Düse eines der Bäche. Wieder schätzte er die Chancen ab und schüttelte erneut den Kopf.

„Ich kann keinen Mann darum bitten", murmelte er; „Aber wir sollten dort oben einen Bach haben, es ist –"

„Warum bringst du es dann nicht selbst dorthin?" – die Worte kamen scharf und schnell aus seinem Ellbogen und brannten so heiß wie der Schnitt eines Peitschenhiebs. Es war „König" Gilleen , die rothaarige, blaublütige, sommersprossige Gilleen .

Der Meistermechaniker wirbelte wie ein Schuss herum, und eine Minute lang starrten die beiden Männer einander in die Augen, starrten, während die springenden Flammen flackernde Schatten über die düsteren, starren Gesichtszüge der beiden warfen, und starrten einander zum ersten Mal von Angesicht zu Angesicht an seit jenem Mittag im Ringlokschuppen Tage zuvor.

„Warum bringst du es dann nicht selbst dorthin?" sagte Gilleen noch einmal und sein Lachen klang hart und kalt. „ *Du* Du bist doch kein Drückeberger, oder? Mit *deinem Blut* ist nichts falsch , oder? Wenn Sie keine Angst haben, kommen Sie!" – während er sprach , trat er vor, stieß die Männer von der Düse ab – und blickte zurück zum Mechanikermeister.

Regans Lippen waren wie eine dünne, weiße Linie.

Gilleen lachte erneut, und es übertönte das Brüllen und Knistern der Flammen, die knackenden Balken, das Zischen und Spritzen des Wassers, die Stimmen der Menge.

„Stell die Leiter hoch!" – es war Regans Stimme, tödlich kalt. „Befestigen Sie ein kurzes Ende um die Düse und halten Sie sich bereit, um es nach oben zu reichen" – er war am Fuß der Leiter, fast bevor sie sie in Position gebracht hatten, und begann im nächsten Moment zu klettern.

Wie ein Blitz sprang Gilleen , den Feuerwehrschlauch vorübergehend abgebend, hinter ihm her – und auf.

Es war nicht weit – die Läden waren niedrig, nur ein Stockwerk hoch – und in einer Minute waren beide Männer auf dem Dach. Gilleen packte das aufgerollte Seil, das sie ihm von unten zugeworfen hatten, und zusammen mit dem Mechanikermeister zogen er und der Mechaniker den sich windenden, stotternden Schlauch hoch.

Ein Funkenregen und eine wirbelnde Rauchwolke hüllten sie ein, als sie sich aufrichteten und vorankamen. Es löste sich auf und ließ ihre Silhouetten vor der aufspringenden Flammenwand ein paar Meter vor ihnen zurück – und ein Jubelschrei erklang aus den Kehlen der Menge unten.

Zwischen den beiden Männern wurde kein Wort gewechselt. Schritt für Fuß gingen sie vorwärts und legten den Schlauch in einer Reihe hinter sich, um das Gewicht und den Seitenzug zu verringern, der zunächst ihre ganze Kraft aufgewendet hatte, um das Spiel des Baches zu lenken; Schritt für Fuß kamen sie der glühenden, sengenden, brodelnden Masse näher und näher, gefährlich nahe – denn keiner von ihnen würde der Erste sein, der sich zurückhielt.

Hoch in den Himmel strömten die großen gelb-roten Zweige wütender Flammen, und über alles rollten wie ein riesiger Baldachin dichte Mengen grauschwarzen Rauchs. Kam mit sprudelnden, feurigen Zungen auf die beiden Männer zu, stach auf sie ein, raubte ihnen den Atem und verspottete ihre kümmerliche Macht.

Ein weiterer Schritt nach vorn, und Regan taumelte zurück, legte eine Hand an sein Gesicht – und die Düse löste sich fast aus dem Griff des Ingenieurs.

„Es ist ein großartiges Rennen!" lachte Gilleen , aber das Lachen war eher ein keuchender Husten, und der Husten kam von rissigen und geschwollenen Lippen. „Es ist ein großartiges Rennen, Regan; und das Blut –"

Mit einem erstickten Schluchzen beruhigte sich Regan und ergriff erneut die Düse.

Sie blieben, wo sie jetzt waren – es war das Feuer, nicht sie, das gnadenlos und unweigerlich vorwärts kroch und gierig am geteerten Dach leckte, bis es unter ihren Füßen weich wurde und die Blasen aufstiegen, sich bildeten und zerplatzten.

Von unten ertönte ein warnender Schrei und mit ihm das unheilvolle, zerreißende Ächzen nachgebender Balken. Er kam wieder, der Schrei, und klang fast sinnlos in Gilleens Ohren. Er konnte kaum sehen, seine Augen waren verbrannt und geblendet, seine Lungen waren voller stechender Rauch und erstickte. Neben ihm hing Regan und sank schwach um. „Geh zurück, um Himmels willen, geh zurück! „-es war Carletons Stimme. "Hörst du!"

schrie der Superhektisch. "Komm zurück! Das Dach hängt durch! Lauf für
– –"

Wie das Dröhnen einer gigantischen Explosion, während ein Artilleriepark
mit ohrenbetäubendem Donner losfährt, ertönte ein schrecklicher Krach,
und von denen unten erklang ein schrecklicher Schrei des Entsetzens. Wo
ein Fuß vor den Männern ein Dach gewesen war, war jetzt – Nichts.

Gilleen spürte, wie die Kante unter ihm zusammenbrach, warf er sich mit
einem Schrei nach hinten, und als er sprang , schnappte er sich nach Regan.
Seine Finger streiften den Ärmel des Mechanikermeisters, verhakten sich,
rutschten aus – und er schlug einen ganzen Meter entfernt auf den Rücken.
Er sprang auf wie ein Betrunkener und grub sich mit den Fäusten in die
Augen. Über der kaputten Kante des zerschmetterten Daches hing der
Schlauch in der Dunkelheit darunter – aber Regan war verschwunden.
Schwach, erschöpft, erschöpft war der Meistermechaniker, der Anstrengung
von Gilleens Sprung nicht gewachsen, nach unten gestürzt und hatte sich
dabei verzweifelt, schwach und vergeblich festgehalten. Regan war
verschwunden und sechs Meter weiter unten lag er.

Gilleen taumelte vorwärts. Es war das andere Ende der Balken, das
nachgegeben hatte, und die sechs oder sieben Meter des eingestürzten
Daches trennten ihn noch immer vom Zentrum des Feuers. Die
vordringenden Flammen erhellten unten in der Werkstatt ein Bild von Wrack
und Ruinen – Träger und Stahl-Ts und Kräne und Flaschenzüge,
Dachflecken, zerbrochene Balken lagen über den schwarzen, drohenden
Umrissen der riesigen Maschinengranaten, die in der Grube blockiert waren
.

„Regan!" er hat angerufen; und noch einmal: „Regan! *Regan!* "

Über dem tosenden Knistern des Feuers, über den wogenden, pochenden
Geräuschen, die gnadenlos auf seine Trommelfelle schlugen, schwach, so
leise, dass es wie Fantasie wirkte, antwortete ihm ein leises Stöhnen. Noch
einmal kam es und Gilleen strömte neugeborene Kraft und Leben in die
Welt. Er begann mit aller Kraft am Schlauch zu zerren und ließ ihn Schritt
für Schritt über die gezackte Kante des Daches fallen, bis er bis zu den
verhedderten und verhedderten Trümmern darunter reichte. Und dann
ertönte ein gewaltiger Schrei aus hundert Kehlen – und immer wieder:

„ Gilleen ! König Gilleen ! König! *König!* "

Es gab jetzt keinen Spott mehr – nur einen lauten Jubel aus vollen Herzen
der Männer. "König!" Sie brüllten und der Schrei schwoll an, aber Gilleen
hörte sie nie, als sie ihn krönten. Endlich war er in den Augen aller Menschen
König, ein König, der kein Blut, keine Rasse, keinen Thron und kein Gefolge
kennt – Gilleen ließ sich in den Schlauch sinken.

Es war eine Frage von Minuten. Das Feuer fegte in einer wilden Welle über den Raum dazwischen. Die Füße des Ingenieurs berührten etwas Festes und er ließ den Schlauch los – und stolperte, verlor das Gleichgewicht und fiel nach vorne, wobei er mit einem Schlag auf seinen Kopf traf, der ihn benommen und betäubte. Mechanisch verstand er, dass das, was er für den Bodenbelag gehalten hatte, eine Werkbank war. Er stand wieder auf, das Blut strömte ihm aus der Stirn, und schrie. Diesmal kam keine Antwort. Er taumelte, fiel, stolperte, stolperte und begann hektisch in den Trümmern zu suchen. Die Luft war von erstickendem Rauch erfüllt, heiß, erstickend und trocknete seine Lungen aus. Er begann zu stöhnen und rief immer wieder den Namen des Mechanikermeisters, wie ein Mann im Delirium schreit. Ölgetränkte Abfallstücke und Bündel von Packstücken, die von der glühenden Asche aufgeblieben waren, loderten um seine Füße herum, der Ansturm der Flammen fegte eine vernichtende Welle über ihn, die ihn zurücktaumeln ließ, versengte und Blasen auf der nackten Haut seines Gesichts verursachte Hände. Erneut fiel er. Eine große Feuerfläche sprang hoch hinter ihm auf, hielt sie einen Moment lang fest, und dann ließ sich das trübe rote Leuchten wieder um ihn herum nieder – aber in diesem Moment, nur ein wenig rechts, festgehalten unter einem Scanling, halb verdeckt von einem knorrigen Knäuel Dach und Träger, war die Form des Mechanikermeisters.

Auf den Knien, mit den Händen tastend, erreichte Gilleen ihn und begann wütend, wild und wahnsinnig an dem Balken zu reißen, der über Regans Brust lag. Er bewegte es Stück für Stück, wobei jeder Zentimeter seine schwächelnden Muskeln aufs Äußerste beanspruchte. Schwärze lag vor ihm, er konnte nicht mehr sehen, er konnte nicht mehr atmen, heiße, ekelerregende Dämpfe erstickten ihn und ließen das Blut aus seinen Nasenlöchern strömen. Er versuchte, Regans Schultern anzuheben – und ließ sich stattdessen neben dem Meistermechaniker nieder. Schwach hob er den Kopf – da ertönte das splitternde Krachen von Glas, ein rauschender Bach raste durch ein Fenster, prallte zischend gegen den Kesselmantel über ihm und peitschte, als er wegschaute, einen kalten Wasserstrahl in sein Gesicht.

Das Fenster! Drei Meter bis zum Fenster! Er war wieder auf den Beinen und zerrte an der toten Last des Mechanikermeisters. Nur drei Meter! Er weinte wie ein Kind, während er kämpfte, und die Tränen liefen in Strömen über seine Wangen. Ein Fuß, zwei Fuß, drei – *noch zwei Yards* . Äxte schwangen nun vor ihm, Rufe erreichten ihn. Die Hälfte der Strecke war zurückgelegt – aber er war auf die Knie gegangen. Alles um uns herum war heiß, alles war Feuer, Hölle und Wahnsinn. Anderthalb Yards – nur anderthalb Yards. Allein schaffte er es leicht, und vielleicht war Regan sowieso tot, allein, und es gab Sicherheit und Leben, allein – dann lachte er. „Es ist ein großartiges

Rennen, Regan, ein großartiges Rennen", schluchzte er hysterisch, und sein Griff um den Meistermechaniker wurde fester, und er gewann einen weiteren Fuß und noch einen und noch einen. Eine schwarze Gestalt schwankte vor ihm, er spürte, wie ein Arm nach ihm griff – dann schwankte er, schwankte und fiel regungslos und bewusstlos zu Boden.

Sie haben ihn rausgeholt, und sie haben Regan rausgeholt, und sie haben das Feuer gelöscht, als nicht mehr viel zu brennen übrig war; und nach ein oder zwei Wochen konnten beide Männer das Krankenhaus verlassen. Das ist so ziemlich alles, außer dass Gilleens roter Kopf jetzt das schickste Taxi der Division ziert und dass er nach dieser Nacht nie mehr um seinen Titel gekämpft hat – das musste er auch nie; Wenn du jedoch Lust hast, es in Frage zu stellen, kannst du trotzdem jede Menge Streit bekommen – jeder der Jungs wird dir jederzeit entgegenkommen.

Regan ist kein Künstler als Faustkämpfer, aber trotzdem ist es unklug, Risiken einzugehen – unwissenschaftliche Männer haben durch glückliche Zufälle ihren Überlegenen Knockouts beschert.

„Wenn Gilleen das sagt, reicht das, ob es nun so ist oder nicht, was?" Regan wird dich angreifen. „Es ist ziemlich *gutes* Blut, nicht wahr, egal welcher Art es ist? Na dann – ja?"

IX – MARLEY

Es gibt einige Männer, an die sie sich in der Hill Division erinnern – Marley ist einer von ihnen; und seine Geschichte reicht bis in die Zeit zurück, bevor das Feuer alles vernichtete, was der Streik von den alten weitläufigen Läden am westlichen Ende der Big Cloud Yards übrig geblieben war, bis in die Zeit, als „Royal" Carleton noch jung in der Abteilungsleitung war , als Tommy Regan, untersetzt, dick und bäuchig, Meistermechaniker war, und Harvey, Abteilungsingenieur, und Spence Chefdispatcher, als die Big Fellows, wie sie genannt wurden, mit der rauen Lage kämpften und den Stahl in einen Zustand schüttelten dauerhafte Vorfahrt, Fesselung der Rocky Mountains, Verschmelzung des Westens und des Ostens.

Marley war im wahrsten Sinne des Wortes kein „Großer Kerl".

Offiziell war er, als er anfing, nichts, also nichts Bestimmtes. Eine Art allgemeiner Assistent, Assistent in der Abteilung, Assistent bei der Kesselreinigung, Assistent, was immer man will – Marleys Aufgaben waren nicht zuletzt vielfältig.

Körperlich war er ein queerer Typ. Er basierte auf Plänen, die den Eindruck erweckten, Dame Nature habe selbst etwas im Sinne ursprünglicher Forschung und Experimente gemacht – und war mit dem Ergebnis nicht zufrieden genug, um es zu kopieren! Wie auch immer, soweit irgendjemand wusste, gab es nicht nur einen, den Marley hervorbrachte. Vielleicht ist nicht einmal die Natur unfehlbar; Vielleicht hat sie einen Fehler gemacht, vielleicht auch nicht. Man konnte ihn nicht deformiert nennen – und doch konnte man es! Das ist genau Marley – wenn man ihn beschreibt, wird man widersprüchlich. Es muss sein Hals gewesen sein. Das war zwei bis drei Zentimeter von seiner Statur abgeschnitten – weil er keine hatte! Aber wenn das seine Größe auf, sagen wir mal, 1,70 Meter verkürzt hätte, was gar nicht so kurz ist – da ist wieder der Widerspruch, wissen Sie –, war die Länge seiner Arme zumindest etwas Staunenswertes, sie machten den Hals wett . Regan pflegte zu sagen, Marley könne auf dem Boden des Rundschuppens stehen und einen Motorschacht ausmisten, ohne sich vorbeugen zu müssen. Der Mechanikermeister war mehr oder weniger begabt mit Fantasie, aber er war nicht so weit weg, höchstens ein paar Fuß oder so. Marleys Haare glichen mehr als alles andere, was zum Vergleich nützlich ist, in Farbe und Textur dem Zeug, das die Kerle auf der Bühne anzündeten und in ihren Mund steckten, um Rauch auszublasen wie ein rülpsender Stapel unter Zwangsluft – Schlepptau, nennen sie es. Augen – keine Frau hatte jemals solche – groß, rund und breit, mit einem eigenartigen violetten Schimmer, und Lider, die die Kunst hatten, sich mit einem kleinen, zögernden Flattern zu schließen, als ob ein Mädchen versucht, mit dir zu flirten.

Aber was nützt es! Marley, Stück für Stück, würde niemals wie der kurzschrittige, federnd gehende, perspektivisch verkürzte, mit den Armen flatternde Marley mit der fettigen schwarzen Schirmmütze über der Stirn und dem fettigen Pullover in noch fettigeren Overalls aussehen, für den er seine hybriden Dienste an die Transcontinental verkaufte die großzügige Summe von zehn Dollar pro Tag.

Marleys Ankunft und seine Bekanntschaft mit Big Cloud waren, wie Marley selbst, entschieden ungewöhnlich und keineswegs alltäglich. Marley kam „boing it" in einem Kühlwagen an.

Sie vereisen die Autos bei Big Cloud, und zum Glück für Marley benötigte das spezielle Auto, das er sich auf unerklärliche Weise aneignen konnte, etwas mehr als nur Vereisung. Sie zogen ihn in einem Zustand heraus, der ungefähr so schlaff war wie ein Sack Mehl. Er sagte nichts für sich selbst, vor allem, weil er so gut wie nicht mehr jemals etwas für sich selbst oder irgendjemand anderen sagen würde. Die Jungs, die ihn fanden, fluchten lautstark, weil er kein schöner Anblick war, und trugen ihn dann an der Tür eines Güterwaggons die Main Street hinauf, mit der vagen Vorstellung, dass MacGuires Blazing Star Saloon das passendste Mekka sei, das es gibt.

Marley spielte weiterhin Glück. Mrs. Coogan, die Mutter von Chick Coogan, die vor einigen Jahren im Herbststurm auf die Teufelsrutsche hinausging, entdeckte die Prozession, als sie an ihrer kleinen Hütte vorbeikam, stoppte sie, machte einen hastigen, aber nichtsdestotrotz umfassenden Schritt , Verhör, verstärkte es durch ein paar vernichtende Bemerkungen über die Entdeckung des vorgeschlagenen Ziels, befahl ihnen gebieterisch, sich in ihr kleines Häuschen zu begeben, und brachte Marley darin unter.

Er war ziemlich weit weg, ziemlich weit – und er hing wochenlang am zerrissenen Rand. Niemand außer Marley selbst weiß, was Mrs. Coogan für ihn getan hat; Aber es wurde allgemein eingeräumt, dass sie für irgendjemanden mehr tat, als sie sich leisten konnte, ganz zu schweigen davon, dass sie es für einen streunenden Landstreicher tat.

Marley wurde natürlich rechtzeitig gesund, denn es gab keine bessere Krankenschwester als die alte, mütterliche Mrs. Coogan, auch wenn sie nur wenige Annehmlichkeiten und Leckerbissen und weniger Geld hatte, um sie zu kaufen; und dann bekam Marley einen Job – oder besser gesagt, Mrs. Coogan bekam einen für ihn.

Es gab nichts, was Mrs. Coogan hätte verlangen und nicht bekommen können, was in ihrer Macht stand – sie war Chicks Mutter, und bei Carleton oder Regan oder jedem von ihnen war das genug. Aber Mrs. Coogan verlangte nie etwas für sich selbst – sie hatte den Coogan-Stolz.

„Der liebe Gott sei gepriesen“, würde sie sagen – Mrs. Coogan war aufrichtig gläubig. „Ich kann arbeiten , also bin ich, und warum sollte ich arbeiten?“

Warum sollte sie? Sie lächelten sie an, wie Männer lächeln, wenn sie unter der Weste etwas berührt, und sie wollen das Richtige sagen – und können es nicht. Sie lächelten – und gaben ihr ihre Wäsche.

Mrs. Coogan wandte sich in Marleys Namen an Regan.

Der Mechanikermeister kratzte sich verwirrt am Kopf, aber seine Antwort war prompt und herzlich genug.

"Sicher. Klar, Mrs. Coogan“, sagte er. „Schick ihn zu mir runter. Ich werde ihm etwas zu tun finden.“

Zu Marley sprach er etwas anders.

„Ich bin mir nicht ganz sicher, ob mir Ihr Aussehen gefällt“, warf er unverblümt hervor und musterte den neuen Mann von Kopf bis Fuß. „Es gibt keinen Job für dich, aber ich gebe dir eine Chance.“

Marleys Augen senkten sich zitternd.

„Danke, Sir“, murmelte er nervös.

Tommy Regan war es nicht gewohnt, „Sir“ genannt zu werden – die Hill Division erledigte ihre Geschäfte mit wenigen Handgriffen, und die Annehmlichkeiten ließen nicht lange auf sich warten.

„Hmpf!“ stieß er mit einem Schnauben aus, und ein Strahl schwarzen Riemens legte den Staub auf ein paar Zentimeter Motorschlacke. „Sie können jeden Dank, den Sie erhalten, Mutter Coogan übergeben. Und sagen Sie“ – der Meistermechaniker bewegte seinen dicken Zeigefinger unter Marleys Nase – „ Danke ist soweit in Ordnung, aber ich schätze, Sie schulden ihr noch etwas darüber hinaus, was?“

Eine leichte Röte stieg in Marleys Wangen und er warf Regan einen kurzen Blick zu. Sein Blick war auf den Boden gerichtet und seine Hände waren plötzlich in seinen Taschen verschwunden, bevor er antwortete.

„Ich werde einen Zauberspruch bei ihr einlegen“, sagte er langsam, als würde er jedes Wort abwägen, bevor er es aussprach.

„Sind, was?“ grunzte Regan, aber das Grunzen klang widerwillig zustimmend. „Na ja, vielleicht hilft das einigen. Du kannst dich um die Mittagszeit melden, Marley, und dich im Allgemeinen nützlich machen. Ich schätze, du wirst genug zu tun finden.“

„Danke, Sir“, sagte Marley noch einmal und wandte sich ab.

Regan stützte sich auf die Schubstange der Drehscheibe vor dem Lokschuppen und verfolgte mit den Augen, wie der andere die Gleise in Richtung Stadt überquerte, dann spuckte er erneut tief aus.

„Das merkwürdigste Exemplar, das jemals in die Berge geweht ist, und wir hatten schon welche, die in einer ganzen Klasse für sich waren", bemerkte er und zog die Augenbrauen hoch. „So wie er dargestellt ist, denkt man an einen verdammten Gorilla, was? Nun, wir werden es trotzdem mit ihm versuchen", und mit einem letzten Blick in die Richtung der sich zurückziehenden Gestalt begab sich der Mechanikermeister in den Ringlokschuppen, um seine morgendliche Inspektion der großen Buckelpisten an der Box durchzuführen.

Die Abteilung und Big Cloud brauchten einige Zeit, um den neuen Mann einzuschätzen, und dann, als sie dachten, sie hätten es geschafft, stellten sie fest, dass dies nicht der Fall war.

Marley war, wenn er nichts anderes war, ein widersprüchliches Exemplar.

Mrs. Coogan sagte, es sei, als ob der liebe Gott ihr besondere Aufmerksamkeit schenkte und ihr einen weiteren Sohn schenkte – „ so ruhig und entgegenkommend und praktisch, um ihn bei sich zu haben." Ein guter Junge war Marley – ein feiner Junge." Eine Hand ruhte auf ihrer Hüfte, und die andere strich ihr mit schnellen, nervösen kleinen Streicheleinheiten über das Ohr, während sie sprach, und die grauen irischen Augen, die jetzt ein wenig trüb waren, leuchteten fröhlich auf. „Ja, das ist mehr, als ich verdiene; Aber ich wusste immer, dass der Herr für mich sorgen würde.' Es ist nicht so einfach, die Wannen zu bewegen, wie es normalerweise der Fall ist. Ich schätze, ich wusste es, aber ich wollte es nicht zugeben, bis ich jemanden hatte, der es für mich erledigte. Sivinty -wan, ich hatte letzten Geburtstag.' Für einen Mann ist es nicht alt, aber für eine Frau – tatsächlich ist er ein toller Junge, und das weiß ich selbst ut. "

Unten im Hauptquartier wirkte Mrs. Coogans Lob weit, und nachdem sich Carleton, Regan und die anderen im Büro daran gewöhnt hatten, ihn in der Nähe zu sehen , akzeptierten sie ihn auf eine passive, gleichgültige Art und Weise. Er war, wenn man so will, ein merkwürdiger Fall, aber harmlos – sie ließen es dabei bewenden.

Die Männer hatten ihren Standpunkt. Marley redete nicht viel und zeigte sich nicht auf die Art und Weise, wie man es von einer neuen Hand erwarten würde, um in der Bruderschaft Fuß zu fassen. Am allerwenigsten machte er Annäherungsversuche, die auf eine innige Beziehung zu einem seiner neuen Mitarbeiter abzielten. Marley gehörte nie zu der Gruppe hinter dem Büro des Ladenbesitzers, die sich aus den Läden stahl, um an ihrer Pfeife zu ziehen und Luft zu schnappen; niemals auf dem Bahnsteig, um mit den

Zugbegleitern der einfahrenden Züge ein Wort des Scherzes auszutauschen; niemals unter den Scheibenwischern und Stallburschen im Rundschuppen, die in untätigen Momenten im Windschatten eines Zehnrads herumlungerten und einen Blick über die Höfe schweiften, um sich vor dem möglichen Eindringen von Regan oder einer anderen Verkörperung von Autorität zu schützen. Er war höflich genug und schnell genug, um zu antworten, wenn man ihn ansprach, aber seine Worte waren spärlich – nicht mehr als eine einfache Verneinung oder Bejahung, wenn er es vermeiden konnte. Und als es um ihn selbst ging, gab es nicht einmal das – Marley wurde stumm.

All das hat ihm nicht weitergeholfen – er war nicht gerade das, was man als beliebt bezeichnen würde! Wenn er also für sich selbst wenig zu sagen hatte, hatten die Männer doch einiges zu sagen, und die allgemeine Meinung war, dass er ein mürrischer Rohling war, der der Hill Division keineswegs Ehre machte und keineswegs eine Errungenschaft für Big Cloud darstellte .

Einige, sehr wenige, vertraten eine wohlwollendere Sichtweise und stützten sich dabei auf das schüchterne, langsame Flattern von Marleys Augenlidern – sie steigerten es bis zur akuten Sensibilität seines grotesken und abnormalen Aussehens. Das ist jedoch nicht die Art und Weise, wie sie es ausdrücken.

„Sieht höllisch aus, und das weiß er", sagten sie richterlich. „Lass den Bettler in Ruhe."

Es war ein guter Rat, ob ihre Analyse stimmte oder nicht – dafür kann Pete Boileau, der Gepäckmeister, bürgen. Wie ein altes Sprichwort sagt, kam es wie ein Blitz aus heiterem Himmel, und – Moment mal, wir übertreffen unsere Ziele und das bedeutet Ärger.

Soweit es Marley betraf, liefen die Dinge eine ganze Weile lang ohne irgendetwas Aufregendes oder Ungewöhnliches, und Regan, der Chick Coogan näher gestanden hatte als jeder andere Mann in der Abteilung, bevor der junge Ingenieur starb, hatte begonnen, Marley mit etwas mehr Interesse zu betrachten – als eine Art *Deus ex machina* für Mrs. Coogan. Es schien dem großherzigen Mechanikermeister eine große Erleichterung zu verschaffen. Etwa einen Monat nach Marleys Ankunft in der Hill Division kam er eines Morgens dazu, mit Carleton darüber zu sprechen.

„Nein, natürlich weiß ich nichts über ihn", sagte er. „Niemand tut das, ich schätze, sie tun es nicht. Aber er kümmert sich um seine eigenen Angelegenheiten und macht das, was er tun muss, gut genug, nicht wahr? Die alte Dame ist in letzter Zeit etwas schwächer geworden – ich schätze, sie ist irgendwie erschöpft. Ich dachte, Marley wäre etwas mehr als zehn Dollar pro Tag wert, was?"

Sie saßen im Büro des Supervisors, und Carle-tons Blick, der von seinem Schreibtisch aus durch das Fenster schweifte, richtete sich auf Marleys ungeschickte, ungelenke Gestalt, die über die Hofgleise vom Lokschuppen zum Bahnsteig hüpfte. Er lächelte ein wenig und blickte zurück zu Regan.

„Ich denke schon, Tommy – wenn es ihr etwas nützt. Allerdings würde ich mich nicht darauf verlassen. Er ist eine queere Karte. Beeindruckt Sie mit dem Gefühl, dass es etwas gibt, das Sie über ihn wissen sollten – und was Sie nicht tun sollten. Irgendwie habe ich eine Ahnung, ich habe ihn schon einmal gesehen."

"Hast du?" sagte Regan. "Das ist lustig. Ich habe ein- oder zweimal geglaubt, ich hätte mich selbst erwischt, aber ich schätze, es ist mehr als alles andere Einbildung. Jedenfalls scheint er sich daran zu erinnern, was Mrs. Coogan für ihn getan hat. Ich weiß nicht , was sie auch jetzt tun würde, wenn sie nicht mit dem Kostgeld, so gering es auch ist, aushelfen würde. Ich schätze, es hat keinen Sinn, sich Ärger zu leihen, aber ich weiß nicht , was sie später tun wird. Sie ist stolzer als eine Königin mit Zepter – und sie wird sich nicht mehr lange waschen und auch keine Kost nehmen können, was?"

Carleton nuckelte einen Moment schweigend an seinem Dornbusch. „Wir müssen uns alle der Möglichkeit stellen, eines Tages auf dem Schrotthaufen zu landen , Tommy", sagte er nüchtern. „Aber für eine Frau ist es schwieriger, das gebe ich zu – bitter hart. Manchmal scheinen die Dinge nicht ganz richtig zu sein. Wenn Sie Marley eine kleine Gehaltserhöhung geben möchten, dann machen Sie weiter."

Der Mechanikermeister nickte.

„Ich denke, das werde ich", verkündete er. „Er ist seltsam, wenn man so will, aber das ist seine Sache. Kein Wort mehr von ihm und auch kein bisschen Ärger, seitdem –"

Regans Worte verstummten, als wären sie mit einem Messer abgehackt worden. Beide Männer waren wie durch einen einzigen Impuls aufgesprungen. Hinter ihnen fielen ihre Stühle unbeachtet mit einem Krachen auf den Boden, und für einen Moment, als sich ihre Blicke trafen, verblasste die Farbe in ihren Wangen. Es war gekommen und gegangen wie ein Blitz – ein wilder, heiserer Wutschrei, ein brutaler Schrei, schrecklich, das Blut in den Adern gefrierend, wie das Dschungelheulen eines wahnsinnigen Tieres, das in einen wilden, blinden, alles beherrschenden Wutanfall versunken ist.

Sekunden später sprangen der Mechanikermeister und der Aufseher wieder ans Fenster.

Auf dem Bahnsteig, am anderen Ende, schaukelte und schwankte die große Gestalt von Pete Boileau wie ein Betrunkener und klammerte sich an ihn, seine Beine um die Knie des anderen geschlungen, seine Arme knapp über den Ellbogen um den Körper des Gepäckträgers geschlungen – war Marley!

Regan und Carleton sahen gebannt zu. Die Szene hatte etwas Unheimliches, Unmenschliches – wie ein tollwütiger Hund, der knurrend angesprungen war, um ihn an der Kehle festzuhalten.

Plötzlich lösten Marleys Beine mit einem schnellen, zappelnden Gleiten ihren Halt, seine ganze Gestalt schien zu schrumpfen, kleiner zu werden, er schien auf seinen Knien zu den Füßen des anderen zu hocken, dann richtete sich sein Körper mit einer Bewegung zu seiner vollen Statur auf Schnell wie eine gelockerte Bogensehne flogen seine Arme hoch und trugen eine große Last, und über seinen Schultern, über seinem Kopf schoss eine ausgestreckte Gestalt durch die Luft.

„Gnädiger Gott! Er hat ihn getötet!" keuchte Carleton und rannte zur Tür. „Komm schon, Tommy *Quick!*"

Beide Männer waren die Treppe hinunter in einer Zeitspanne, die Regan, stämmig und fett, zumindest noch nie zuvor oder seitdem erreicht hat. Carleton ging mit harter Miene und schweigsamen Lippen voran, während ihm das Bild von Boileaus besinnungsloser Gestalt auf dem Boden und der anderen darüber, die wie ein Tier an seiner Beute zerrte, ins Gehirn schoß. Er riss die Tür des Bahnhofs auf, sprang auf den Bahnsteig, blieb unwillkürlich stehen und rannte dann wieder vorwärts.

Die Gestalt des Gepäckmeisters lag auf dem Boden, zusammengerollt und zusammengekauert, und er war in der Tat bewusstlos – wenn er nicht mehr als das war. Aber der Rest von Carletons geistigem Bild war falsch, absolut falsch. Direkt neben der Stelle, an der der Kampf, wenn man es überhaupt Kampf nennen konnte, stattgefunden hatte, stand ein Gepäckwagen, und darüber weinte Marley wie gebrochen, den Kopf gesenkt, die beiden großen Arme um das Gesicht geschlungen, die Schultern zuckend und krampfhaft schluchzend -herziges Kind.

Nimm ihn, wie du willst, sieh ihn an, wie du willst, Marley, was auch immer er sonst war, war ein widersprüchliches Exemplar.

Jeder andere Mann mit einem Schädel, der etwas weniger zart war als der von Boileau – er musste aus Kesselblech bestehen – hätte nie wieder einen Gehaltsscheck gezogen. Und selbst wenn man die Kesselplatte als Teil davon berücksichtigte, war es etwas, worüber man sich wundern konnte. Er war wie eine Rakete durch die Luft geflogen, und sein Kopf hatte sie bei der Landung voll erfasst. Wie weit? Carleton hat es nie gesagt. Er hat es gemessen – zweimal. Aber er gab nie die Zahlen von Boileaus Flug bekannt. Pete war ein großer Mann, etwa 1,80 Meter groß und schwer für seine Größe. Die Kraft von vier gewöhnlichen Männern, die in einem Paar Arme konzentriert waren, hätte es vielleicht geschafft; Mathematisch gesehen würde es nicht anders funktionieren. Carleton hat es nie gesagt. Aber was nützt es! Die Abteilung hat lange darüber nachgedacht – und Marley hat geweint!

Sie hoben Pete Boileau hoch und trugen ihn in die Wache, und der Inhalt eines Feuereimers über seinem Kopf öffnete ihm die Augen. Aber es dauerte gut fünfzehn Minuten, bis er sprechen konnte, und als sie ihre Angst überwunden hatten und an Marley dachten, war der Gepäckwagen verlassen.

„Wie hat es angefangen?" knurrte Boileau und wiederholte Carletons Frage. „Ich werde gehängt, wenn ich es weiß. Ich habe ihn ein wenig geärgert – nichts, was irgendjemanden wütend gemacht hätte. Ich habe sowieso nur Spaß gemacht und gelacht, als ich es gesagt habe."

"Sagte, was?" forderte Regan und unterbrach ihn.

„Na ja, nicht viel. Er sah so komisch aus, wie er wie ein Affe auf einem Stock über die Gleise hüpfte, dass ich ihn einfach fragte, warum er nicht auf die Eisenbahn verzichtet und sich einen Job in einem Museum gesucht hat, und dann, bevor ich es merkte, stieß er einen Schrei aus und war weiter ich wie ein verdammter Katamount."

„Das tut Ihnen recht", sagte der Mechanikermeister schroff. „Ich schätze, du wirst ihn nicht noch einmal nörgeln, ich schätze, das wirst du nicht. Und keiner der anderen Männer wird es auch tun, wenn er jemals eine solche Vorstellung gehabt hätte."

„Er ist ein böser kleiner Teufel", knurrte Boileau. „Und seine Stärke" – der Gepäckmeister schauderte – „ er ist kein Mensch. Er wird noch jemanden töten, das wird er tun!"

Petes Zusammenfassung fand großen Anklang – die Männer stellten Marley umgehend ein Ticket aus und bezahlten es gemäß Boileaus Frachtbrief. Es gab keine Zweifel mehr an ihm, keine Diskussionen, nichts. Endlich kannten sie Marley und mochten ihn weniger denn je; aber sie empfanden auch einen sehr gesunden Respekt für das Wohlergehen ihrer eigenen Haut. Einem Mann mit Armen, deren Stärke die Stärke von Bohrmasten ist, sollte man mit einem gewissen Maß an Vorsicht begegnen.

Marley selbst sagte nichts. Carleton und Regan brachten ihn auf den Teppich und versuchten, seine Version der Geschichte zu erfahren, aber trotz allem, was sie aus ihm herausholten, hätten sie sich genauso gut Zeit sparen können.

In gewisser Weise sah er ziemlich erbärmlich aus, als er am Nachmittag des Kampfes in dem prächtigen Büro stand. Die Schultern hingen herab, wodurch die Arme noch länger als sonst aussahen, sein Gesicht hatte keine

Farbe, die violetten Augen waren fast schwarz, mit einem toten, gehetzten Ausdruck darin. Trauer, Reue, Angst – weder Regan noch Carleton wussten es. Sie konnten ihn damals nicht verstehen. Marley bot keine Erklärung, meldete sich nicht freiwillig. Boileaus Geschichte war richtig – das war alles.

„Sie hätten den Mann töten können", sagte Carleton streng am Ende unbefriedigender zwanzig Minuten.

„Du kannst deinem Schöpfer danken, dass du nicht sein Blut an deinen Händen hast – es ist ein Wunder, dass du es nicht hast. Kennst du deine eigene Stärke nicht? So etwas können wir hier nicht haben."

Marleys Gesicht schien noch weißer zu werden als zuvor und er zitterte ein wenig, obwohl der Nachmittag von der Hitze tropfnass war und das Thermometer deutlich über neunzig Grad brutzelte – er zitterte, aber seine Lippen waren fest geschlossen und er sagte kein A Wort.

Carleton schien zum ersten Mal in seinem Leben nicht ganz sicher zu sein, wenn es um den Umgang mit Männern ging. Ein gewöhnlicher Kampf war eine Sache und im Allgemeinen ausschließlich Sache der Männer; Aber alles an Marley, von seiner Ankunft in Big Cloud bis zu der plötzlichen tierischen Wildheit, die er an diesem Morgen gezeigt hatte, ließ die Sache etwas anders erscheinen. Ein verwirrter Ausdruck breitete sich auf dem Gesicht des Supervisors aus, als er von Marley zum Meistermechaniker blickte, während seine Finger ein Tattoo auf der Kante seines Schreibtisches trommelten.

„Du hattest eine gewisse Provokation, Marley", sagte er langsam. „Ich möchte nicht, dass du denkst, dass ich das nicht in Betracht ziehe – aber nicht genug, um eine solche Teufelei hervorzurufen, wie du sie an den Tag gelegt hast. Danach kommst du mit den Männern hier nie mehr klar. Sie werden es dir ziemlich schwer machen. Ich denke, du solltest besser gehen – um deiner selbst willen."

Im Zimmer des Supervisors herrschte eine halbe Minute lang Totenstille, dann ließ Regan, der mit nach hinten geneigtem Stuhl und den Füßen auf dem Fensterbrett gesessen hatte, die Stuhlbeine auf den Boden fallen und drehte sich um.

„Ich habe Logan gestern angefeuert", sagte er. „Im Lokschuppen wird nachts gewischt. Was sagst du dazu, Carleton?"

Es war Marley, die antwortete.

„*Ja!*", sagte er grimmig.

Carleton deutete mit dem Zeigefinger auf den Kopf seiner Pfeife und seine Augenbrauen hoben sich bei Marleys plötzlicher Lebhaftigkeit. Marleys Augen begegneten ihm mit einem einzigen schnellen Blick, und dann flatterten die Augenlider nach unten und bedeckten sie. Da war etwas in diesem Blick, das den Vorgesetzten fesselte, etwas, das er nicht definieren konnte. Es gab eine Bitte, aber da war noch etwas mehr – fast wie ein Versprechen, so schien es.

„In Ordnung", sagte er kurz; Dann nickte er Mar-ley abweisend zu: „Ich hoffe, Sie werden sich daran erinnern, was ich gesagt habe. Du kannst gehen."

Marley zögerte, als wollte er etwas sagen, und überlegte es sich offenbar anders, denn er drehte sich um, ging direkt zur Tür und hinaus, dann knarrten seine Stiefel die Treppe hinunter.

„Er wird von den Männern dort weg sein, bis auf ein paar wenige", sagte der Mechanikermeister, als wollte er den Faden einer Diskussion wieder aufnehmen. „Und was sie betrifft, ich werde dafür sorgen, dass es keine Probleme gibt. Da ist jetzt Mrs. Coogan –"

„Ja, Tommy" – Carleton lächelte ein wenig – „ Ich habe dein Interesse nicht nur auf die Liebe zu Marley zurückgeführt."

„Was mich erregt", murmelte Regan und kniff die Augen zusammen, als sich seine Zähne in dem Stecker trafen, den er mühsam aus seiner Gesäßtasche gezogen hatte, „was mich erregt, ist die Art und Weise, wie er danach anfing zu weinen. Er war wie ein Kind. Es war das Schlimmste , was ich je gesehen habe, was?"

„Ich glaube nicht, dass er für sich selbst verantwortlich ist, wenn er so wird", antwortete Carleton. „Das ist genau das, wovor ich Angst habe. Es überkommt ihn wie ein Blitz und macht ihn zu einem wahren Dämon, und dann ist die Entspannung in der anderen Richtung genauso unkontrollierbar. Ich glaube nicht, dass er etwas dagegen tun kann, er ist so geschaffen. Bei einem gewöhnlichen Mann würde es keinen großen Unterschied machen, aber mit seiner Stärke" – Carleton blies einen Rauchring zur Decke – „ haben Sie gesehen, was er Boileau angetan hat."

„Ich werde es wahrscheinlich nicht vergessen", sagte Regan. „Aber wenn er allein gelassen wird, wird es ihm wohl gut gehen. Jeder Mann, der dumm genug ist, jetzt etwas anderes zu tun, wird es mit offenen Augen tun, und es ist seine eigene Beerdigung."

Die Mitglieder der Nachtmannschaft im Rundschuppen waren offenbar derselben Meinung. Sie empfingen ihn zwar mit kaum Anzeichen von Herzlichkeit, aber ihre Zurückhaltung war deutlich ausgeprägt, und sie blickten die seltsame Gestalt schief an, während sie in den Schatten der großen Bergrennfahrer hinein- und wieder herausschlüpfte, oder, manchmal, stand schweigend an einer der Motortüren im schwachen Licht einer

Öllampe und starrte über die Schwärze der Drehscheibe zu den funkelnden Schaltlichtern im Hof. Sie mochten ihn nicht, aber sie hatten ihre Lektion gut gelernt; und als die Wochen vergingen, übten sie es – er sollte in Ruhe gelassen werden.

Eines gaben sie widerwillig zu: Marley konnte arbeiten und tat es auch. Clarihue , der Nachtwechsler, war Manns genug, einem anderen jederzeit das zu geben, was ihm zusteht, egal wie seine persönlichen Gefühle auch sein mochten, und nach einer Weile kam es zu einem Gespräch zwischen ihm und dem Mechanikermeister darüber, dass Marley den nächsten Ersatzlauf bekommen würde Brennen.

Clarihue ging sogar so weit, Marley darauf hinzuweisen, dass dies eine Möglichkeit sei, und erlebte zu seinem Leidwesen eine Überraschung – er war es nicht gewohnt, dass ihm die Chance auf eine Beförderung verwehrt blieb. Marley hatte den Kopf geschüttelt und wollte nichts davon wissen. Er war zufrieden, wo er war. Das war alles. Danach zog sich Clarihue in sein Schneckenhaus zurück. Marley konnte sich so lange wischen, bis seine Haare grau waren.

Also wischte Marley ab; Doch als der Sommer zu Ende ging, wurde in Mrs. Coogans Cottage nicht mehr so viel gewaschen wie zuvor, und der Betriebsarzt kam zu häufig vorbei, als dass er seine Besuche auf die alten gelegentlichen freundlichen Anrufe zurückführen konnte Nachmittagsgespräch. Und dann, eines Tages im Frühherbst, hörte das Waschen ganz auf, und das Gesicht des Arztes war verzogen und ernst, als er das Cottage verließ und die Main Street entlang zum Bahnhof ging. Er betrat Carletons Büro und nach ein paar Worten zwischen ihnen schickte der Supervisor nach Regan.

An diesem Abend wartete Carletons Privatwagen auf dem Abstellgleis, als Nummer Zwei, der Eastbound Limited, Chick Coogans alter Zug, einfuhr.

Während der kleine Rangierer das Auto des Supervisors bedeutungsvoll auf den hinteren Pullman hustete, kam Regan in seinem Sonntagskleid, einem Ladenanzug aus schwarzem Twill, mit gekochtem Hemd und steifem Kragen, mit Mrs. Coogan auf dem Arm aus dem Bahnhof.

Sie sahen wie ein unpassendes Paar aus. Der Gang der kleinen alten Dame stand in schmerzhaftem Kontrast zum Schritt des stämmigen Mechanikermeisters – ihre kurzen Schritte hatten ein schmerzhaftes, zögerndes, unsicheres Schwanken. Eine Hand packte beharrlich Regans Mantelärmel, während die andere den verblichenen, altmodischen Schal fest um ihre dünnen, gebeugten Schultern hielt. Sie trug den Kopf ein wenig nach vorn geneigt und verbarg ihr Gesicht unter der urigen Haube.

Einen Moment später verließ auch Carleton die Station und gesellte sich zu ihnen.

Die Stationsarbeiter und die Liegestühle beäugten das Trio neugierig und starrten dann erstaunt darauf, wie die beiden Beamten der alten Dame die Stufen des Privatwagens hinaufhalfen – Mrs. Coogan bekam das Beste daraus, was auch immer es bedeutete.

Die drei verschwanden im Inneren, aber bald darauf kamen Regan und Carleton wieder heraus, und der Wagen ließ sich auf den Bahnsteig fallen. Er streckte dem Mechanikermeister seine Hand entgegen, während Frank Knowles, der Schaffner, seinen Finger zu Burke im Taxi hob.

„Auf Wiedersehen, Tommy; und viel Glück", rief er, als der Zug losfuhr. „Beeilen Sie sich nicht, nehmen Sie sich die Zeit, die Sie brauchen."

„In Ordnung", rief Regan zurück. "Auf Wiedersehen."

Carleton stand einen Moment da und beobachtete, wie die Rücklichter schwächer wurden, bis sie schließlich mit der Kurve des Gleises plötzlich außer Sichtweite verschwanden, dann drehte er sich um, ging über den Bahnsteig zurück – und blieb stehen.

Tief im Schatten kauerte Marley an der Wand des Frachthauses.

„Hier, Marley", rief Carleton.

Marley, der offenbar glaubte, unbeobachtet zu sein, zuckte heftig zusammen und kam dann langsam näher.

„Warum versteckst du dich da?" verlangte den Super.

„Ich wollte Mrs. Coogan verabschieden", antwortete Marley etwas trotzig.

Der Tonfall der Stimme des anderen gefiel Carleton nicht.

„Dann hast du eine seltsame Art, das zu machen", schnappte er knapp.

Marley verdrehte seine Hände und starrte auf die Strecke.

„Ich habe mich verabschiedet, bevor ich zur Arbeit kam", sagte er, als würde er mit sich selbst reden.

"Oh!" sagte Carleton und sah Marley scharf an. „Ich nehme an, du weißt, warum sie nach Osten gegangen ist?"

„Ja", sagte Marley schroff. Das war alles – nur „Ja". Und damit drehte er sich abrupt um und machte sich auf den Weg über die Gleise zum Ringlokschuppen.

Carleton war verblüfft und beobachtete ihn in wütendem Erstaunen, dann löste sich der finstere Blick, der sich auf seinem Gesicht gebildet hatte, in einem Lächeln und er zuckte mit den Schultern.

„Ich schätze, Tommy hat recht", murmelte er, als er weiter in Richtung Büro ging. „Marley ist eine Klasse für sich. So etwas wie ihn hatten wir noch nie in den Bergen."

Es dauerte vier Tage, bis Mrs. Coogan und der Mechanikermeister zurückkamen. Tage, an denen Marley in verlassenen Momenten zum Essen in Dutchys Mittagstheke schlüpfte und, wenn das überhaupt möglich war, sich noch näher an sich selbst heranzog als je zuvor.

Die Jungen waren natürlich neugierig auf Mrs. Coogan; neugierig genug, um Marley sogar zu befragen. Er hatte eine Antwort, nur eine. „Sie ist krank, schätze ich", sagte er. Mehr konnten sie nicht aus ihm herausholen.

Eines tat Marley jedoch: Clarihue erinnerte sich im Nachhinein noch gut daran, obwohl er sich damals keine Gedanken darüber machte. Er bat den Dreher, ihm ein Blatt Eisenbahnpapier und ein Manilapapier zu geben, und in seinen freien Momenten am Abend, bevor Mrs. Coogan zurückkam, arbeitete er, über den kleinen Schreibtisch gebeugt, auf dem sich die Lokomotivführer an- und abmeldeten, und kratzte mühsam mit einem Stift. Clarihue erhaschte im Vorbeigehen einen flüchtigen Blick auf das Blatt, bevor Marley es hastig zudeckte – nur ein flüchtiger Blick, nicht genug, um ein einziges Wort zu lesen, gerade genug, um ein wenig über die Hand des Wischers zu staunen. Marley war ein ziemlich guter Schreiber.

Natürlich schlief Marley tagsüber, da er Nachtdienst hatte, aber an dem Nachmittag, als Regan Mrs. Coogan in die Hütte zurückbrachte, musste er sie kommen hören, denn er stand in dem kleinen Wohnzimmer, als sie hereinkamen.

Mrs. Coogan zögerte ein wenig auf der Schwelle, dann rief sie schnell und stockend:

„Marley, Marley, bist du das?"

Marley verdrehte nervös seine Hände. Seine Augen blickten schnell von der alten Dame zum Mechanikermeister, dann flatterten die Augenlider nach unten.

„Sicher", sagte er, „ich bin es."

Sie stolperte auf ihn zu, brach in Tränen aus und weinte, als würde ihr das Herz brechen.

Lass sie das nicht tun. Lass sie das nicht tun , das ist ein guter Junge , Marley."

Marley bewegte sich nicht, sondern leckte sich nur mit der Zunge über die Lippen und sein Gesicht wurde immer weißer. Seltsam, wie er sich verhalten hat? Nun ja, vielleicht. Niemals eine Anstalt, die gebrechliche, schwankende Gestalt aufzufangen, nie ein Wort, um den jämmerlichen Kummer zu lindern. Er stand da wie ein Mann und hörte zu, wie ein Richter sein Urteil verkündete. Oh ja, queer, wenn Sie so wollen. Marley, was auch immer er sonst war, war ein widersprüchliches Exemplar.

Es war Regan, der die alte Dame in seine Arme nahm und sie sanft in ihr Schlafzimmer neben dem Wohnzimmer führte.

„Sie dürfen nicht so nachgeben, Mrs. Coogan", sagte er freundlich. „Legen Sie sich einfach eine Weile hin und Sie werden sich besser fühlen. Ich werde Frau Dahleen von nebenan bitten, hereinzukommen."

Der Mechanikermeister brauchte mehrere Minuten, um sie zu beruhigen und zu überreden, seiner Bitte nachzukommen, aber als er wieder herauskam, stand Marley immer noch genau wie zuvor in der Mitte des Raumes . Mit finsterer Miene im Gesicht winkte Regan den anderen nach draußen, und als er auf der Straße war, senkte er den Scheibenwischer. Regan hatte eine harte Zunge, wenn sein Zorn geweckt wurde und er seine Worte nicht wählte.

„Was meinst du damit, sie so zu behandeln, ihr Abfälle vom Schrotthaufen, ihr!" er explodierte. „Du weißt ganz genau, wozu sie weggegangen ist, und wenn du in deinem hässlichen Kopf noch Verstand hast, weißt du ganz gut, wozu sie zurückgekehrt ist, ohne dass dir irgendwelche gedruckten Anweisungen weiterhelfen könnten. Worauf spielst du denn? Wie meinst du das? Du bist nicht geeignet, mit einem Hund umzugehen! Und sie ist die Frau, die ihr Bestes gegeben hat, um deinen elenden Kadaver zu retten, dich.

„Du solltest besser aufhören!" – die Worte kamen wie das warnende Zischen einer Schlange, bevor sie zuschlägt. Marleys Gesicht war wütend und seine großen, knorrigen Hände krochen langsam über seine Taille nach oben.

Mit einem erschrockenen Fluch sprang Regan schnell zurück, und dann standen die Männer, einen Meter voneinander entfernt, schweigend da und beäugten einander.

Es war blitzartig verschwunden, so wie es gekommen war, denn schaudernd ließ Marley seine Hände schlaff sinken und die Farbe kroch langsam in seine Wangen zurück.

„Hat sie keine Chance?" – von dem leidenschaftlichen Ausbruch des Augenblicks zuvor war keine Spur mehr übrig. Die Frage kam leise und zögernd – eher wie eine Behauptung, verbunden mit einem wehmütigen Aufruf zum Widerspruch.

Regan brauchte länger, um sich zu erholen, und es dauerte eine Minute, bis er antwortete. Dann schüttelte er den Kopf.

„In einem Monat wird sie stockblind sein", sagte er schroff.

Marleys Blick richtete sich auf den des Mechanikermeisters – und senkte sich augenblicklich mit ihrem gewohnten kleinen Flattern.

„ Gibt es keinen Zweifel, keine Chance auf einen Fehler?" er wagte es.

Wieder schüttelte Regan den Kopf.

"Keine Chance. Der beste Mann, den wir finden konnten, machte East die Untersuchung. Wir sorgen dafür, dass sie in eine Anstalt kommt – irgendwo in ein Blindenheim."

„Das dachte ich mir" – Marleys Stimme war eintönig. „Davon hat sie doch gesprochen, nicht wahr?"

„Ja", sagte Regan.

Marley schüttelte richterlich den Kopf.

„Das wird sie umbringen", bemerkte er, als wollte er damit eine selbstverständliche, aber alltägliche Tatsache zum Ausdruck bringen. „Das wird sie umbringen."

„Ich fürchte, das wird es", gab der Mechanikermeister ernst zu. „Aber es gibt nichts anderes zu tun. Es ist ihr unmöglich, hier zu bleiben. Sie braucht jemanden, der sich um sie kümmert, und sie hat kein Geld. Gott weiß, ich wünschte, wir könnten es, aber wir können uns keinen anderen Weg vorstellen, als sie an einen solchen Ort zu bringen."

„Ich dachte, du würdest es tun, wenn es schlecht ausgehen würde", sagte Marley erneut mit tonloser Stimme. „Ich habe es so herausgefunden, als du weg warst." Seine Hände wanderten ziellos in und aus seinen Taschen. Plötzlich zog er einen Umschlag halb heraus, zuckte zusammen, schob ihn hastig zurück und sah Regan an. „Ich – ich muss einen Brief aufgeben", murmelte er.

„Nun, angenommen, das hast du", sagte Regan ein wenig wütend – Regan interessierte sich gerade nicht für Briefe –, „ angenommen, das hast du, dann brauchst du nicht –"

Aber Marley war auf der anderen Straßenseite.

Der Mechanikermeister schnappte wütend nach Luft, würgte – und ging mit seinem Auftrag in Mrs. Dahleens Cottage. Es war sowieso Zeitverschwendung, mit Marley zu reden.

Es dauerte nicht lange, bis sich die Nachricht in Big Cloud verbreitete, und drei Tage lang redeten sie ziemlich ständig über Mrs. Coogan – danach redeten sie über Marley.

Die Westbound Limited plant Big Cloud für 14.05 Uhr nachmittags, und am dritten Tag nach Mrs. Coogans Rückkehr kam Marley gegen halb eins die Straße entlang und überquerte die Gleise zu den Geschäften. Regan war in der Werkstatt, als Marley hereinkam.

„Ich würde gerne mit Ihnen sprechen", sagte Marley und ging direkt auf den Mechanikermeister zu.

"Also?" grunzte Regan, nicht besonders herzlich.

„Ich möchte, dass Sie mit mir zu Mr. Carletons Büro kommen."

Es war etwas in Marleys Stimme, etwas Fieberhaftes, Treibendes, etwas in seinem Gesicht, das die ungeduldige Frage, die Regan über die Lippen kam, zum Stillstand brachte. Einen Moment lang blickte er neugierig auf die plumpe, groteske Gestalt des Scheibenwischers, dann ging er wortlos aus den Läden.

Schweigend durchquerten sie den Hof, stiegen die Treppen im Bahnhof hinauf und betraten das Zimmer des Supervisors. Marley schloss die Tür und stand mit dem Rücken dagegen.

Carleton blickte an seinem Schreibtisch überrascht von einem zum anderen.

„Hallo", sagte er. "Was ist los?"

Der Mechanikermeister deutete mit dem Daumen auf Marley und schnappte sich einen Stuhl.

„Er wollte, dass ich vorbeikomme. Ich weiß nicht, wofür."

Carleton wandte sich fragend dem Scheibenwischer zu.

"Was ist es?" er forderte an.

Marley ging langsam durch den Raum, bis er den Schreibtisch des Supervisors erreichte. Sein Gesicht war eingefallen und er befeuchtete seine Lippen mit der Zungenspitze.

„Es geht um Mrs. Coogan", sagte er ruckartig. „Fünftausend wären doch genug, oder?"

Carleton starrte den Mann an, als wäre er verrückt, und Regan schob seinen Stuhl plötzlich nach vorne.

„Wirst du schwören, es ihr zu geben, wenn ich es für dich besorge?" – Marleys geballte Hand lag auf dem Schreibtisch und er beugte seinen Körper weit nach vorne in Richtung Super. Jetzt war kein Zucken mehr zu hören und seine Augen starrten ohne zu flackern in die von Carleton. „ *Schwöre es!* ", schrie er heftig.

Carleton zog sich unwillkürlich zurück.

„Marley", sagte er beruhigend, „du bist nicht du selbst, du –"

„Nein, ich bin nicht böse", unterbrach Marley leidenschaftlich. „Ich weiß, wovon ich rede. Ich weiß, dass sie in einer dieser Wohltätigkeitsorganisationen sterben würde. Es liegt an mir. Sie behandelte mich weiß – die einzige Seele auf Gottes Erde, die das jemals tat. Und vielleicht, vielleicht auch, hilft es dabei, Konten auszugleichen. Du wirst fair bleiben und schwören, dass sie das Geld bekommt, nicht wahr?"

„Ich verstehe nicht", sagte Carleton langsam; „Aber ich schwöre, ihr alles zu geben, was du zu geben hast." Marley nickte schnell.

„Das ist alles was ich will", sagte er. „Es gibt nicht viel zu verstehen." Er kramte in seiner Tasche herum und holte einen spaltenlangen Zeitungsausschnitt hervor, den er auf den Schreibtisch legte. „Ich schätze, da bekommst du alles hin." Der schwere „Satz" des Kurses sprang auf Carleton zu. „5.000 $ BELOHNUNG." Unten, auf halber Höhe der Säule, befand sich die Reproduktion eines Fotos – von Marley.

Regan stand von seinem Stuhl auf und beugte sich über die Schulter des Supervisors.

„Ich dachte, ich hätte dich schon einmal irgendwo gesehen" – Carle-tons Stimme klang in seinen eigenen Ohren angespannt und hohl. „Es muss das Bild gewesen sein. Ich erinnere mich jetzt. Sie – Sie haben vor einem Jahr in Denver einen Mann getötet."

„Es ist alles da", sagte Marley und leckte sich erneut die Lippen. „Ich habe ihn noch nie zuvor gesehen. Ich habe ihn getötet, so wie ich diesen Sommer beinahe Boileau getötet hätte. Dass er reich war, wusste ich erst später, als die Familie die Belohnung aushändigte."

Carleton sagte nichts. Regan griff bösartig nach seinem Stecker. Marley bewegte sich unruhig und fuhr sich mit dem Handrücken über die Stirn. Es kam matschig nass heraus. In der Stille ertönte durch das offene Fenster der Pfiff der Limited, dann plötzlich das Dröhnen des Zuges und das knirschende Kreischen der Bremsbacken.

„Mein Gott", sagte Carleton flüsternd, „du willst, dass ich dich aufgebe und die Belohnung bekomme – für sie!"

Ein seltsames Lächeln huschte über Marleys Gesicht. Schwere Schritte liefen die Treppe hinauf. Es ertönte ein lautes Klopfen an der Tür, und ein Mann trat schnell ein. Für eine Sekunde schweiften seine Augen über die kleine Gruppe. Dann wirbelte er herum wie ein Blitz, und die blauschwarze Mündung eines Revolvers traf Marleys Herz.

„Ah, Shorty", rief er grimmig, „endlich haben wir dich, was? Streck deine Hände aus!"

Ohne Protest und mit dem gleichen seltsamen Lächeln im Gesicht gehorchte Marley. Es gab ein leises Klicken von Stahl und er ließ seine gefesselten Handgelenke vor sich fallen.

„Sie sind Mr. Carleton, nicht wahr?" – der Neuankömmling hatte sich an den Schreibtisch gewandt.

„Ja", sagte Carleton benommen.

„Ich bin Hepburn von der Polizei in Denver", fuhr der Beamte fort. „Wir wissen das zu schätzen, Mr. Carleton. Shorty hier wurde schon lange dringend gesucht. Wir haben Ihren Brief gestern erhalten."

Hepburn hielt inne, um in seine Tasche zu greifen, und in der Pause begegneten Carletons Augen denen von Marley – und er verstand. Marley hatte den Brief selbst geschrieben und mit seinem und Carletons Namen unterschrieben. Und jetzt war es auch klar genug, das Telegramm, über das er am Nachmittag zuvor gerätselt hatte. Es lag vor ihm auf seinem Schreibtisch.

Sein Blick fiel darauf. „Wird bei der Ankunft von Limited, (unterschrieben) Denver zur Hand sein."

„Wir können Ihnen nicht die von Ihnen verlangte Quittung für ihn ausstellen", fuhr Hepburn fort und zog ein Papier aus seiner Tasche. „Aber hier ist eine Bestätigung, dass seine Gefangennahme auf von Ihnen bereitgestellte Informationen zurückzuführen ist. Ich denke, das wird den Zweck erfüllen. Du wirst keine Probleme haben, die Belohnung zu bekommen." Er reichte Carleton das Papier.

Der Meister nahm es mechanisch und zuckte zusammen, als es in seinen Fingern knisterte.

„Nun", sagte Hepburn energisch, „ich möchte nicht schroff wirken, aber um zwei Uhr zwanzig gibt es einen örtlichen Osten." Wir machen weiter, Shorty. Auf Wiedersehen, Mr. Carleton. Wenn Sie das nächste Mal in Denver sind, schauen Sie bei uns vorbei." Er nahm Marleys Arm und ging zur Tür.

„Sagen Sie es ihr nicht, Mr. Carleton" – Marleys Stimme versagte und die Worte klangen leiser.

Carleton antwortete nicht. Er starrte auf das Papier in seiner Hand – Marleys Preis.

Regan hatte sich umgedreht und hob hastig die Faust an die Augen.

„Sag es ihr nicht" – die Bitte kam erneut von der Tür.

Carleton versuchte zu sprechen und seine Stimme brach, dann räusperte er sich.

„Sie wird es nie erfahren, Marley", sagte er heiser.

X – DER MANN! Wer hat nicht gezählt

Er war ein kleiner grauhaariger Stallknecht, Wischer, Kehrer, Hilfsnachtmann im Rundschuppen von Big Cloud, was immer man will, und das ist die Geschichte, die er mir eines Nachts erzählte, als er an den geschwärzten Pfosten einer der großen Türen lehnte Er wischte sich gelegentlich die Hände an einem Brocken fettigen Abfalls ab.

In den Tagen, als die Hill Division noch dabei war, so etwas wie eine permanente Wegerechte zu schaffen, waren sie in den Bergen ein ziemlich rauer Haufen – ein ziemlich rauer Haufen. Die Eisenbahner, weil sie es sein mussten; der Rest, weil sie einfach so von Natur aus waren. Die Staatsbürgerschaft besteht größtenteils aus Bergleuten und Indern, und es gibt keine schlechtere Mischung. Sie haben die Rothäute jetzt in Reserven eingepfercht; Aber damals war das noch nicht der Fall, und es brauchte nicht mehr als ein böses Wort und einen Tropfen schlechten Whiskeys, um die Dinge in Bewegung zu setzen.

Es gibt ein paar hochtrabende Gedichte und einige andere Dinge über den edlen roten Mann, die einen aufregen. Wenn man sie liest, wünscht man sich, der Allmächtige hätte es für angebracht gehalten, auch einen zu einem roten Mann zu machen. Nun ja, das ist auf seine Weise in Ordnung, denn nachdem man sich einmal mit der Realität befasst hat, erkennt man, dass die Welt den Dichtern genauso viel zu verdienen hat wie jedem anderen, und dass das, was sie sagen, klingen muss Gut; Sie halten also instinktiv die Warnsignale aufrecht und lassen es dabei bewenden .

Aber um den Dichtern Recht zu geben: Es gibt eine Sache, über die sie nie stolpern, und das ist die zusammengesetzte Geruchsleistung des Indianers. Der Indianer kann riechen. Wenn er seine Brust herausstreckt, nach Südosten blickt und anfängt, die gottgegebene Bergluft einzuatmen , können Sie darauf wetten, dass die Brennereien weiter unten in Kentucky genug Geschäfte machen, um regelmäßige Dividendenüberprüfungen zu gewährleisten. Das ist im Allgemeinen guter Whisky. Schlechter Whisky, sowohl im Geruch als auch sonst, verbreitet sich weiter – und von hier bis Coyote Bend sind es nur fünfzehn Meilen!

Coyote Bend war nicht einmal ein Nadelstich auf den Bauplänen der Ingenieure, als sie die Vorfahrt festlegten, und es gab keinen solchen Ort, an dem der Stahl ganz niedergenagelt war, bis zu dem Tag, an dem ein umherziehender Goldsucher ein paar davon absteckte Behauptungen – und die Nachricht verbreitete sich.

Gold in den Rocky Mountains? NEIN; Es wurde nie viel davon *gefunden* , aber es herrscht ein großer Aberglaube, dass hier irgendwo die Hauptader des ganzen Landes versteckt sei. Aus diesem Grund wurde innerhalb von zwei Tagen die Wildnis und ein gurgelnder Bach, der friedlich durch eine hohe Kanonenmauer hinabfloss, zu Coyote Bend. und deshalb begann der örtliche Güterverkehr, regelmäßig anzuhalten, um Vorräte entlang der Strecke abzuladen. Es gab natürlich keine Station, keinen Agenten, nichts; Das Zeug wurde einfach weggeworfen, das ist alles. Die Empfänger wählten ihre Waren aus, wenn sie lesen konnten, oder errieten sie, wenn sie nicht lesen konnten.

Vielleicht hätte ich dir das schon früher sagen sollen; Wie auch immer, ich werde es jetzt reinstecken. Es gibt drei Männer, die in dieser Geschichte eine Rolle spielen, obwohl einer von ihnen nicht viel zählt. Er war ein junger Kerl namens Charlie Lee. Er war Absolvent eines Colleges im Osten, und sein Name war nur sein Diplom und die Kleidung, die er trug, als er in den Westen reiste. Für einen Auftrag hat er sich für den Superkran entschieden, und er hat ihn bekommen – er hat den örtlichen Güterverkehr gebremst. Die Hölle für einen Mann wie ihn, oder? Nun, das war es, und zwar in mehr als einer Hinsicht! Jedenfalls war es von diesem Tag an bis heute der beste Job, den er jemals lange genug innehatte, um einen zweiten Monatslohn zu erhalten.

Die anderen beiden waren Matt Perley und Faro Clancy – „ Breed" Clancy, wie sie ihn hinter seinem Rücken nannten.

Perley war ein sehr guter Typ, ziemlich aufrichtig, ziemlich sauber, gemessen an den Maßstäben hier draußen in jenen Tagen; ein bisschen wie ein abgesägter, blondhaariger, blauäugiger Mann, innerlich voller Sand, und ein durch und durch Eisenbahner – nur Güterschaffner, Schaffner im Nahverkehr, aber er verstand sein Handwerk; er wäre mit der Zeit weit nach oben gestiegen.

Clancy war ein Teufel, es gibt keinen anderen Namen für ihn, und selbst das drückt es nicht aus – kein einziges Wort könnte es. Indisch auf die eine, irisch auf die andere. Er sah größtenteils indisch aus; Die Iren kamen im Brogue heraus. Schwarz, dunkelhäutig, kleine Augen wie Nadelspitzen, rauhes, trockenes Haar, das ihm über die Augenbrauen fiel, ein bulliger, knochiger Körperbau mit der Kraft eines Abrisskrans – das ist Clancy, Breed Clancy.

Oh ja, er war glatt, glatt, wie man sie nur macht – mit seinen Händen. Faro, Stud Poker, Würfel, alles – es war seine Sache; das und das Laufen von Schnapslokalen. Bergbaulager und brandneue Boomstädte waren Clancys Hauptanliegen – nachdem Perley ihn aus Big Cloud vertrieben hatte.

Frag mich nicht. Ich weiß nicht, was zwischen ihnen war. Das war vor meiner Zeit. Wahrscheinlich eine Frau – einer Frau wird sowieso im Allgemeinen die Schuld gegeben. Jedenfalls eines Nachts Perley erwischte Breed und führte ihn vor seiner Pistole die Straße entlang und aus der Stadt hinaus. Danach hielt sich Clancy von Big Cloud fern. Wie gesagt, dieser Teil war vor meiner Zeit. Ich weiß nur, dass zwischen ihnen böses Blut herrschte; Böses Blut auf der einen Seite, wie Sie sehen werden. Clancy verschwand aus Big Cloud und die beiden beschmutzten sich erst wieder, als Coyote Bend anfing.

Breed Clancy erreichte die Biegung mit dem ersten Ansturm der Bergleute, und bevor einer von ihnen Zeit hatte, mehr als nur eine Spitzhacke in den Boden zu rammen, war er damit beschäftigt, eine Art Hütte zusammenzubauen, die er ein Hotel nannte, und bestellte die Einrichtung – flüssige Einrichtungsgegenstände, verstehen Sie – von Big Cloud.

Drei Fässer davon, das härteste Löschwasser, das jemals in die Berge gelangte, wurden vom Einheimischen auf dem Frachtbrief nach Clancy in Coyote Bend transportiert , auf der ersten Reise, die Charlie Lee jemals mit Matt Perley unternahm . Ich wende mich jetzt wieder Lee zu, verstehen Sie?

Nun, es war ungefähr Mittag, als sie an diesem Tag nach der Kurve pfiffen, und Lee, der die Bremsräder am Vorderwagen bediente, konnte etwa ein Dutzend „Decken" neben der Vorfahrt hocken sehen, ungefähr dort, wo der Zug halten würde. Dahinter gruppierten sich einige Nachzügler aus dem Lager, darunter ein großer Kerl in einem roten Hemd, den man weiter als einen Signalarm sehen konnte.

Nun, ich behaupte nicht, dass diese Indianer vom Goldrausch nach Coyote Bend gelockt wurden. Coyote Bend oder jeder andere Ort, ob alt oder neu, abgestanden oder wohlhabend, würde seinen Anteil an den Rothäuten bekommen. Woher sie kamen oder wohin sie gingen, wusste niemand. Sie kamen aus dem Nichts, und wenn ihnen der Ort gefiel, grunzten sie und ließen sich für einen Moment nieder; Wenn es ihnen nicht gefiel, grunzten sie selig oder auf andere Weise und gingen.

Ich sage nicht, dass sie den Whisky in diesem Zug gerochen haben. Ich sage nicht, dass sie wussten, dass Clancy Feuerwasser importierte, und sie waren nur da, um sich an den Fässern zu erfreuen und darüber nachzudenken, was sich darin befand. Ich sage überhaupt nichts darüber oder was folgte. Es gibt nur einen Mann, der es vielleicht hätte erklären können – ich sage „vielleicht", weil er es nie getan hat; und auch, weil er die indische Natur so gut kannte wie jeder weiße Mann im Westen. Das war Perley .

Ob Perley überhaupt wusste, dass Clancy im Bend war oder nicht, weiß ich nicht. Ich weiß nur, dass er es hätte wissen können, wenn er sich die Mühe gemacht hätte, die Frachtbriefe zu lesen; und es war auch möglich, dass er am Tag zuvor unten in Big Cloud erfahren hatte, dass der Whisky am nächsten Morgen steigen würde. Ich weiß es nicht, und das ist klar.

Manchmal denke ich, dass er es getan hat; Manchmal denke ich, dass er es nicht getan hat. Ich weiß nicht.

Wie auch immer, Lee rutschte zu Boden, als der Zug anhielt, und ging zurück zu dem Waggon, der die Sendung für den Bend enthielt. Als er an der Tür herumfummelte, stieg ihm ein Hauch rohen Alkohols in die Nase, der ihn fast umwarf. Und dann ertönte direkt hinter ihm ein anerkennender Chor von „ Ughs !"

Ich habe dir gesagt, dass ein Inder Whisky riechen kann, aber ich habe dir nicht gesagt, warum. Es ist seine vorherrschende Leidenschaft. Das ist klar. Ich verurteile den Inder nicht; der Geschmack wurde in ihm geboren. Es gibt einige weiße Männer, die genauso schlimm sind. Ich verurteile sie auch nicht. Manche trinken aus demselben Grund wie der Inder, manche aus anderen Gründen und wieder andere trinken, weil sie es müssen.

Was habe ich gesagt? Oh ja, Lee bekommt diesen Hauch mit. Nun, bevor er die Tür öffnen konnte, hatte sich der Mann im roten Hemd durch die Indianer hindurchgedrängt und war neben ihn getreten.

„ Ich heiße Clancy", sagte er. „Hast du irgendwelche Sachen für mich angesprochen?"

„Da sind drei Fässer für jemanden", antwortete Lee und öffnete die Tür – und im nächsten Moment war er mit einem Schrei zurückgesprungen und mit Clancy zusammengestoßen.

"Pfui!" rief die Erscheinung aus, die ihm gegenüberstand.

"Er ist betrunken! Majestätisch betrunken! Und auf *meine* Sachen!" brüllte Clancy; und dann wandte er sich grimmig an Lee: „ Warum hast du ihn da reingelassen, was?" „Was hast du auf ihn reingelassen, du schlauer kleiner ..."

„Lass ihn in nichts rein!" erwiderte Lee und gewann seinen Halt wieder. „Hier, geh raus – und zwar *schnell!* "

Der Indianer blinzelte ernst, bewegte sich aber nie. Er saß im Schneidersitz auf dem Boden, genau in der Mitte des Autos zwischen den Türen, und schwankte leicht vor und zurück. Neben ihm stand, umgedreht und angeschnitten, eines von Clancys Fässern. Der Wagen stank nach diesem Geruch, denn von dem halben Fass, das herausgeströmt war, war das, was nicht in den Indianer gelangt war, auf den Boden gesunken.

Der Mischling war völlig verrückt. Ich habe manchmal den Eindruck, dass der Mann überhaupt kein Mensch war. Er hatte seine Hand auf Lees Kehle gelegt, als Perley von hinten angerannt kam.

„Was ist los?" Er begann, und dann hörte er auf. Er war ein cooler Teufel, Perley , und er zuckte nie mit der Wimper, als er zwischen die beiden Männer trat. „Ah, Clancy, das bist du doch, du kupfergesichtiger Abtrünniger?" – kein lautes Reden, kein Getöse, er erhob seine Stimme nicht; Aber seine Beleidigung, das Schlimmste, was er sich vorstellen konnte, schmerzte wie der Stich einer Peitsche.

Clancy drehte sich wie ein Blitz um – und starrte in die Mündung der 45er des Schaffners . Seine Hände ballten sich immer wieder, als er Perley erkannte , und die Sehnen an seinem Hals schwollen zu knorrigen Klumpen an.

„Das ist deine Arbeit , dieser Job, oder ? " er knurrte. „ Eines Tages , Perley , werde ich es dir zeigen."

Seltsam, sagen Sie, er würde sich so verhalten – es gibt keinen Grund, dies zu rechtfertigen. Vielleicht. Ich weiß nicht. Ich weiß nicht, was vorher zwischen ihnen war; Aber ich kenne die schreckliche Teufelei von Breed Clancy, und ich weiß, dass Lee, der sich gegen das Auto lehnte, bei dem Blick, den die beiden wechselten, zitterte.

Perley unterbrach den Mischling kurz. „Einmal", sagte er verächtlich, immer noch ruhig, ohne einen Ton lauter, und seine Stimme war dadurch umso tödlicher, „einmal, vielleicht erinnerst du dich, habe ich dich gewarnt, mir aus dem Weg zu gehen. Lee, wie ist dieser Inder ins Auto gekommen?"

„Ich weiß es nicht", sagte Lee.

„Na dann werfen Sie ihn raus", sagte Perley knapp und ließ mit der freien Hand seine Uhr schnappen. „Wir können nicht den ganzen Tag hier bleiben."

diesen kleinen Streit zwischen Perley und dem Mischling erzählt habe, als es passiert ist. Jedenfalls hat es nicht die Aufregung hervorgerufen, die man vielleicht vermutet hätte. Die „Decken" waren zu sehr damit beschäftigt, den Geruch dieses Whiskys einzuatmen, als dass sie ihren hungrigen Blick weit von irgendetwas anderem als der offenen Tür dieses Wagens schweifen ließen. Und was die Nachzügler betraf: Als ihnen klar wurde, dass auf den Brettern noch etwas anderes als dieser betrunkene Indianer war, hatte Perley mit der gleichen kühlen Verachtung seine Waffe wieder in die Tasche gesteckt und schubste Lee hinein das Auto.

Der Inder leistete keinen Widerstand, als Lee ihn attackierte. Er konnte es nicht – er war über all das hinaus – er war so voll von toten Augen, dass es aus seinen Poren sickerte. Er saß einfach da, und Lee schob ihn in dem Zustand, in dem er noch saß, zur Tür und ließ ihn hinaus. Er schlug mit einem dumpfen Schlag auf dem Boden auf, prallte einen Fuß ab, rollte sich herum, grunzte und blieb liegen wie ein Baumstamm. Es gab ein schallendes Gelächter der Nachzügler des Lagers und ein tiefes und neidisches „ Ughs !" im Refrain. von den „Decken".

Nein, ich mache keine Witze — es ist alles andere als ein Witz, wie Sie sehen werden. Sie *waren* neidisch. Es wirkte wie ein roter Lappen auf einem Stier — die Möglichkeit, den Zustand, den Zustand himmlischer Glückseligkeit, zu erreichen, den ihr roter Bruder erreicht hatte, verstehen Sie?

Clancy lachte nicht. Er stand dort, wo Perley ihn zurückgelassen hatte, mürrisch und mit zuckendem Gesicht. Ich weiß nicht, ich glaube, es war Perleys bloße Nervenstärke, die den Mischling davon abhielt, den Schaffner anzulocken und zu erschießen, als er ihm den Rücken zuwandte. Ich weiß es nicht — vielleicht ein brutales Biest, das vom menschlichen Verstand eingeschüchtert wird. Niemand kannte jemals Breed Clancy. Manchmal hatte er seinen gelben Streifen, und dann wieder machte ihn das Blut, das in ihm war, schlimmer als einen rasenden Verrückten. Ja, ich schätze, es war wirklich ein Fall von „Brutalität", denn wenn die Raserei auf ihm lastete, ließ er sich nicht einschüchtern.

Perley lachte auch nicht. Ungeduldig öffnete und schloss er seine Uhr. "Aufleuchten! Aufleuchten!" er weinte Lee an. „Holt die Fässer raus. Wir müssen Nummer Zwei am Creek überqueren. Es wird der Teppich für uns sein, wenn wir sie aufhalten."

Lee schnappte sich das angeschnittene Fass und schob es in Richtung Tür. Der Inhalt schwappte und schwappte hinein, während er ihn bewegte, und gelegentlich lief ein wenig von dem Zeug durch das Spundloch heraus. Dann, irgendwie, gerade als er es an der Tür hatte, entglitt ihm der Griff, es flog heraus, prallte an der Kante der Schwellen ab und fiel dann die Böschung hinunter, direkt in die Hände dieser hockenden „Decken". Sie hockten nicht lange; Das muss ich dir nicht sagen. Sie waren in Scharen dabei, und sie bekamen den Geschmack — sie hatten den Geruch — und die Sättigung sollte bald kommen.

Clancy fluchte in Strömen; Und kein Mann mit einem schlechteren Mund als Clancy hat jemals gelebt. Er versuchte einmal, die Indianer vom Fass zu befreien, aber die Nachzügler unterstützten ihn halbherzig. Du hättest genauso gut versuchen können, den Buckelpisten in der Grube hinter dich zu bewegen. Er versuchte es nur ein einziges Mal, dann verfiel er wieder ins Fluchen, und Perley war die meiste Zeit das Ziel.

Perley ? Er antwortete ihm nie, aber sein Gesicht wurde immer härter — und seine Waffe hielt er wieder in der Hand. „Wirf die anderen beiden Fässer weg!" er fuhr Lee an.

„Wenn ich das tue, werden die Rothäute bis zum letzten Tropfen abbekommen", widersprach Lee und zögerte.

„Eigentümerrisiko. Wir haben hier keine Station. Wirf sie raus !" wiederholte Perley , grimmiger als zuvor, nur dieses Mal laut genug, dass Clancy ihn hören konnte.

„Ja, das tust du", brüllte der Mischling, „Ja, das tust du, und ich werde dich schlimmer noch ermorden, als einen von diesen zu ermorden –"

„Wirf sie raus!" sagte Perley leise und winkte dem Maschinenpersonal das Startsignal zu.

Und sie gingen hinaus – nach dem ersten die Böschung hinunter.

Lee sprang auf den Boden und knallte die Tür zu, als die Deichsel am Zug festzuschnappen begann und der Lokalwagen sich ruckartig in Bewegung setzte. Er wartete neben Perley , um die heraufkommende Kombüse zu schwenken. Und während er wartete, schaute er zu und grinste.

Lustig? Ich weiß nicht; Es hängt von der Art und Weise ab, wie man es betrachtet, davon, was man Spaß nennt. Lee fand es damals lustig. Die Luft war voller Flüche, Indianerschreie, Rufe und Flüche; und es gab ein einziges Durcheinander von Armen, Beinen und Fässern. Die Indians wollten unbedingt *satt werden* , und dieses Mal waren Clancy und die Nachzügler um den Sieg im Spiel.

Vorne hing das Maschinenpersonal grinsend aus der Gangway. Dahinter saß der andere Bremser auf einem reservierten Platz oben auf der Kombüse. Eine Viertelmeile entfernt, drüben beim Lager, rannten Männer, angelockt durch das Geschrei, auf die Strecke zu. Eine widersprüchliche Verwechslung, nicht wahr? – Indianer, Bergleute, Whiskyfässer und Eisenbahner. Ich weiß nicht; Nennen Sie es lustig, wenn Sie möchten, aber vielleicht können Sie es besser einschätzen, wenn ich fertig bin.

Zu diesem Zeitpunkt war die Kombüse bereits dort, wo Perley und Lee standen. Perley winkte Lee an Bord und machte sich dann auf den Weg.

Gerade als er das tat, ragte Clancys rotes Hemd aus dem Gewühl hervor, er hob den Arm, und über das Klappern der Lastwagen, die auf den Stahl hämmerten, ertönte das Klirren von zerbrechendem Glas aus der zersplitterten Scheibe in der Tür – die Kugel war dazwischen hindurchgeflogen die Köpfe der beiden Männer auf dem Bahnsteig, nur um Haaresbreite verfehlt. Ein weiterer Schuss folgte dem ersten, noch einer und noch einer, gefährlich nah; die Holzarbeiten um sie herum zersplitterten; und dann schoss Perley . Der Mischling wirbelte herum wie ein Kreisel, schlug sich die Hand vors Gesicht und kippte um.

Dann versperrte die Kurve des Gleises den Anblick, aber fünf Minuten lang, nachdem sie außer Sichtweite waren, hörten sie immer noch das Jubelgeschrei der Rothäute, die Rufe und Flüche der Bergleute und das Knistern der Gewehre, das an das schnelle Feuer eines Gatling erinnerte . Wie Sie sehen, kam es dazu, bevor es zu Ende war, und es wurde viel Blut vergossen – und zwar sehr viel –, und wenn man Clancys Blut nicht mitzählt, handelte es sich auch nicht nur um Pauschalblut.

Clancy? Ich komme zu ihm. Nein, er wurde nicht getötet – wenn er es gewesen wäre, würde ich Ihnen diese Geschichte nie erzählen.

Es dauerte zwei oder drei Tage, bis Lee und Perley die Einzelheiten des Vorfalls erfuhren. Die Rothäute kämpften wie Unholde, nachdem die Bergleute begonnen hatten, auf sie zu schießen, und hatten ein oder zwei getötet, und obwohl sie schließlich überwältigt waren, waren die Verluste, wie ich bereits sagte, nicht alle auf ihrer Seite, als sie erhängt wurden.

Aber ich habe über Clancy gesprochen. Nun ja, Perleys Kugel traf ihn am Wangenknochen, bohrte sich hinein, pflügte durch sein linkes Auge und landete irgendwo im Knorpel seiner Nase – eine Kugel hinterlässt manchmal merkwürdige Spuren, die um Längen schlimmer sind als Vermesser. Sie brachten ihn nach Big Cloud zu einem Arzt , und bevor er halb geheilt war, verschwand er. Damals gab es hier eine Art provisorisches Krankenhaus, und wenn ich „verschwunden" sage, meine ich, dass sie eines Morgens sein Bett leer vorfanden, das war alles.

Ich habe Ihnen gesagt, dass ich nicht weiß, ob Perley daran beteiligt war, diesen Indianer oder die anderen Rothäute am Bend ins Auto zu bringen. Ich tu nicht. Ich habe dir gesagt, dass ich nicht wusste, was zwischen ihm und dem Mischling war, bevor das alles passierte. Ich tu nicht. Perley hat es nie gesagt. Aber Tag für Tag, während er und Lee auf dem Lokal durch die Berge rasten, wurde er still und launisch.

Lee, damals der junge Lee, war der Einzige, der auch nur annähernd an die Innenseite seiner Weste herankam. Er mochte Lee und Lee mochte ihn; Aber selbst Lee hatte seine Grenzen, wenn es um Vertraulichkeiten ging. Es gab vieles, worüber Perley nie den Mund aufgemacht hat. Nein, ich weiß es nicht, da es jetzt einen großen Unterschied macht.

Lee war der erste der beiden, der hörte, dass Faro Clancy „locker" sei.

„Für mich sieht es nach einem schlechten Geschäft aus", sagte er, nachdem er Perley die Neuigkeit erzählt hatte.

Perleys Augen wurden nur ein wenig schmaler. „Es sieht eher nach einem schlechten Schuss aus, einem verdammt schlechten Schuss", antwortete er ruhig.

„Das, wenn Sie so wollen“, erwiderte Lee; „Aber es werden noch weitere folgen.“

„Man könnte meinen, Sie *kennen* Clancy“, sagte Perley , cool wie immer.

Lee war besorgt. Nennen Sie es Vorahnung oder wie Sie wollen, von diesem Moment an ging ihm das Ding auf die Nerven. Perley war ziemlich gut zu ihm gewesen; hatte es dem jungen Kerl, so grün und roh er auch war, auf hundert verschiedene Arten viel leichter gemacht. Solche Dinge bedeuten etwas.

„Schau her, Perley “, sagte er, „ich habe einiges Gerede gehört und weiß, dass hinter all dem zwischen dir und diesem Teufel etwas steckt. Ich bitte nicht um Vertrauen –“

Perley unterbrach ihn und packte ihn fast wütend an der Schulter. „Mischen Sie sich nicht ein!“ er schnappte. "Lass es fallen. *Du* zählst hier nicht mit, was auch immer passiert. Es war ein Unfall, dass du an diesem Tag am Bend warst. Was zwischen mir und Clancy ist, betrifft uns selbst. Du zählst nicht. Denken Sie daran und mischen Sie sich nicht ein, es sei denn, Sie sind auf der Suche nach einem anderen Lauf als dem örtlichen.

Das war alles. Lee hat es Perley gegenüber nie wieder erwähnt. Perley hatte recht, nicht wahr? Ich habe dir gesagt, dass es in dieser Geschichte drei Männer gab, aber einer von ihnen zählte nicht. Nein, Lee hat nicht gezählt. Warum sollte er?

Was hatte er damit zu tun? Perley hatte recht, das überlasse ich Ihnen.

Sie haben die Division durchquert und kennen von hier aus die Teufelsrutsche westlich der Lücke. Sie kennen den Grad – der schlechteste in den Bergen. Die Züge kriechen mit der Geschwindigkeit heran, mit der ein Mann gehen könnte, weil sie nicht schneller fahren können; und genauso langsam kriechen sie hinunter, weil sie sich nicht trauen, etwas anderes zu tun.

Ich habe gesehen, wie die Passagiere aus dem Beobachtungsposten ausstiegen und weitergingen – Sie auch. Wahrscheinlich selbst gemacht? Ich dachte auch. Zusätzlicher Motor am hinteren Ende zum Schieben oder Zurückhalten, und einer in der Mitte, wenn der Zug schwer ist, um zu verhindern, dass er auseinanderbricht – das verringert die Zugkraft, wissen Sie? Sie bohren jetzt Tunnel, um diese besondere Steigung zu beseitigen, aber das hat nichts mit dieser Geschichte zu tun und auch nicht mit der Nacht, etwa sechs Wochen nach dieser Angelegenheit am Bend, als der Ortsverkehr in östlicher Richtung bergauf ging die Teufelsrutsche.

Es war eine schmutzige Nacht außerhalb der Kombüse. Den ganzen Nachmittag lang tobte ein Sturm durch die Berge, und als es dunkel wurde, heulte der Sturm und regnete stark genug, um die Schwellen zum Schweben zu bringen.

Lees Platz war am vorderen Ende, das Stück der Strecke hinauf, aber ihm ging es in dieser Nacht nicht gut und der andere Bremser machte seinen Schnappschuss. Anflug von Bergfieber oder so etwas, nichts Ernstes; gerade so viel, dass er abwechselnd über dem kleinen Herd in der Kombüse zitterte und kochte, während er mit dem Rücken zur Tür saß. Über ihm in der Kuppel hielt er den Drehstuhl fest, von wo aus er den Zug beobachten konnte – das heißt, er konnte sehen, wie seine Lokomotive die Funken sprühte, denn das ist wohl alles, was er sehen konnte –, war Perley .

Das Auto schwankte wie eine Hängematte, unter der Last und Belastung des großen Schiebers direkt dahinter – das wirkt seltsam, das stimmt. Jedes Mal, wenn ich es gespürt habe , habe ich an eine Katze und eine Maus gedacht. Es ist, als hätte die Lokomotive die Kombüse am Genick gepackt und versucht, ihr das Leben abzuschütteln.

Sie haben es ein wenig gespürt, wenn Sie jemals im hinteren Pullman saßen und nach oben fuhren – der Unterschied besteht darin, dass ein Kombüse keine nennenswerten Federn hat, verstehen Sie? Lärm genug, um die Toten zum Leben zu erwecken. Du konntest dich selbst nicht denken hören. Nicht so sehr vom Lärm des Zuges oder des Sturms, sondern vom dröhnenden Dröhnen der Abgase des Anhängers – als würde sie jedes Mal, wenn die Ventile betätigt wurden, versuchen, ihre Kesselschläuche auszuhusten.

Nun gibt es nur noch eine Sache, die ich Ihnen mitteilen möchte. Die Lokmannschaft eines Schubschiffes kann natürlich keine Gleise, kein Straßenbett oder ähnliches sehen, und es ist auch nicht ihre Aufgabe, dies zu tun. Sie beobachten nur den Anführer und den Zwischenspieler, falls es einen gibt. Ihr Scheinwerfer leuchtet über ein paar Autos hinweg, wenn er hoch genug ist, oder verliert sich an der Oberseite der Tür oder dem Dach der Kombüse, wenn er nicht hoch genug ist, verstehen Sie?

Lee hörte nichts. Er saß vornüber gebeugt da, den Kopf zwischen den Händen, und es war der Luftzug aus der sich öffnenden Tür, der ihn dazu brachte, sich umzudrehen und nach oben zu schauen, weil er dachte, sie sei aufgeflogen. Ich weiß nicht, wie man ihn einen Feigling nennen würde; vielleicht ja vielleicht nein; Jedenfalls war er im nächsten Augenblick ein weißgesichtiger, verängstigter Mann, als er von seinem Stuhl aufsprang. Er kam nie wieder auf die Beine. Stattdessen schwieg er wie ein Klappmesser und stürzte zu Boden, wobei ihm ein Revolverkolben einen Schlag über den Kopf versetzte, der ihn bewusstlos machte.

Es geschah alles in einer Sekunde, aber in dieser Sekunde erfasste Lee es mit mehr Lebendigkeit, als tausend Stunden es ihm gegeben hätten – die große, massige Gestalt, das Wasser, das in kleinen Pfützen von der tropfenden Kleidung auf den Boden tropfte, die kränkliche Blässe von das Gesicht, die dünne neue Haut der bläulichen Narbe über der Wange, das blinde Auge – Clancy.

Lee konnte nicht länger als zwanzig Minuten bewusstlos gelegen haben, vielleicht waren es nur fünfzehn, denn es dauert etwa vierzig Minuten, die vier Meilen der Rutsche hinaufzusteigen. Nennen wir es zwanzig, das berücksichtigt, was vorher und was danach geschah. Als er zur Besinnung kam, war das Licht in der Halterungslampe aus; vom Luftzug ausgeblasen, denn die Tür stand offen. Ein oder zwei verirrte Strahlen vom Scheinwerfer des Schiebers erfüllten die Kutsche mit einem unsicheren, schwankenden Licht – von dem Ruck und der Schaukel, wissen Sie, obwohl Lee zuerst dachte, es sei sein Kopf.

Er versuchte aufzustehen, konnte sich aber nicht bewegen. Er war an Händen und Füßen gefesselt und lag hilflos auf dem Rücken. Einen Moment lang war er zu benommen, um es zu verstehen, dann erinnerte er sich – Clancy. Er starrte in die Kuppel über ihm. Der Drehstuhl war leer – Perley war gegangen.

Die Pkw-Lastwagen schlugen ein gleichmäßiges *Klackern, Klack-Klack* , während sie auf die Laschen einschlugen; von hinten ertönte das volle, tiefe Donnern der Anhängerabgase ; ringsum die hundert Geräusche des knarrenden, ächzenden und schwankenden Autos; draußen das Prasseln des Regens, das Heulen des Windes. Doch über all dem ertönte, so leise es auch war, ein Geräusch, das Lee einen Schauer ins Herz jagte.

Es war wie ein atemloses Stöhnen, verstehst du? Das war das Unmenschliche daran; es war atemlos – es gab keine Pause – eine Art monotones Schluchzen. Es kam von hinten. Lee zitterte, während er zuhörte, und dann begann sein Herz zu klopfen, als würde es platzen. Er hatte Angst – *Angst* . Vorahnung vielleicht; Ich weiß nicht. Er drehte sich auf die Seite und sah –

Wie kann ich es sagen! An der Seite des Autos kauerte eine Gestalt in halbsitzender Haltung, das Gesicht war rot – rot vom Blut, das aus der Stirn floss. Lee schrie laut vor Angst auf. „ Perley ! Perley !“ Dann wurde er krank vor dem Grauen, das ihn traf. Schlimmer als Mord hatte der Mischling gedroht – und er hatte sein Wort gehalten. Perley war skalpiert worden!

Lees Schrei musste das Bewusstsein des armen Kerls erreicht haben, denn er stand torkelnd auf und wischte sich mit beiden Händen die Augen klar. Lee war bis ins Mark krank und der Schweiß lief ihm in großen, kalten Tropfen auf die Stirn. Er kämpfte wie ein Wahnsinniger mit seinen Fesseln.

Perley sprach nie, schenkte Lee nie Beachtung – er hatte das alles hinter sich –, aber sein Gehirn war zumindest immer noch in der Lage, einen zusammenhängenden Eindruck zu hinterlassen. Es muss gewesen sein – um zu erklären, was er getan hat. Direkt vor ihm, während er schwankend und schwankend hing, befand sich ein zerbrochenes Stück Spiegel, das an der Seite des Autos befestigt war. Er starrte hinein.

Sein Stöhnen hörte auf. Der Schock über sein eigenes schreckliches Grauen muss empört gewesen sein und sein ganzes Wesen erschüttert haben. Seine Hand tastete schwach, vielleicht unbewusst, nach seiner Tasche – seinem Revolver – dem Ende.

Erneut kreischte Lee, als er versuchte, sich zu befreien, und dann, als Perley feuerte, brach er in wildes, unharmonisches Gelächter aus. Sein Verstand gab nach. Er fing an wie ein Verrückter zu brüllen – so fanden sie ihn –, während Perleys Körper auf seiner Brust lag.

Frag mich nicht. Ich habe dir gesagt, dass Perley ein kleiner, unterdimensionierter, abgesägter Mann war. Ich weiß es nicht, oder? Der Mischling hätte ihn körperlich wie ein Baby behandeln können, wenn er ihn einmal überrascht hätte. Das ist alles was ich weiß.

Sie begruben Perley unten in Big Cloud; und sie begruben Clancy dort, wo die Truppe ihn abgesetzt hatte, voller Löcher. Das ist die Geschichte.

Lee? Charlie Lee? Er zählt doch nicht, oder? Er hatte nichts damit zu tun. Wenn Sie Interesse an ihm haben, werde ich es Ihnen sagen. Sein Hochschulabschluss hat ihm nie geholfen. Als es ihm besser ging und er aus dem Krankenhaus entlassen wurde, fing er an, regelmäßig zu trinken – und zwar *heftig* . Zwischendurch wie am Schnürchen, sagen wir mal sechs Wochen, dann wieder aus. Das war vor fünfzehn Jahren und er hat es seitdem getan. Die Ärzte sagten, der Schlag auf den Kopf habe ihn verunsichert, der Schädel splitterte oder so etwas in der Art; Aber Medizin ist keine exakte Wissenschaft. Die Ärzte haben sich geirrt. Das Problem lag tiefer als der Schädel – es war in seiner Seele. Lee hat getrunken, um sich aus dem Irrenhaus zu retten – ich habe Ihnen doch doch gesagt, dass manche Männer trinken, weil sie es müssen?

Carleton, der Supervisor, und die Männer vor Carleton verstanden, was die Ärzte nicht wussten, also arbeitet Lee immer noch für die Eisenbahn. Nicht bremsen – dafür ist er nicht geeignet, aber er behält den Job, den sie ihm gegeben haben – und er wird für ihn behalten –, wenn er nach seinen Zaubersprüchen zurückkommt. Ich – da ist der Vorarbeiter, der nach mir schreit. Tut mir leid, aber ich muss gehen. „Wenn du auf Nummer Eins gehst, kommt sie jetzt gerade die Schlucht herunter. Gute Nacht, Sir."

Ich habe ihn im Schatten des großen Buckels in der Grube hinter mir verloren. Dann drehte ich mich um und ging langsam aus dem Ringlokschuppen, über die Drehscheibe und über die Gleise zum Bahnsteig.

Das sanfte Glockenläuten von Nummer Eins ertönte aus der Schlucht, dann das Aufflackern des elektrischen Scheinwerfers und das Rumpeln des Zuges. Und in schnellem, wildem Tempo holten die stampfenden und trommelnden Lastwagen den Namen ein, den ich den Vorarbeiter rufen hörte, und ließen ihn mir immer wieder in den Ohren klingeln:

„Oh-du-Lee! Charlie-Lee! Lee! Charlie-Lee – Lee!"

XI – „ WO IST HAGGERTY?"

„Die Hill Division war natürlich stolz genug darauf, denn Carleton war ihr alter Chef; aber nichtsdestotrotz wurde die Allgemeine Verordnung Nr. 38 mit Bestürzung und Besorgnis gelesen.

„TJ Hale", hieß es vom GO, „wird hiermit zum Superintendenten der Hill Division mit Hauptsitz in Big Cloud ernannt, Vize-HB Carleton zum General Manager des Systems befördert."

„Wer in den doppelten, deckendeckenden Flammen ist nun Hale?" forderten das Ringlokschuppen und die Maschinenmannschaften.

„Carleton war alles Gute, oder? – Was!" knurrten die Disponenten.

Das Zugpersonal schwang mit trotziger Miene seine Laternen, und die Fahrgastschaffner jonglierten mit überlegenem Lächeln ihre Schläge um ihre kleinen Finger. Hale mochte vielleicht ein guter Mann sein, vielleicht war er es, aber Carleton war – „ königlicher" Carleton. „Ich schätze, er wird bei uns gut zurechtkommen, *aber* er will nicht frisch werden, das ist alles. Woher kommt er denn?"

Diese Frage schien zunächst niemand beantworten zu können. Der allgemeine Eindruck war, dass die Transcontinental ihn von einer Straße aus dem Osten geholt hatte . Sicherlich war er ein neuer Mann, ganz neu für das System.

Und dann wurde der Ruf eines gewissen Haggerty, der einen Passagierzug bremste, groß, und in der Folge wuchs der Unmut der Division.

Haggerty sagte: „Als ich vor fünf Jahren an der Penn war, war dieser Hale stellvertretender Supervisor. Ich kannte ihn gut. Du Wer auf ihn aufpassen will, darauf können Sie sich auf mein kleines Wort verlassen. Er ist ein echter Schrecken, und das ist eine Tatsache. Hast du etwas Kaubares ?"

Haggerty bekam seinen Spaß, da er ein ungeheuerlicher Lügner war; und Hale hat aus dem gleichen Grund einen Rufschaden erlitten.

Aber Haggerty bekam mehr als nur sein Kauen – und er musste nicht lange warten. An dem Tag, an dem der neue Super erwartet wurde, stieg Haggerty mit der Passagierlokalnummer Sieben gegen Mittag in Big Cloud ein und nutzte die zehnminütige Wartezeit auf Erfrischungen, indem er sich auf einen Hocker an der Mittagstheke setzte. Zwischen den Bissen warf er Fragen an Spence, den Disponenten, der gerade sein Mittagessen verspeiste.

„Hale, bist du schon gekommen?" er forderte an.

„Ich habe ihn nicht gesehen", antwortete Spence.

„Wann erwartest du ihn?" beharrte Haggerty.

„Ich weiß es nicht", antwortete Spence.

„Oh, sei nicht so nah dran!" schnappte Haggerty. „ Das bist du nicht Ich nehme an, dass ich jedes gewichtige Geheimnis verrate , wenn du verrätst, wann sein Sonderangebot erscheinen wird."

„Ich habe nichts Besonderes gehört", sagte Spence. „Sag mal, Haggerty, man hat mir erzählt, dass Hale ein alter Freund von dir ist, nicht wahr? Kein Wunder, dass Sie besorgt sind. Ich habe das vergessen. Sobald ich von ihm erfahre, verkabele ich die Verbindung zu Ihnen, damit Sie Ihren Zug verlassen, mit einer Draisine zurückkommen und hier auf dem Bahnsteig sein können, um ihn zu treffen."

„Du gehst in Flammen auf!" erwiderte Haggerty und warf über den Tresen hinweg einen finsteren Blick auf einen harmlos aussehenden kleinen Kerl, der sich die Freiheit genommen hatte, über die Worte des Disponenten zu lächeln.

Bei Haggertys Blick verschwand das Lächeln in einer Tasse Kaffee, die er hastig an die Lippen hob. „Huh!" schnaubte Haggerty, um dem anderen die Kühnheit und Kühnheit seiner Tat klarzumachen und gleichzeitig die Unratsamkeit, sie zu wiederholen. Haggerty war wütend. Schon einmal vor diesem Morgen war er gezwungen gewesen, diesem unbedeutenden, schielenden, brillentragenden Individuum, das darauf beharrt hatte, auf dem Bahnsteig zu reiten, ein angemessenes Gefühl der Unterwerfung zu vermitteln. Und die angewandte Methode war nicht heikler gewesen, als den Mann am Kragen seines Mantels ins Auto zu reißen. „Huh!" wiederholte er mit zunehmendem Tonfall.

„Nein, Haggerty", fuhr Spence freundlich fort, „mach dir keine Sorgen. Ich werde dich nicht enttäuschen. Als der Supervisor den Zug verlässt und die ersten Worte sind: „Wo ist Haggerty?" und Sie sind nicht hier, um in gleicher Weise zu antworten. Ich kann mir klar vorstellen, dass es einiges geben wird. Oh nein, mach dir keine Sorgen, ich werde dich mit so etwas nicht runtermachen – – es wäre nicht klug für uns, das muss mit ihm zurechtkommen, ihn gleich zu Beginn zu verärgern! Nein, das würde es sicher nicht tun, was?"

„Wenn du auf eine Bremsbacke beißt, bist du zu scharfsinnig, um Donuts zu essen ", knurrte Haggerty. Und er erhob sich von seinem Sitz und ging zurück zu seinem Zug.

Eine Stunde später, als er Elk River erreichte, das Ende seines Laufs, erwartete ihn ein Telegramm von Spence. Während er es las, zog er seine Unterlippe ein.

„ Du schlauer Witzbold", telegrafierte der Dispatcher, „warum hast du uns nicht erzählt, dass dein Freund dich auf Nummer sieben begleitet hat?"

Haggerty schob seine Mütze an den Hinterkopf und fluchte leise vor sich hin. Er begann in Gedanken die Passagiere durchzugehen, die an Bord des Zuges gewesen waren, als sie Big Cloud begegneten. Niemand schien auf der Karte und auf dem Frachtbrief als neuer Vorgesetzter hervorzustechen.

Dann kam Haggerty eine Idee und er kletterte in den hinteren Wagen, wo Berkely, sein Schaffner, seine Berichtsbögen zusammenstellte.

„Sagen Sie, Jim", sagte Haggerty, „gab es heute Morgen irgendwelche Durchgänge nach Big Cloud ?"

Berkely blickte misstrauisch auf. „Kümmere dich um deine eigenen Angelegenheiten, dann kommst du besser miteinander klar!" er schnappte.

„Oh, Punk!" gab Haggerty zurück. „Meine Zählung ist die gleiche wie deine , nicht wahr? Was ist denn mit dir los? Ehrlich, Jim, ich will es wissen. Gab es Ausweise?"

„Nein, das gab es nicht", grunzte Berkely und kühlte sich ein wenig ab.

„Na ja, dann hätten Sie das vielleicht zuerst sagen können, anstatt einen Kerl umsonst anzuspringen " , sagte Haggerty und stieg aus dem Auto, um sich nachdenklich über das Geländer zu hängen und nachdenklich auf die Schwellen zu spucken.

„Würde dich das nicht stechen?" er forderte vom Universum im Allgemeinen. „Würde dich das nicht stechen? Wer hat jemals von einem neuen Super gehört , der zur Arbeit kommt und einen Einheimischen wegen eines *Tickets reitet!* Ich frage ihn , wann er auftauchen würde . Oh ja, es würde dich sicher stechen! Dieser lustige Junge Spence wird das weitergeben und — oh, Punk! Ich bin mir nicht sicher, ob es nicht besser gewesen wäre, wenn ich den Mund gehalten hätte, weil ich Hale kenne , aber wer hätte jemals gedacht, dass er mit *meinem* Zug auftauchen würde ! Woher sollte ich das wissen, oder?" Und während des gesamten Nachmittagslagers am Elk River dachte Haggerty über die Angelegenheit nach. Er grübelte weiter darüber nach, als sie sich am Abend auf den Rückweg machten, und er grübelte immer noch darüber nach, als sie nach Big Cloud pfiffen.

In dieser Nacht war kein Mond zu sehen und es war ziemlich dunkel, als sie hineinliefen. Haggerty stand mit seiner Laterne am hinteren Ende. Als der Zug langsamer wurde und zum Stehen kam, stürmte ein Mann im Laufschritt den Bahnsteig herunter.

„Wo ist Haggerty?" rief er atemlos. "Wo ist--"

„Hier“, sagte Haggerty prompt, beugte sich über die Stufen hinaus und zeigte sein Licht. „Was willst du?“

„Oh, alles klar“, sagte der Mann. „Ich komme wieder –“ und er verschwand im Schatten des Bahnhofs.

„Er benimmt sich, als wäre er verrückt“, murmelte Haggerty und schwang sich von der Treppe.

Doch obwohl Haggerty wartete, kam der Mann nicht zurück, und er war noch nicht zurück, als der Zug begann, den Bahnhof zu verlassen, und Haggerty befand sich wieder auf dem hinteren Bahnsteig des Wagens. Dann, als er gerade die Hand ausstreckte, um die Tür zu öffnen, blieb er stehen und zuckte plötzlich zusammen, als wäre er gestochen worden.

Von der anderen Seite des Gleises, drüben beim Lokschuppen, ertönte eine Stimme aus der Dunkelheit. „Wo ist Haggerty?“ fragte es ängstlich.

Dann stürzte Haggerty und sein Gesicht wurde rot vor Wut. Er beugte sich weit über die Reling und schüttelte, vergessend, dass die Pantomime in der Dunkelheit verloren ging, seine geballte Faust in die Richtung, aus der die Stimme gekommen war.

„Du gehst zu he- ee - ll-lll !“ Er schrie, der Ausruf zerfiel in Silben, weil die Räder des Autos genau in diesem Moment über die Abstellgleise ruckelten. Und dann, da seine Sinne sehr scharf waren, glaubte er aus dem Licht, das durch das Fenster des Fahrdienstleiters schien, über dem momentan zunehmenden Rattern des Zuges ein Lachen zu hören – ein Lachen, das alles andere als eine beruhigende Wirkung auf seine ohnehin schon empörten Gefühle hatte .

Nun gehörte Haggerty nicht zu denen, die einen Witz auf eigene Kosten leichtfertig übergehen, vor allem, wenn der Witz zu langatmig war und einen Hauch von unterschwelliger Boshaftigkeit mit sich brachte. Deshalb verbreitete sich das „One on Haggerty“ über die gesamte Division und es verging kaum eine Stunde des Tages, als der Ruf „Wo ist Haggerty?“ ertönte. nicht an seine Ohren gelangte, begann er zu schmollen und seine Verletzung zu schätzen. Die Abteilung hat es ziemlich hart unter die Lupe genommen. Aber das Merkwürdige an der ganzen Sache war, dass sich seine Bitterkeit nicht gegen ihn selbst richtete, der die direkte Ursache für sein Unbehagen war, noch gegen Spence, der die indirekte Ursache war, sondern gegen Hale, der überhaupt keine Ursache war.

Nur einmal hatte Haggerty den Superintendenten gesehen. Auf dem Bahnsteig von Big Cloud wurde ihm Hale gezeigt, und Haggerty hatte sich hastig in seinen Zug zurückgezogen. Hale war der harmlose kleine Kerl, den er an der Mittagstheke mit so spärlicher Höflichkeit behandelt hatte, der unbedeutende, schieläugige Mensch, den er am Mantelkragen vom Wagenpritschen gezerrt hatte! Als Haggerty aufgrund seiner gemischten Gefühle aus Beunruhigung und Erstaunen überhaupt etwas sagen konnte, war es ziemlich zusammenhangslos.

„ *Das* – der Zwerg!" Er schnappte nach Luft und ließ sich auf einem leeren Platz nieder.

Und in dieser uneleganten, aber prägnanten Zusammenfassung der Fähigkeiten und Dimensionen des neuen Beamten begleitete ihn die Division bis zum letzten Abschnitt. Er – ein Eisenbahner! Die Hill Division erinnerte sich an „Royal" Carleton und schämte sich, und sie ärgerte sich über die Schande, die ihrer Meinung nach auf sie ausgeübt worden war. Von all dem war Haggerty die einzige Rettung! Also ließen sie bei Haggerty hinter dem Humor etwas von ihrer Bitterkeit los. Haggerty wurde zum Sicherheitsventil der Division.

Ein Monat war vergangen und Hale hatte alle Erwartungen, die er aufgrund seines Aussehens erwartet hatte, erfüllt. Er hätte ein Automat für alle Lebenszeichen sein können, die aus seinem Büro kamen. Nur Routine, das Routinegeschäft, Routine, das war alles. Die Unruhe und Unruhe, die über der Division brütete, verwandelte sich in Verachtung – die Art von Verachtung, die dazu führte, dass die Karren sich aufspielten und sich tief in ihrem Herzen für bessere Eisenbahner hielten als den, der in höchster Autorität über ihnen saß.

Sogar Haggerty duckte sich nicht länger außer Sichtweite, wenn die Umstände es erforderten, dass er die gleiche Luft wie sein Vorgesetzter atmete. Haggerty hatte sich eine Prahlerei angeeignet; Außerdem äußerte er jetzt seine Meinung, seine herzlich schlechte Meinung, über Mr. Hale ohne Zurückhaltung und ohne Hemmung seiner Zunge.

Und dann bekam Haggerty einen Schock. Es wurde von Spence vermittelt.

„Ich habe es gestern Abend von Hales Sachbearbeiter bekommen", sagte der Disponent. „Er wird eine Spezialinspektion über die Division durchführen und hat für die Mannschaft ausgerechnet das Schwächste herausgesucht. Er hat dich zuerst ausgewählt, Haggerty."

„Ach, vergiss es!" knurrte Haggerty mit einem finsteren Blick.

„Aber ich denke, da steckt etwas dahinter", fuhr Spence mit vertraulich modulierter Stimme fort. „Von dir und mir, Haggerty, die Inspektionsreise ist ein Bluff."

Haggerty spitzte die Ohren. "Wie ist das?" er forderte an.

„Nun", sagte Spence gelassen und trat in sicherer Entfernung zurück, „ich glaube, es tut ihm weh, wie du ihn verletzt hast, seit er hier ist. Er sehnt sich nach Ihrer Gesellschaft und –"

Haggerty sprang von dem Gepäckwagen auf, auf dem er gesessen hatte, und schüttelte hektisch die Faust in Richtung der schnell zurückweichenden Gestalt. Er gestikulierte immer noch heftig und murmelte wütend vor sich hin, als sich das Fenster im Zimmer des Disponenten über ihm leise öffnete und Spence seinen Kopf herausstreckte.

„Hey, Haggerty", rief er, „hör auf, dieses Taubstummen-Alphabet zu üben ." Sie haben keine Zeit zu verlieren. Du willst mitlaufen und die Frau bitten, dir ein Höschen auszubügeln und ein ausgewaschenes Hemd zu bügeln. Du bekommst deine Bestellungen morgen früh."

„Kommen Sie für eine Minute herunter", würgte Haggerty, dessen Wut sich durch das Wissen um seine eigene Impotenz zur Weißglut steigerte, denn Spence war, wie er genau wusste, sicher hinter verschlossenen Türen verschanzt. „Nur eine Minute, und ich werde dein Gesicht so aussehen lassen, als wäre es nie geboren worden. Ich werde das!"

„Haggerty", sagte Spence verletzt, als sich das Fenster schloss, „du bist verärgert."

Aber Haggerty sollte noch verärgerter sein, denn am nächsten Morgen wurde er, getreu Spences Worten, der Spezialinspektion Nummer 89 zugeteilt. Haggerty war nicht glücklich; Aber er bestieg den vorderen Wagen, als sie in Richtung Berge fuhren, mit dem geistigen Entschluss, dem Vorgesetzten aus dem Weg zu gehen.

Beschlüsse werden jedoch, wie viele andere Dinge auch, manchmal unsanft an Bedingungen gescheitert, die bei der Abrechnung nicht berücksichtigt werden. Sie waren mit einer Geschwindigkeit von vierzig Meilen gerannt und befanden sich gerade auf dem Hof in Coyote Bend, als Haggerty beinahe zu Boden ging, als die „Luft" mit einem plötzlichen Rausch ansprang und der Zug ruckartig zum Stehen kam Bucking Bronco. Der Pfiff ertönte wie wild für den Block vor uns. Haggerty schnappte sich seine rote Flagge, ließ sich zu Boden fallen und rannte zurück am Auto des Supervisors vorbei, um Abstand zu gewinnen.

Vor ihm konnte er sehen, wie das Heck eines Güterzugs hinter der Kurve verschwand und auf dem Abstellgleis in Sicherheit kroch. Daran ist nichts besonders Interessantes, irgendjemand würde Tokio dafür kriegen, dass er das Special herausgebracht hat, vermutete er. Möglicherweise hatte die Fracht eine Panne und kam außerhalb des Zeitplans in die Kurve. Persönlich war es Haggerty egal. Es machte für ihn kaum einen Unterschied. Er hob eine Handvoll Steine auf und begann, sie am nächsten Telegraphenmast zu verstopfen. Plötzlich änderte er die Richtung seiner Schüsse und schoss mit aller Kraft auf einen Gopher, den er vor seinem Loch hocken gesehen hatte.

„Heiliger Mac!" er stieß in grenzenlosem Erstaunen aus. „Ich glaube, ich habe den Fluch verstanden!" – und er ging zurück, um nachzusehen.

Gerade als er die Böschung hinunterkam, begann die Special nach ihrer Flagge zu pfeifen: „Eins – zwei – drei – vier", und Haggerty kletterte wieder auf die Strecke und begann zu rennen. Doch so schnell er rannte, hatte er erst etwa die Hälfte der Strecke zurückgelegt, als sich der Zug in Bewegung setzte. Es war also ein sehr atemloser und keuchender Haggerty, der es gerade noch schaffte, die Reling des hinteren Wagens zu packen – dem Wagen des Supervisors!

Es blieb nichts anderes übrig, als hindurchzugehen, und Haggerty fuhr mit seiner erworbenen Prahlerei auf. Der Supervisor saß allein im hinteren Abteil an einem Tisch und hatte einen Stapel Papiere vor sich. Haggerty rollte im Vorbeigehen fleißig seine Flagge zusammen.

„Haggerty!"

Als Haggerty seinen Namen hörte, blieb er stehen und drehte sich um.

Hale griff mit der Hand in eine Schachtel Zigarren, die offen auf dem Tisch lag, wählte sorgfältig eine aus, zündete sie an und lehnte sich in seinem Stuhl zurück. „Ich würde dir gerne eines anbieten, Haggerty", sagte er leise, „aber ich fürchte, du würdest es falsch verstehen."

Haggerty bewegte sich vor dem Blick des Supervisors ein wenig. Irgendwie gab es überhaupt kein Schielen; Stattdessen waren die grauen Augen hinter der Brille bemerkenswert hell und klar, und ihre Beständigkeit war beunruhigend – für Haggerty.

„Es scheint", sagte Hale, ein kleines Lächeln umspielte seine Mundwinkel, „dass sie Männer hier im Westen nicht nach demselben Maßstab messen wie damals, als wir wieder zusammen auf der Penn waren, oder? " Haggerty wurde rot. Sein einziger Glaube wäre das Getöse gewesen; Aber seltsamerweise hatte dieser kleine Mann etwas an sich, er konnte nicht genau sagen was, das ein Gepolter unmöglich machte. Deshalb schwieg Haggerty und seine Finger spielten nervös mit der Flagge und wirbelten sie unbeholfen herum.

„Machen Sie keinen Fehler, Haggerty", fuhr der Supervisor freundlich fort. „Ich versuche nicht, es unter die Nase zu reiben. Ich möchte, dass Sie wissen, dass ich die Geschichte gehört habe. Ich möchte, dass Sie wissen, dass ich es nicht herausgefunden habe. Ich habe es an dem Tag, nachdem du ausgegangen warst, an der Mittagstheke gehört, und bevor die Männer dort wussten, wer ich war. Ich möchte direkt mit dir beginnen, Haggerty."

Haggerty war bei dieser Eröffnung verwirrt und nervös. „Nun, Sir", platzte er heraus, „natürlich wissen Sie, dass alles eine Lüge war. Ich habe es nur für einen Scherz gemacht."

„Ja, ich verstehe", antwortete Hale. „An sich hat es nichts gebracht, aber die Konsequenzen sind etwas größer, als Sie erwartet haben, nicht wahr? Es hat sich wie ein Bumerang verhalten, und du bist ziemlich wund, Haggerty, nicht wahr?"

Die Offenheit und der freundliche Ton des Supervisors erfassten Haggerty und er wurde dem anderen gegenüber warmherzig.

„Nun ja, Sir, das glaube ich", gab er zu.

Hale nickte. „Jetzt möchte ich, dass du die andere Seite davon siehst, Haggerty – meine Seite. Keine Abteilung einer Eisenbahngesellschaft oder irgendetwas anderem kann sich selbst gerecht werden, wenn nicht alle mit ihr verbundenen Personen an einem Strang *ziehen* . Ich möchte, *dass jeder* Mann hier draußen bei mir ist, und zuallererst möchte ich dich. Nichts zerstört den Respekt so sehr wie Spott. Die Spaltung, ganz in der Art und Weise, wie eine Masernepidemie unter Kindern ausbricht, nahm sich vor, den Nachfolger von Mr. Carleton nicht zu mögen, egal wer er sein mochte. Anstatt die Ausbreitung eingedämmt zu haben, werden die Keime nun leider gefördert, weil durch ihren Spaß mit Ihnen ständig eine Beschreibung der Verachtung für mich am Leben gehalten wird. Deshalb möchte ich, dass du mit mir kooperierst, Haggerty, und ihnen zeigst, dass ich schließlich Anspruch auf eine Messe habe, egal ob ich ein heiliger Schrecken bin oder nicht, ob ich ein kleiner Riese bin, egal was passiert Deal hier draußen im Westen. Ja, Haggerty, das ist eine ziemlich lange Predigt für mich. Ich bin nicht viel im Predigen. Denken Sie einfach noch einmal darüber nach, was ich gesagt habe, das ist alles. Ich denke, ich kann Ihnen jetzt getrost eine Zigarre anbieten. Willst du eins haben?"

Haggerty nahm die Zigarre mit einem nervösen Dankesmurmeln entgegen, und als er zum anderen Trainer ging , kaute er nachdenklich auf dem Ende herum.

„Na, wie geht es dem Kleinen? Ich hoffe, die Fahrt ist es nicht „ Das macht ihn autokrank", spottete Slakely , der Schaffner.

Haggerty ging auf den anderen zu und schob seine Faust wild bis auf wenige Zentimeter an Slakelys Nase heran.

„Ich sage dir Bescheid, dem Super ist alles in Ordnung, du zackiger Kojote, du! Ich sage dir, er ist ein *Mann* . Höre ich da gegenteilige Bemerkungen?"

„Sagen Sie", keuchte Slakely ausdruckslos und zog sich den Gang hinunter zurück, „was ist überhaupt mit Ihnen los?"

„Das ist es, was los ist!" – Haggertys Erklärung war eher eindringlich als explizit, obwohl die Bedeutung seiner geballten Faust, die er dem anderen entgegenschüttelte, in ihrer Schlussfolgerung deutlich genug war. „Das ist es, mein Kumpel", wiederholte er grimmig, „und vergiss es nicht! Ich gebe es dir ganz offen, und ich nehme dir auch nichts davon! Sehen?"

Haggerty hatte den Standard erhöht. Vielleicht nicht so, wie der Vorgesetzte erwartet hatte; aber nach seinen eigenen Vorstellungen, oder vielmehr nach seinem hitzigen Temperament, das ihn dazu brachte, blind und spontan zu handeln, wie es sein Impuls verlangte.

Aber es war nicht Haggertys Methode, wenn ein solcher Begriff auch nur annähernd auf Haggerty angewendet werden konnte, die das gewünschte Ergebnis herbeiführen und ihn gleichzeitig von seinen Peinigern befreien sollte – von Peinigern, die weiterhin lärmten der Schrei: „Wo ist Haggerty?" mit unverminderter Häufigkeit – Peiniger, die viel zu vorsichtig waren, um sich irgendwo in Schlagdistanz fangen zu lassen, denn Haggertys Unterarm war etwas, über das man sich wundern konnte. Stattdessen kam das Ende aus einer anderen, ebenso völlig anderen wie unerwarteten Quelle. Es geschah am dritten Tag der Inspektionsreise, oben in den Rocky Mountains an der neuen Brücke über den Stony River – und es war die neue Brücke, die es bewirkte.

Sie sollten dort den Vormittag verbringen, und Haggerty begann damit, die zwei oder drei Stunden Freizeit, die ihm dadurch verschafft wurden, damit zu verbringen, die Arbeit zu begutachten. Es war keine große Brücke, denn der Stony war kein großer Fluss; Aber die Annäherungsversuche reichten aus, um der stärksten Brückenmannschaft, die jemals schuftete, schwitzte und schuftete, das Herz zu reißen. Einfach nur Fels, massiv, grau, massiv; und so war es Knall, Knall, Knall, Stunde für Stunde den ganzen Tag, Tag für Tag. Eine Spanne, die auf den Uferpfeilern ruhte, sollte die Kanone überbrücken, die sechshundert Fuß unter ihnen gähnte, wo der Stony wirbelte und wirbelte, ein schäumender, wütender, plätschernder kleiner Bach.

Auf der Ostseite, wo Haggerty stand, war der Ankerplatz ziemlich weit fortgeschritten, aber drüben am Westufer warfen sie immer noch ihr Sprengpulver gegen den hartnäckigen Felsen des Berghangs. Haggerty ging über die alte Brücke, um sich das anzusehen. Gerade als er die andere Seite erreichte, blies ein stillstehender Motor schrill auf, und die Männer begannen, in Deckung zu rennen. Haggerty zog seine Uhr und markierte die Zeit – eine Minute und fünfzehn Sekunden. Dann donnerte die Explosion, hallte, hallte wider und verklang in den Bergen. Er gesellte sich zu den Männern, als sie wieder an ihre Arbeit gingen.

„Heiliger Mac!" rief er dem Vorarbeiter zu, als er über den Rand der Baugrube spähte und etwa fünfzehn bis zwanzig Fuß auf den Sims hinunterblickte, wo die Männer bereits wieder beschäftigt waren. „Heiliger Mac! Du musst scharf aussehen, oder?"

„Oh, ich weiß nicht ", antwortete der Vorarbeiter. „Wir geben ihnen viel Zeit. Wenn der Pfiff ertönt, hauen die Männer los. Wir drücken den Knopf erst, wenn der Letzte über die Bank kriecht . Dann gibt es mit der Zeitzündung eine Minute, viel Zeit."

Haggerty schaute eine Weile zu , dann wandte er sich ab, setzte sich an eine der Hütten und lud seine Pfeife. Sobald die Pfeife angezündet war, nahm er eine bequemere Position ein, indem er sich auf den Rücken legte und die Hände unter dem Kopf verschränkte. Von seinem Platz aus hatte er einen herrlichen Blick auf die andere Seite des Flusses und auf die Arbeit, die vor ihm lag. Er konnte sehen, wie Hale dort drüben mit einem der Brückeningenieure sprach. Er beobachtete die beiden Männer träge, in schläfriger Zufriedenheit, bis er sie aus den Augen verlor, als sie begannen, an seine Seite zu treten, dann richtete sich seine Aufmerksamkeit wieder auf seine unmittelbare Umgebung.

Sie bereiteten sich auf eine weitere Explosion vor. Haggerty setzte sich auf. Es war ziemlich aufregend zu sehen, wie die Männer aus dem Loch kletterten. Der Pfiff hatte gerade drei Töne erklingen lassen. Sie kamen jetzt, ein Kopf nach dem anderen tauchte über den Rand auf, dann die Schultern und schließlich die Männer auf ihren Füßen, die wie Hirsche rannten , um Schutz zu suchen – nicht weit, nur ein paar Meter, denn die Ausgrabung selbst bot Schutz, sobald sie frei war Es. Haggerty selbst war keine fünfzehn Meter entfernt.

Er zählte die Männer, als sie herauskamen. Es war der Achtzehnte, der, gerade als sein Kopf und seine Schultern auftauchten, mit dem Arm wedelte und rief: „Alles raus. Lasst ihn gehen!" Er sah, wie sich der Vorarbeiter über die Batterie beugte und die Verbindung herstellte, die den Zeitzünder am anderen Ende zünden würde , und dann ertönte ein entsetztes Stöhnen um ihn herum. Nummer Achtzehn war mit einem Schrei und einem verzweifelten Versuch, sich über die Spitze zu ziehen, zurückgerutscht und aus dem Blickfeld verschwunden!

Haggertys Pfeife fiel zwischen seinen Zähnen zu Boden, sein Herz schien stehen zu bleiben, kalter Schweiß brach auf seinem Gesicht aus. Er war jetzt auf den Beinen und die Worte des Vorarbeiters hallten in seinen Ohren: „Dann ist noch eine Minute, viel Zeit!" *Dann ist noch eine Minute, viel Zeit!* "

Er begann zu rennen, und während er lief, verlängerten sich die Sekunden zu Jahren und Zyklen. "Mein Gott!" murmelte er auf eine einprägsame Art und Weise.

Doch so schnell er auch lief, jemand war schneller als er. Fünf Meter vom Rand der Ausgrabung entfernt passierte eine Gestalt, klein, klein, schnell wie der Wind, an ihm vorbei. Es war Hale – der Super!

Dahinter brüllte die Stimme des Vorarbeiters heiser: „Komm zurück! Komm zurück! Du kommst nicht an die Sicherung! Hört Ihr !"

„ Vielleicht ", murmelte Haggerty zwischen den Zähnen, „ vielleicht können wir den *Mann kriegen* ." Maria, Mutter, hilf uns!"

Hale lag flach auf dem Boden und wollte sich gerade hinüberschwingen, als Haggerty ihn zum zweiten Mal am Kragen seines Mantels packte. „Du bist nicht stark genug", grunzte er und riss den Super zurück. „Du hilfst mir von oben" – und er ging selbst über die Kante.

„Dann ist noch eine Minute, viel Zeit!" – die Worte kamen wieder ungebeten. Wie viel, in Gottes Namen, wie viel von dieser Minute war vergangen, wie viel war noch übrig? Seine Zähne waren zusammengebissen, sein Herz hämmerte so heftig und schnell, dass ihm der Atem schwerfiel und erstickte, als er sich auf einen kleinen Felsvorsprung hinabließ, der etwa sieben bis acht Fuß unter die Oberfläche ragte, die den Körper von Nummer Achtzehn erfasst und gehalten hatte. Der Mann lag stöhnend da. Es war leicht zu erkennen, was passiert war. Ein falscher Schritt beim Aufstieg, dann ein lockerer Stein, er hatte das Gleichgewicht verloren und der Stein war auf seine Beine und Knöchel gekracht.

In den Augen des verwundeten Mannes lag ein Ausdruck hilflosen Entsetzens, als Haggerty nach ihm griff und sich über ihn beugte. „Verschwinde", bebten die weißen Lippen. „Du hast keine Zeit. Ich gebe das Signal. Die Explosion wird jetzt losgehen ."

„Es ist eine Minute, viel Zeit", sagte Haggerty singend und verrückt. Er versuchte, die Worte einer Melodie zuzuordnen, die er irgendwo gehört hatte. Seltsam, er konnte sich nicht daran erinnern, die Worte waren klar genug! Dann lachte er – töricht –, während er wie ein Verrückter arbeitete!

Er hatte den Mann in seinen Armen hochgehoben und drückte ihn nun mit aller Kraft nach und nach nach oben. Die Belastung wurde großartig. Haggertys Muskeln knackten. Einer seiner Arme war für ihn fast nutzlos, da der Vorsprung so schmal war, dass er, um auch nur einen unsicheren Stand zu gewährleisten, ihn nach und nach in eine aufrechte Position drückte und ihn fest an die Fels- und Erdwand drückte. Haggerty keuchte und schluchzte grausam. „Dann bleibt noch eine Minute, viel Zeit!" Die Wiederholung der

Worte erfüllte ihn mit einem Schock des Entsetzens und verlieh ihm eine wahnsinnige Kraft. Eine verzweifelte Wendung, und er hatte die halbe Drehung geschafft , die ihn mit dem Rücken zum Schnitt brachte. Sein anderer Arm war jetzt frei. Ein Heben, und er hatte Nummer Achtzehn über seinen Schultern in Reichweite der ausgestreckten Hände des Supervisors geschwungen. Noch eine Sekunde, und während Hale nach oben zog und Haggerty sich nach unten hob, wurde der Mann mit einem Schmerzensschrei, als sein verletztes Bein schlaff auf dem Boden aufschlug, über das Ufer gezwungen.

„Schnell, Haggerty! Um Himmels willen, seien Sie selbst schnell", rief Hale. „Beeil dich, Mann, *beeil dich!* "

„Noch eine Minute" – Haggerty sprang auf die Bankkante, umklammerte sie – „ viele –" Das letzte Wort verstummte, als er sich über die Kante schleppte und Hales scharfen Befehl hörte: „Leg dich flach hin!" Von hinten und unter ihm ertönte das Dröhnen der Detonation, er spürte, wie der Boden unter ihm bebte und bebte, die Echos rollten und hallten wie ein Artilleriepark – dann ertönte Hales tiefes, inbrünstiges: „Gott sei Dank!"

Es war Hale, der es als Erster erwischte, als die Menge der Männer jubelnd, lachend und hysterisch plapperte. Und als Hale die Hand hob, verstummte der Lärm plötzlich, und stattdessen erklang die leise Stimme des Vorgesetzten: „Wo ist Haggerty?"

„Ach, gwan !" stotterte Haggerty verlegen und versuchte, sich aus der Menge herauszukämpfen, die ihn drängte, ihn zu zerren und zu zerfleischen, ihm auf den Rücken zu schlagen und ihm die Hand zu schütteln. „Ach, gwan ! Ich möchte mir die Pfeife holen, die ich beim Shanty liegen gelassen habe."

XII – McQUEENS HOBBY

Es nützt nicht viel, über das Logische oder Unlogische zu reden, wenn man sich mit dem Hobby eines Mannes beschäftigt, denn ein Hobby ist ein Hobby und das ist alles – zu diesem Thema gibt es nichts mehr zu sagen. Die meisten Männer haben ein Hobby. McQueen's war Kohle – nur Kohle.

McQueen redete mit einer erstaunlichen Beharrlichkeit über Kohle. Bei allen Gelegenheiten und unter jedem Vorwand war es Kohle. War er mit einer Regelmäßigkeit außerhalb des Zeitplans, die dazu führte, dass er vor dem Abteilungsleiter auf dem Teppich stand, war es Kohle. Ist er zwischen den Treffpunkten zusammengebrochen, mit der Folge, dass die Fahrdienstleiter sich ärgerten, rauchten und fluchten, während sie ihre Fahrpläne korrigierten und ihre Zuglisten neu ordneten, war es Kohle. Ewige und ewige Kohle.

„Was ist Kohle?" würde McQueen orakelhaft fordern. „Es ist Kohlenstoff und Sauerstoff und Wasserstoff mit einer Prise Stickstoff, nicht wahr? Na, wovon redest du dann? Kohle *ist nicht* gleich Kohle, einige davon bestehen hauptsächlich aus Schiefer. Zweihundertzehn Pfund die ganze Zeit, und die Gitterstäbe sind damit vollgestopft, huh! Was?"

Kein Einkäufer, der jemals in die Abteilung eingestiegen war, war in der Lage gewesen, McQueen mit der Marke der Ware zufriedenzustellen, die gemäß den von ihm erstellten Anforderungsaufträgen geliefert wurde. Und so schnaufte der große 802 Tag für Tag durch die Berge, und McQueen nahm im Taxi Kohlestatistiken, Kohledaten, alles über Kohle auf, mit einem Eifer, einer Gründlichkeit und einer Meisterhaftigkeit im Detail, die es brauchte haben einige bekannte Geologen in den Schatten gestellt und dem Rest die Chance gegeben, ihre Rechte auf den markierten Zeitplan zu behalten.

Oben im Hauptquartier – als die Dinge reibungslos liefen und McQueen sich benahm, ohne dass auf der Stempelkarte Punkte gegen ihn verzeichnet waren – behandelten sie sein Hobby als einen Witz. Als also sein Pfiff aus der Schlucht nach Westen dröhnte oder schrill über die Schlucht nach Osten schrillte, folgte einen Moment später der Anblick des großen, fliegenden Moguls mit seiner Reihe schwenkbarer dunkelgrüner Kutschen, dem diensthabenden Personal Bei Big Cloud lehnte sie sich aus den oberen Fenstern und beobachtete die Limited, wie sie mit einem Brüllen die Hofschalter zerschmetterte – beobachtete, wie sie mit einem Zischen der Luft und dem Knirschen der Bremsbacken, die die Reifen zum Funken brachten, anhielt, Keuchend stand er am Bahnsteig, und der große Lokführer schwang sich aus der Kabine, um ein Öl zu trinken. Dann flogen die Schimpftiraden heftig und schnell, während McQueen seine Hände an einem Brocken Abfall abwischte und die Bemerkungen mit Spritzern aus seiner

Dose mit langem Schnabel unterstrich, während er die durstigen Ölbecher füllte.

Also lachten und scherzten die Großen, und die Bruderschaft verspottete ihn gnadenlos.

Wenn irgendjemand McQueen gefragt hätte, was den Anfang gemacht habe, geschweige denn, dass er das Thema Kohle mit solch sorgfältiger und gewissenhafter Beharrlichkeit erschöpft hätte, hätte er beim besten Willen nicht antworten können. Es hatte begonnen – gerade erst begonnen, das ist alles – und hatte, fasziniert von ihm, seinen heimtückischen Fortschritt unkontrolliert und unhinterfragt verfolgt – das heißt, unhinterfragt, bis ihn eines Morgens Clarihue , der Wender im Big Cloud Roundhouse, irgendwie ein wenig aus der Fassung brachte der Vorschlag.

„Du bist gegen die roten Zahlen, du und deine Kohle, Mac, schon gut, schon gut“, lachte Clarihue , als der Ingenieur hereinkam, um sich für den Tageslauf anzumelden.

McQueen klopfte liebevoll auf die Schieberegler von 802. "Wie ist das?" er hat gefragt.

"Öl!"

"Öl?" wiederholte McQueen verwirrt.

"Sichere Sache! Keine Kohle mehr – kein Schiefer mehr – keine Asche mehr – du rührst sie an, und da bist du! Du musst auf die Kohle verzichten und auf Öl umsteigen, Mac.“

"Oh!" sagte McQueen aufgeklärt. „Ölbrenner, was? Ich habe einen von ihnen im Osten gesehen. Sie sind übelriechende, unmenschliche, stinkende Bestien, das sind sie! Lass dich nicht so ablenken, mein Sohn . Dort unten mögen sie es schaffen, aber nicht in den Hügeln. Nicht, während Sie und ich Gas geben, und glauben Sie nicht auch?“

Clarihue grinste.

„Na ja, vielleicht “, sagte er. „Aber mal ehrlich, Mac, was hat es für einen Sinn, so über Kohle zu reden, wie du es tust? Was soll dabei herauskommen? Was ist daran gut? Du kriegst einfach nur das Lachen der Jungs, was?“

McQueens Antwort war, sich am Kopf zu kratzen. Die Sache in die konkrete Klasse der Praktikabilität einzuordnen, war eine Phase des Themas, die er nicht berücksichtigt hatte. Er kratzte sich am Kopf, als der Dreher gegangen war; und außerdem kratzte er sich mehrere Tage lang am Kopf. Dann kam ihm eine glückliche Eingebung, um das Rätsel zu lösen, und darin fiel er – aber davon fiel er in einem Augenblick.

In der Hill Division ging es gut. Der Verkehr wurde verdoppelt, verdreifacht. Alles auf den Zugblättern war in Abschnitte unterteilt. Die Werbeaktionen verbreiteten sich in großer Zahl. Die Scheibenwischer wurden eingeschaltet, und die Feuerwehrleute gingen auf die rechte Seite der Kabinen. Jedes Rad, das die Abteilung erbetteln, leihen oder stehlen konnte, führte ausgefallene Stunts durch und brach Rekorde. Jeder, vom Cartink bis zum Superintendenten, war auf dem Sprung. Sogar die Direktoren, die in der allgemeinen Ordnung der Dinge nicht zu übertreffen waren , machten Überstunden und rieben sich fette Hände in freudiger Erwartung saftiger, üppiger Dividenden; nur versäumten *sie* es, Noonan als Posten in den Bilanzen zu berücksichtigen.

Mittag? Wo ist die Bruderschaft, die nicht zu ihren Mitgliedern Männer zählt, die eingebildete oder reale Beschwerden haben? Noonan hatte eine Beschwerde – keine besondere Beschwerde, nur eine Beschwerde – und Noonan war eine Macht in dem Zweig der Bruderschaft, der die Hill Division beherrschte. Noonan hatte immer etwas zu beklagen; Dies lag vor allem daran, dass er einen tiefen und schon lange bestehenden Groll gegen sich selbst hegte. Es war schon vor langer Zeit da – er war so geboren worden.

„Beschwerden!" stotterte er zu einer Gruppe seiner Bewunderer. „Beschwerden? Wir sind ständig gegen das Schlimmste. Wir sind doch keine Spurenwanderer, oder? Na dann, wer leitet die Straße? Wir sind am Gaspedal, was? Wer trägt die Schuld an unserem dürftigen Stunden- und Gehaltsplan? Das tun wir, weil uns der Sand fehlt, um für unsere Rechte einzutreten. Das ist es, und vergiss es nicht!"

Es gab einen zustimmenden Chor. „Noonan hat recht", sagte ein gewisser Devins , „nur sieht es für mich nicht so aus, als wäre es jetzt an der Zeit zu knurren." Die Zeiten sind gut, alles ist zweigleisig und der Paycar fährt jede Menge Wagenladungen."

Noonan starrte ihn an. „Du hast das Gehirn eines Kolbenkopfes, das ist es, was du hast", explodierte er. „In Zeiten wie diesen würden wir zweifellos gewinnen. Vielleicht möchtest du warten, bis nichts mehr los ist, die Jungs entlassen werden und alle, größtenteils, übrig bleiben! Welche Chance glaubst du, würden dann irgendwelche Forderungen Bestand haben?"

Tatsächlich war es die akzeptierte Zeit und eine überaus herrliche Gelegenheit. Damit hatte Noonan recht. Nur ein Hindernis lag zwischen ihm und der Verwirklichung seines gehegten Ziels, etwas aus seinen Neigungen zur Unruhe zu machen und ein Anführer der Männer zu werden – ein Streik. Dieses Hindernis war McQueen.

McQueen war ein Firmenmensch. Durch und durch ein Firmenmann; Allerdings hätte McQueen nichts mehr überrascht, als zu erfahren, dass er vom konservativen Element der Bruderschaft als Anführer angesehen wurde. Es stimmt, er und seine Kohle waren der Witz der Division; aber das war nur ein Scherz und sollte ihm keineswegs vorgeworfen werden. Sein Einfluss, dessen Existenz er nicht wahrnahm, beruhte auf anderen Dingen. Groß, freundlich, ehrlich, unfähig zur Täuschung, einfach, direkt, standhaft in seinen Freundschaften, vielleicht etwas geneigt zur Sturheit in seinen Überzeugungen, leicht aus der Fassung zu bringen, aber genauso leicht zu beruhigen, so war McQueen. Das war der McQueen, den die Beamten ehrten, und das war der McQueen, mit dem die Jungen gerne und loyal bis zum letzten Cent ihre Gehaltsschecks geteilt hätten.

All das wusste Noonan. Er wusste auch, dass er zunächst McQueen besiegen musste, um sein Ziel zu erreichen. Und er begann, sich diesem Ziel zu widmen. Er und McQueen teilten die Ehre der Schnellpost, und unter normalen Umständen beschränkte sich die Kommunikation zwischen den beiden Männern auf einen Flirt mit der Hand aus dem Taxi, als einer von ihnen an dem von den Lords als Treffpunkt bestimmten Abstellgleis vorbeiraste der Straße, die Disponenten. Aber jetzt war alles etwas anders, alles verlief mehr oder weniger außerhalb des Zeitplans. Und während die Limited, Ost und West, so nah wie möglich an ihrer Laufzeit vorbeifuhr und im Allgemeinen die beste Zeit vor allen anderen hatte, gab es dennoch Gelegenheiten, bei denen beide Männer aufgrund der Zeitvorgaben gleichzeitig ins Stocken gerieten .

Noonan attackierte McQueen bei der ersten Gelegenheit.

Er wählte seinen Weg vorsichtig, als wäre er sich seiner Rechte nicht ganz sicher und bereit für einen schnellen Rückschlag.

„Sagen Sie mal, Mac", begann er, „was halten Sie von all dem Gerede, das im Umlauf ist?"

"Sprechen?" sagte McQueen. "Welches Gespräch?"

„Sie wollen nicht sagen", keuchte Noonan in gut gespielter Überraschung, „dass Sie es nicht gehört haben? Und die Jungs machen es ziemlich heiß, noch dazu!"

„Ich habe nichts gehört", antwortete McQueen, leicht misstrauisch, dass Noonan im Begriff war, auf seine Kosten einen zu schießen. „Was gibst du uns?"

„Klar", vertraute Noonan ernst an. „Das ist Streik, Mac, das ist es."

"Schlagen!" rief McQueen verwirrt aus. "Wozu?"

"Wozu!" rief Noonan. "Wozu? Das ist eine nette Frage. Na ja, ziemlich kaputt an fast allem", – er wedelte ausgiebig mit der Hand – „ Stunden, Maßstab und – und –"

McQueen schüttelte den Kopf. „Ich trete nicht", sagte er. „Ich sehe nichts, worüber man streiten könnte. Für mich sieht es so aus, als wären Sie auf der Suche nach Ärger. Du wirst es wahrscheinlich bekommen, was?"

„Man sieht nie etwas", platzte Noonan heraus, wobei die Verärgerung die Oberhand über die Diplomatie gewann. „Nichts als die beschimpfte Kohle, über die du ständig jammerst."

„Was ich über Kohle weiß", erwiderte McQueen würdevoll, „werden Sie nie erfahren. Es ist ein Thema, das Köpfchen erfordert."

"Ist das so!" Noonan spottete. „Du sagst es!"

„Es erfordert Verstand", wiederholte McQueen unbeirrt.

„Dann ist es eine Schande, dass der einzige Mann in der Abteilung, der sie hat , nicht weiß, wie man sie benutzt ", sagte Noonan. „Wen interessiert schon deine glühende alte Kohle und woraus sie besteht? Reden ist billig. Es hat sowieso keinen Sinn."

„Vielleicht gibt es das nicht, vielleicht aber auch. Auf jeden Fall gibt es einen Dollar pro Tag für jeden Mann, der Gas gibt", verkündete McQueen triumphierend. „Ich weiß noch nicht, wie viel die Feuerwehrleute zahlen müssen, ich habe es nicht in ihrem Zeitplan berücksichtigt."

Noonan spitzte die Ohren. „Was sagst du da, Mac", forderte er.

Hier war McQueens Rechtfertigung. Sie würden über seine absurden, sinnlosen Theorien über Kohle lachen, oder? Dann würde er es ihnen zeigen! Und es ging sie auch nichts an, wie viele Tage er sich den Kopf zerbrochen hatte, um eine angemessene Lösung für die Frage zu finden, die Clarihue ihm gestellt hatte! Er schüttelte Noonan zwei beeindruckende dicke Finger.

„Ein Dollar pro Tag, jeden Tag, und die Ersatzmänner anteilig, das ist es! Verstehst du das, Noonan?"

„Ratten!" sagte Noonan. „Gehen Sie besser in die Werkstatt, um Reparaturen durchführen zu lassen. Sie brauchen neue Stehbolzen an Ihrer Kuppelabdeckung!"

„Kümmern Sie sich nicht um meine Kuppelabdeckung", warf McQueen zurück und begann, verärgert zu werden. „Vielleicht muss man noch ein wenig daran basteln, aber es ist noch nicht bereit für den Schrottplatz, so wie es bei einigen der Fall ist, die ich erwähnen könnte – aber nicht tun werde. Es geht alles auf das zurück, was ich gesagt habe. Es ist ein Fach, das

Verstand erfordert – den Sie nicht haben. Es hat keinen Sinn, dir etwas zu erklären, weil –"

„Das geht nicht", unterbrach Noonan listig. „Du bist nur auf Wind angewiesen, Mac."

„Hör mir zu, du verrostete Schande am Gashebel!" rief McQueen und erwiderte gereizt. "Du hörst mir zu! Wofür werden Sie bezahlt? Kilometerstand, nicht wahr? Wie erhalten Sie Ihre Meilen? Dampf! Was macht Dampf? Kohle! Hörst du ? Kohle! Kohle, und vergiss es nicht. Na ja, schlechte Kohle bedeutet schlechter Dampf, und schlechter Dampf bedeutet schlechte Kilometerleistung, nicht wahr?"

Noonan brach in lautes und spöttisches Gelächter aus.

McQueen starrte ihn an. „Du bist ein wilder, ungebildeter Idiot!" er würgte. „Was weißt du überhaupt? Nichts! Aber *ich* weiß! Einen Dollar pro Tag habe ich gesagt, und das sage ich auch jetzt. Ich habe es herausgefunden. Es ist der Unterschied zwischen hochwertiger Kohle und dem Dreck, den wir verbrennen. Es ist der Unterschied zwischen der Kilometerzahl, die wir zurücklegen, und der Kilometerzahl, die wir in derselben Zeit zurücklegen *könnten* . Das macht einen Dollar pro Tag aus. Angenommen, sie würden uns nicht mehr Kilometer zurückgeben als jetzt, dann würden wir es zu einem besseren Zeitpunkt tun, und der Unterschied wäre unser Eigentum, nicht wahr? Und Zeit ist Geld. Und *das* kostet trotzdem einen Dollar pro Tag. Es ist in beiden Fällen das Gleiche – Zeit oder Kilometer. Treffen Sie Ihre Wahl!"

„So, Johnny, das ist ein guter Junge, lauf mit und hol mir einen Eimer Dampf", spottete Noonan.

Mit einem Schnauben unaussprechlicher Verachtung drehte sich McQueen um und schwang sich in sein Taxi.

„Warte einen Moment, Mac", rief Noonan, aus Angst, er hätte zu weit gegangen. „Machen Sie sich nicht verrückt . Ich schwöre, ich glaube, du hast recht. Mal sehen, wie du es findest."

Und besänftigt kam McQueen zu dem Schluss, dass es so weit war. Habe es mit einem Bleistiftstummel in fettigen, gekritzelten Buchstaben auf der Rückseite einer Zeitanweisung herausgefunden. Was den Prozess anbelangte, durch den zu dieser Schlussfolgerung gelangt wurde, war etwas, worüber Noonan in tiefer und völliger Unwissenheit war. Ob es richtig oder falsch war, wusste er nicht. Er wusste es nie – und es war ihm egal! Das Ergebnis war auf jeden Fall da.

McQueen vervollständigte die letzte Zahl seiner Berechnung mit einem Schwung. "Dort!" er weinte jubelnd. „Wie wäre es jetzt, was?"

Noonan nahm das Papier, runzelte die Brauen, schürzte die Lippen und starrte es mit der Miene eines Kenners der Infinitesimalrechnung an. „Hm", sagte er langsam, „bist du absolut sicher, dass es richtig ist, Mac?"

"Rechts!" McQueen schrie förmlich, berührt an einer weiteren empfindlichen Stelle. "Rechts! Verdammt, es ist doch schwarz auf weiß da, nicht wahr? Zahlen lügen nicht, oder? Nun, was zum Teufel ist denn mit dir los?"

„Ich wollte sicher sein, Mac, das ist alles. Heilige Fischplatten, ich wusste, dass es schlecht war, verdammt schlecht, aber ich hätte nicht gedacht, dass sie es uns so geben würden."

„Wetten, dass es schlimm ist. Es ist das Schlimmste überhaupt. Es gibt mehr Arten von Kohle, als es Spitzen auf dem Weg von hier nach Big Cloud und wieder zurück gibt, aber die Kohle, die wir bekommen, ist die letzte auf der Liste. Schlecht! Das habe ich immer gesagt, nicht wahr?"

„Es ist heftig!" fuhr Noonan mit zunehmender Betonung fort. „Und wenn die Jungs das hören, wird es der letzte Tropfen sein, der das Fass zum Überlaufen bringt. Sie werden sie reparieren !"

„Wen reparieren?" fragte McQueen ausdruckslos.

„Warum, sage ich es dir nicht ! Das Unternehmen."

„Ich – ich habe über die Kohle gesprochen", sagte McQueen etwas unbehaglich.

„ Natürlich warst du das", stimmte Noonan herzlich zu. „ Sicher waren Sie das, und wie das Unternehmen jedem Ingenieur in der Abteilung einen Dollar pro Tag raubt, ganz zu schweigen von den Feuerwehrleuten und dem Zugpersonal. Es reicht aus, um einen Mann wütend zu machen. Nun, ich sollte ja sagen!"

„Ich – ich habe nicht gesagt, dass die Firma uns ausraubt", protestierte McQueen.

"Was ist das!" rief Noonan scharf; dann mit offensichtlichem Abscheu: „Ihre verrückten alten Zahlen sind also nur Gassackfüllungen, genau wie der Rest Ihres Kohlengeredes, nicht wahr? Sie *sahen* ziemlich schuppig aus, und das ist eine Tatsache. Ich hatte meinen Verdacht. Deshalb habe ich Sie gefragt, ob Sie sicher sind, dass sie Recht haben. Aber ich hätte vielleicht gewusst, dass sie es nicht waren, ohne zu fragen."

„Oh, vielleicht, vielleicht?" explodierte McQueen und stach erneut in einen Wutausbruch aus. „Du und dein Verdacht! Wer bist du! Ich sage Ihnen, sie haben Recht, und das ist das Ende!"

„Nun, wenn sie Recht haben, warum stehst du ihnen dann nicht zur Seite? Wir werden jeden Tag, an dem wir arbeiten, ausgeraubt, nicht wahr ?"

„Ja, das glaube ich", gab McQueen widerstrebend zu. „Aber ich habe es nicht herausgefunden, um –"

„Mac", unterbrach Noonan salbungsvoll, „es liegt weder an Ihnen noch an mir, den Zweck zu nennen, zu dem es dienen soll." Es gibt noch andere außer uns. Aber ich sage, Mac, du bist unglaublich schlau."

McQueen schüttelte den Kopf. „Ich bin ein Firmenmensch", sagte er zweifelnd.

„Firmenmann! Natürlich bist du das. Wir sind alle Firmenmänner. Aber richtig ist richtig und falsch ist falsch vor allem anderen. Na ja, ta ta , Mac, wir sehen uns wieder. Ich bin weg. Da ist Hake mit dem Taschentuch. Ich werde den Jungs sagen, wo ihr steht."

Es war ein etwas benommener McQueen, der sich wiederum in sein eigenes Taxi hochzog. Er stand im Gang und blinzelte nachdenklich auf die Kohle, die hoch oben auf dem Tender aufgetürmt war. Für seine gewissenhafte Selbstverständigung wirkte seine triumphale Rechtfertigung in gewisser Weise wie ein Bumerang. „Ich weiß es nicht", überlegte er. „Es ist verdammt schlechte Kohle, und – und Zahlen lügen *nicht* . Wir – wir haben das Schlimmste davongetragen, und – und ein Mann *sollte* für seine Rechte eintreten." Und während McQueen, beschäftigt mit neuen und bedeutsamen Problemen, nach Westen in die Rocky Mountains dampfte, raste Noonan mit der Zunge in der Wange mit Vollgas auf Big Cloud zu.

An diesem Abend erfuhren Noonans Freunde im Big Cloud die Geschichte. Das heißt, sie bekamen, was Noonan ihnen sagen wollte. Und die Last seiner Geschichte war, dass McQueen für die Bruderschaft und gegen das Unternehmen war. Das war ausreichend. Mit anerkennender Bewunderung blickten sie auf den Mann, der den Trick vollbracht hatte, und flohen dann los, um seinen Befehlen zu gehorchen.

Am Morgen hatte jeder Ingenieur der Abteilung die Nachricht erhalten. Bei Einzelfrachten, bei vereinzelten Frachten, bei regulären, Sonder- und Teilladungen, sie haben es geschafft – jede einzelne davon. Und McQueen, der auf Nummer Zwei wieder nach Osten kam, bekam es und wunderte sich ein wenig über seine neue Bedeutung, ohne Noonans Hand in der ihm erwiesenen deutlichen Ehrerbietung zu sehen.

Erstens und letztens war es ein schlechtes Geschäft. Schlecht für das Unternehmen, schlecht für die von Noonan angeführten Hitzköpfe, schlecht für die anderen und schlecht für McQueen. Das Unternehmen war nicht allzu gut vorbereitet, und Carleton hatte große Schwierigkeiten, etwas zu bewegen, da dies in den Tagen seiner Amtszeit geschah. Es gab ein ziemlich bitteres Gefühl; und bevor es vorbei war, wurde Blut vergossen. Aber die Raufbolde bei Big Cloud, die den Piloten nicht von einem Hornblock kannten, waren für den Großteil davon verantwortlich, obwohl sie auf ihre Art auch das Ende herbeiführten.

In der Nacht, in der sie den jungen Carl Davis an einer Tür, die sie einem Güterwagen entrissen hatten, vom Hof nach Hause trugen, kam es zum Showdown. Davis bremste damals auf dem Hof und war ein Neffe von McQueen. Seitdem er als kleiner Zehnjähriger in den Westen gezogen war, lebte er mit dem Ingenieur zusammen. Da sie selbst keine Kinder hatten, hielten McQueen und seine Frau so viel von dem Jungen, als wäre er ihr eigenes Kind.

McQueen bekam in seiner Trauer nicht das Recht dazu. Nur auf eine verwirrte Art und Weise verstand er, dass die Raufbolde den Jungen mit einem feigen Schuss beschossen hatten, was vielleicht nichts anderes bedeutete, als seine Lampe herauszuschießen, als er auf dem Dach eines Autos vorbeifuhr. Und während seine Frau mit zarten Händen damit beschäftigt war, dem Chirurgen so viel Hilfe zu leisten, wie sie nur konnte, saß McQueen auf einem Stuhl und starrte mit trockenen Augen und bitterem Herzen auf das weiße Gesicht auf dem Bett.

Auch McQueen kam langsam zur Vernunft. Sicherlich hatte er nie vorgehabt, zuzuschlagen. Nun hatte der Schock über Carls Verletzung sein Urteilsvermögen getrübt und er sah die Dinge so, wie er sie hätte sehen sollen, sah sie so, wie er sich selbst dafür verfluchte, sie nicht gesehen zu haben, bevor er sich von seinem sinnlosen Egoismus überwältigen ließ. Als ihm die Gedanken durch den Kopf schossen, brannten seine Wangen vor Scham stumpfrot. Doch die ganze Zeit über gab er sich selbst die Schuld, ohne zu ahnen, dass er von dem schlauen Noonan als Katzenpfote benutzt worden war – das sollte erst später geschehen.

McQueen wartete nur, um dem Arzt halb widerwillig die Versicherung abzuringen, dass der Junge durchkommen würde, dann nahm er seinen Hut und verließ das Haus. Es ging gegen elf Uhr, als er die Halle gegenüber dem Bahnhof betrat, wo die Jungen ihr Hauptquartier hatten, und seit Beginn des Streiks hatte es sich zur Gewohnheit gemacht, sich jeden Abend zu versammeln. Normalerweise war es auf eine gutmütige, unbekümmerte Art laut, doch als McQueen eintrat, herrschte eine gedämpfte und ernste Stille im Raum. Mit der Schießerei im Hof hatten sie nicht gerechnet, und genau wie McQueen war es Schauspiel auf ihnen als Stärkungsmittel. Alle außer Noonan, der, offensichtlich mit ein paar Drinks gestärkt, lauter, ausgelassener und streitsüchtiger war als je zuvor.

McQueen beantwortete die Fragen, die sie ihm über den Zustand des Jungen stellten, nüchtern, ging zu Noonan, nahm ihn am Arm und führte ihn in eine Ecke.

„Das Spiel ist es nicht wert", sagte er knapp. „Ich hatte heute Abend meine Lektion und bin fertig!"

"Wozu?" forderte Noonan aggressiv. „Wir hatten nichts damit zu tun. Wir sind nicht verantwortlich, oder?"

„Das sind wir", sagte McQueen entschieden. „Moralisch verantwortlich."

„Moralisch verantwortlich!" Noonan spottete mit einem höhnischen Grinsen. „Oh, Mama, hör ihm zu! Gelber Streifen, das bist du, McQueen." Dann grimmig: „Du spielst den Schorf und ich schlage dir den Kopf zu Brei."

„Du bist betrunken", erwiderte McQueen verächtlich.

„Betrunken, was? Ich bin nicht so betrunken, aber ich weiß, wer diesen Streik leitet. Ich bin es, und vergiss es nicht! Und was ich sage , gilt, verstehen Sie ?"

„Ich bitte Sie, es abzublasen. Blut auf unseren Köpfen, das werde ich nicht ertragen. Unsere Beschwerden rechtfertigen nicht, was hier wahrscheinlich passieren wird, wenn die Dinge so weitergehen. Das bist du den Männern schuldig, die dir in den Streik gefolgt sind, Noonan."

„Oh, das tue ich, oder? Ist *mir* in den Streik gefolgt , was? Wie wäre es mit den Männern, die *dir gefolgt sind?* "

„Das ist mir gefolgt?" wiederholte McQueen erstaunt.

„Klar, das ist dir gefolgt! Du hast doch nicht gedacht, dass ich von deinem bescheuerten Kohlegerede etwas mitbekommen hätte, oder? Du denkst bestimmt, ich bin grün! Alles, was ich wollte, warst *du* – du hast schnell und locker gebissen – und der Rest der Softies kam dann wie ein Rudel Schafe vorbei. Was denken Sie jetzt darüber, *dass ich* alles den Männern verdanke, Herr Moralverantwortlicher, nicht wahr?"

McQueen brauchte eine Minute, um das Ganze zu erfassen – das bittere Ganze. Dann schoss ihm das Blut in einer purpurnen Flut ins Gesicht. Er streckte die Hand aus, packte Noonan an Hals und Schultern und schüttelte ihn wie ein Terrier eine Ratte. „Du bist scheiße!" schrie er heiser und warf den anderen plötzlich gegen die Wand.

Als die Männer das Handgemenge hörten, rannten sie herbei.

„Er ist ein Schorf! Töte ihn!" schrie Noonan.

McQueen drehte sich zu den Männern um. „Wenn es ein Streikbrecher ist, diesen Streik zu schlagen , bin ich ein Streikbrecher", sagte er leise. „Ich bin jetzt darauf aus, es zu schlagen! Ich war ein Narr und ich bin bereit, es zuzugeben. Aber ich wusste erst heute Abend, dass ich der Köder für so ein jammerndes Ding war!" zeigt auf Noonan. „ Er sagt, dass einige von euch in den Streik gegangen sind, weil ich es getan habe. Wenn dem so ist, dann lasst es, denn ich tue es. Raus aus der Sache, bevor es mehr auf uns zukommt, als wir verantworten können, wenn wir zum letzten Mal in die Division gehen. Das ist alles, was ich zu sagen habe. Ich gehe jetzt rüber und bitte Carle-ton, mich wieder anzuheuern, wenn es nichts Besseres gibt, als einen Güterzug zu ziehen. Und – und ich hoffe, dass du mit mir kommst."

So wie die Flut dem Bruch im Damm folgte, so erfüllte der Bruch der Spannung den Raum mit Tumult. Jubelrufe, Schreie, Zischen, Flüche, Rufe – die Bruderschaft war in sich selbst gespalten. Doch zehn Minuten später versammelten sich die meisten von ihnen hinter McQueen im Büro des Supervisors.

Carleton und seine Mitarbeiter schliefen damals im Hauptquartier und versammelten sich in einer Gruppe um die Lampe mit dem grünen Schirm auf dem Tisch des Disponenten, um sich der Delegation zu stellen.

"Herr. Carleton", begann McQueen, „wir –"

Das war alles. Er kam nie weiter. Von der Plattform draußen erklangen Schreie und Pfiffe, und über dem Chor erklang Noonans Stimme:

„Den Schorf einweichen! Töte ihn! Wenn es ihm so gut gefällt, lass es ihn haben! *Jetzt!* "

Die Fensterscheibe erbebte krachend, und McQueen, von einem riesigen Brocken Kohle voll am Kopf getroffen, sank ohne ein einziges Stöhnen zu Boden.

Zwar haben sie ihn im Laufe der Zeit von seinem Hirnfieber geheilt, aber von der Kohle haben sie ihn nie geheilt. Auf und ab von einem Ende der Division zum anderen, als er wieder zurechtkam, redete er energischer denn je über Kohle – es war seine Sache. McQueen kaufte für unterwegs ein.

„An dem, was ich über Kohle gesagt habe, war nichts falsch", beteuert er lächelnd, als die Jungs es ihm vorlegen. „Nicht für eine Minute! Gute Kohle erzeugt besseren Dampf, verbessert alles und zahlt dem Unternehmen. Das haben sie schon gesehen. Deshalb kaufe ich es, verstehen Sie? Was die Einrechnung in den Zeitplan angeht, war die Summe zu schwierig und sie konnten es nicht schaffen. Mich? Oh, ich kann auch nicht, ich habe den Aufsatz verloren, auf dem ich es für Noonan gemacht habe. Ich bin nicht mehr so gut in Zahlen wie früher, was?"

XIII – DER RABATT

Er war als Dutchy bekannt, aber sein Name war Damrosch.

Dies ist Dutchys Geschichte, als Dutchy und das Transcontinental im Entstehen waren; und zuvor kam er, wie an anderer Stelle aufgezeichnet wurde, nach Big Cloud. Er begann mit der Eisenbahnarbeit als Hilfskoch eines Bautrupps, der Gleise quer durch die Prärie verlegte. Mit zunehmender Laufleistung wuchs auch Dutchy. Zunächst schlank und schlank, wirkte er nach und nach wie ein wohlgenährter Mensch, bis Dutchys Gang, als sie die Rocky Mountains erreichten, zu einem Watscheln geworden war und seine unschuldigen blauen Augen fast von den großen Rollen verdeckt wurden Fett, das sein Gesicht aufblähte wie ein Spielzeugballon. Dann sicherte sich Dutchy, der körperlich und geistig langsam war und sich nach einem ruhigen und friedlichen Leben sehnte, die Rechte an der Mittagstheke für Dry Notch.

Nun bestand Dry Notch, auf halber Strecke durch die Prärie, aus einem Wassertank, einem kleinen Rundschuppen, einer kleineren Station und einem winzigen Gemischtwarenladen. Aufgrund seiner geografischen Lage war es jedoch das Hauptquartier der Mid-Plains-Division.

Hier war TV Brett Superintendent; Thornley war sein Chefsekretär; und MacDonald war Dispatcher. Und diese bildeten zusammen mit den Eisenbahnarbeitern und dem Zugpersonal die Bevölkerung von Dry Notch, sofern nicht irgendwo in der Nachbarschaft noch ein paar Viehzüchter hinzukamen.

Das Personal übernachtete in einem Raum über dem Bahnhof, und die Männer hatten ihre Quartiere im Rundschuppen, aßen aber allesamt an Dutchys Theke. Einen Monat lang, nachdem er am Tatort aufgetaucht war, gab es Teller mit Kaffee, Apfelkuchen und Sandwiches als feste Nahrung, und dann wartete eine Abordnung auf ihn und verlangte gehaltvollere Gerichte.

„Man kann Fleischpasteten und Hühnereintopf und so etwas machen, nicht wahr?" sie forderten. "Sicher!" sagte Dutchy. „Aber Punkt iss teuer ." Geld spiele keine Rolle, versicherten sie ihm, und legten daraufhin eine Preisliste fest – fünfzehn Cent für eine Fleischpastete; zwanzig Cent für einen Hühnereintopf – mit zwei Scheiben Brot und Butter als Zugabe.

„Veil", sagte Dutchy, „so ist es."

Und ein paar Nächte später bekamen sie, wie er es versprochen hatte, ihren Hühnereintopf – einen Hühnereintopf aus der Dose.

Der riesige Topf, der bis zum Rand gefüllt war, war geleert worden, und Dutchy, dessen Gesicht vor Lächeln strahlte, war ins Hinterzimmer geeilt, um sich einen weiteren Vorrat zu holen, als MacDonalds Stimme klagend wurde:

„Es ist – es ist *Hühnchen* , nicht wahr?"

Die Menge blickte den Disponenten fragend an.

„Weil", fuhr MacDonald leise fort, „ich – noch nie von Hühnern in Dry Notch gehört habe."

Und dann, inmitten des anschließenden Gelächters, erhob sich Thornley dramatisch von seinem Platz, nahm einen Knochen von seinem Teller und schwenkte ihn in die Luft.

„Meine Herren, dies ist keine Zeit für Heiterkeit!" er weinte. „Wir sind Opfer eines Betrugs. Wir sind im Griff eines Oktopus – das heißt einer Lebensmittelstiftung, bestehend aus Dutchy und den Speisewagenschaffnern von Nummer eins und zwei. Es ist meine schmerzliche Pflicht zu behaupten, dass ich diesen Knochen als denselben Knochen erkenne, von dem ich mich vor zwei Nächten ernährt habe, als ich an der Nummer Eins vorbeikam."

Dutchy kam herein und schwankte unter der Last des aufgefüllten Pots, als Thornley sofort feierlich eine Rückerstattung verlangte.

„Mehrwertsteuer, ist das so?" sagte Dutchy, blieb stehen und spähte besorgt in den Topf; Dann blickte er, offensichtlich überzeugt, dass keine wesentliche Zutat vergessen worden war, zu den Gesichtern auf, die ihn ernst fragend ansahen. „ Ist die Mehrwertsteuer eine Wiederholung ?" er forderte an. „Es ist etwas mit dem Brot und Butter für zwanzig Cent zum Mitnehmen, ja ?"

Die Menge brüllte, und das Zugpersonal, das Lokpersonal und die Abteilungsmannschaften der Division begriffen den Witz und gaben ihn weiter, bis die Mittagstheke jedem Mann im System als „The Rebate" bekannt wurde.

Sie erklärten Dutchy den Witz nicht, und tagelang ertrug er die Spreu unbeirrt, wenn auch mit großer Verwirrung, bis MacDonald ihn eines Nachmittags geduldig und mühsam mit der unheiligen Niedrigkeit eines gewissen Thornley bekannt machte – und sich als Entschädigung selbst bediente, zum Donuthaufen unter der Glasabdeckung.

Dutchy hörte zu, und seine Wangen wurden immer röter, als MacDonald, hundertfach übertreibend, es höflich einrieb.

„Dot Thornley iss – iss ein Schwein!" schrie Dutchy plötzlich, als das Licht auf ihn hereinbrach.

MacDonald nickte zustimmend, sein Mund war zu voll mit Donut, um zu sprechen.

„Und ich bin ein Idiot , ja ?" fuhr der Wirt fort und schlug mit der dicken Faust auf die Theke.

Wieder nickte MacDonald, lächelte süß – und griff nach einem weiteren Donut.

Aber dieses Mal hatte Dutchy die Finger fest um den Deckel geschlungen, und er blickte misstrauisch durch das Glas auf die Anzahl der verbleibenden Donuts und starrte dann den Disponenten böse an.

„Du – du Verschwinde von hier!" sagte er langsam, aber mit zunehmender Betonung.

Und MacDonald ging lachend.

Erst nach dem Abendessen am selben Abend, als Nummer Eins vorfuhr, machte Dutchy Anstalten, sich zu rächen – dann machte Dutchy Schluss. Es war Taggart, der es bekam – der kleine Shorty Taggart, der Fahrer von Nummer Eins, der rothaarig und ein eingefleischter Witzbold war und außerdem ein großer Kumpel von Thornley.

Der erste Hinweis, den MacDonald bekam, dass etwas nicht stimmte, war ein wütendes Heulen, das sich über den Tumult im Bahnhof erhob und ihn erreichte, wo er im Büro des Disponenten saß. Es war unverkennbar, dass es sich um die Stimme von Dutchy handelte . MacDonald steckte hastig den Kopf aus dem Fenster, während Thornley, der im Zimmer war, sich über seine Schulter beugte.

Dutchy brüllte wie ein verrückter Stier. „ Sag es! Shusht, sag es. Oh! Mensch, mein Gott!"

Es folgte ein Vulkanausbruch des gutturalen Deutsch, in das sich ein oder zwei Wörter mischten, die allen Sprachen gemeinsam sind.

Dann flog er durch die Tür des Speisesaals, stürmte den Bahnsteig hinunter, verteilte Liegestühle, Passagiere und Karren in alle Richtungen und stürmte in rasendem Tempo auf das Lokende des Zuges zu, wo er eine kleine Gestalt in eng anliegendem O-Ring zerriss -beiniger Overall, dessen flammend rotes Haar ein leuchtendes Zeichen für den Teller darstellte, der an seinem Ohr vorbeisauste und in hundert Teile gegen einen Gepäckwagen zerschmetterte.

Und Dutchy watschelte, kräftig blasend, die Ärmel über die dicken Arme hochgekrempelt, in die Mitte des Bahnsteigs und schüttelte dem sich zurückziehenden Lokführer verzweifelt die Faust hinterher.

„Der Narr ist doch nicht mehr, oder ?" Er schrie und blähte seine Wangen auf und ab wie ein keuchender Injektor, drehte sich um, betrat das Restaurant erneut und die Tür schloss sich mit einem lauten Knall hinter ihm.

MacDonald zog den Kopf ein und die Tränen liefen ihm über die Wangen, während er sich an den Seiten hielt.

Thornley tastete nach einem Stuhl.

„Ich schätze, Taggart hat um eine Rückerstattung gebeten", keuchte er. „Es hat sich gelohnt, ihn laufen zu sehen."

„Wetten!" sagte MacDonald eloquent, als er wieder zu Atem kam.

Die Tür öffnete sich und Brett, der Hausmeister, kam herein.

„ Siehst du Taggart und Dutchy, Brett?" rief Thornley.

„Ja", sagte Brett lachend. Dann, ernster: „Schau mal, du solltest das besser mit Dutchy vereinbaren. Es nützt nichts, es zu stark einzureiben. MacDonald, sag Blaney, er soll mein Auto auf Nummer Zwei stellen, wenn sie hereinkommt. Ich fahre heute Abend nach Osten."

Das Patchen war jedoch etwas ganz anderes, als darüber zu reden.

Am nächsten Morgen war die Tür zum Speisesaal bedrohlicherweise geschlossen – und das Personal verzichtete auf Frühstück . Durch das Lauschen am Schlüsselloch und einen gelegentlichen Blick durch das Fenster wussten sie, dass Dutchy drinnen war.

Aber von Flehen, Drohungen und Türtritten war der Bewohner im Grunde nichts zu spüren. Für das Personal und die Stationsarbeiter, die gewohnt waren, sich für ihren Lebensunterhalt auf Dutchy zu verlassen, begann es ernst zu werden.

Thornley pfiff leise und zog an seiner Pfeife, seine Füße auf dem Schreibtisch des Disponenten.

„Er muss *sich* öffnen, wenn Nummer Siebenundneunzig ankommt", sagte Thornley, mehr um sich selbst zu beruhigen, als um MacDonald eine neue Sicht auf den Fall darzulegen. „Das Unternehmen duldet keine Unannehmlichkeiten für die Passagiere – das heißt", beeilte er sich zu ändern, „nicht dieser Art." Was? Sie haben eine Art Pfandrecht an diesem Lokal, und wenn er darauf wartet, dass sie hinter ihm her sind , gerät er in Schwierigkeiten. Ich wünschte, Brett wäre zurück – er würde ihn wohl schnell dazu bringen, sich zu öffnen. Was ist überhaupt mit Nummer siebenundneunzig los? Dachten Sie, Sie sagten, sie sei pünktlich?"

„Das ist sie", sagte MacDonald grinsend. "Sie hören?"

Aus dem Osten ertönte der heisere Schrei aus dem Pfiff einer Fünfhunderterklasse.

„Ich schätze, ich gehe runter", sagte Thornley. "Kommen?"

MacDonald nickte und stand von seinem Stuhl auf. Die beiden Männer erreichten den Bahnsteig gerade noch rechtzeitig, um einen Flirt von Sanders in der Kabine zu bemerken, als die große Maschine, deren Radreifen von den festsitzenden Bremsen funkelten, langsam an ihnen vorbeirollte und weiter hinten zum Stehen kam.

Gleichzeitig schwang die Tür des Speisesaals weit auf, und auf der Schwelle stand Dutchy, die Öffnung vollständig mit seiner Masse ausfüllend. In seiner linken Hand hielt er seine Glocke, die er lautstark zu läuten begann; In seiner rechten Hand, die fast, aber nicht ganz hinter seiner Schürze verborgen war, befand sich nichts Geringeres als eine Waffe als ein kräftig aussehendes Nudelholz. Eine Menge Passagiere drängte auf das Restaurant zu, und unter ihnen mischten sich auch die hungrigen Eisenbahner von Dry Notch.

"Aufleuchten!" rief Thornley jubelnd. „Ich wusste, dass er sich öffnen musste. Hier ernähren wir uns – oder?"

„ Warte !" rief Dutchy gebieterisch, als die Spitze der Kolonne ihn erreichte. „Du, ja ; du, nein. Ist das Mehrwertsteuer ?" Er trennte die Schafe von den Ziegen, erlaubte den Passagieren den Zutritt und drängte die Eisenbahner rücksichtslos zur Seite.

„Du, ja ; du, nein. Du, ja ; du – oh! Mensch, mein Gott!"

Er hatte Thornley erblickt und schlug mit einem plötzlichen Schwung mit dem Nudelholz heftig in diese Richtung. Da er jedoch gezwungen war, seine Position im Türrahmen, dem strategischen Schlüssel der Situation, beizubehalten, verfehlte der Stoß ihn um fünf bis sieben Zentimeter und verfehlte Thornleys Nase nur knapp.

Thornley fiel instinktiv zurück.

„Schau her, du alter Arsch!" Er schrie wütend: „Wir haben genug davon. Das ist mehr als nur ein Witz. Die Firma hat ein Pfandrecht an Ihrem Joint, und wir werden ihn so fest verschließen, dass Sie ihn nie wieder öffnen werden – verstehen Sie ?"

Dutchy hielt inne und sagte eintönig: „Du, ja ; Du, nein", womit er wieder begonnen hatte, und sein Bauch begann zu zittern.

"Yah!" er weinte. „Das ist ein Witz. Oh mein Gott, *Lean!* Dot iss Du wirst verhungern , ja? Ho, ho! Ha, ha!"

In Dutchs Heiterkeitsausbruch schloss sich erst einer und dann ein anderer an, bis selbst Thornley, dessen Gutmütigkeit die Oberhand gewann, mit den anderen auf eigene Kosten brüllte.

Aber wenn diese offensichtliche Rückkehr zu guter Laune von Dutchys Seite bei den Eisenbahnern irgendeine Hoffnung weckte, dass er nachgegeben hatte und die früheren freundschaftlichen Beziehungen wieder aufgenommen werden würden, waren sie zur Enttäuschung verurteilt, denn Dutchy ließ dies den Passagieren unbeirrt weiterhin zu ging hinein und versperrte den anderen ebenso stur den Eingang.

Dann gaben sie es auf und kauften den geringen Vorrat an Konserven und Keksen aus den Regalen des Gemischtwarenladens auf.

Sie pflegten im Gepäckraum herumzualbern und schluckten ihre spärlichen Portionen zur Melodie von „Die Wacht am Rhein" hinunter, die von einer starken und sonoren Stimme durch die Trennwand brüllte, auf deren anderer Seite, in verlockender Verwirrung, wie ihnen schmerzlich bewusst wurde, war genug.

Was sie hatten, weckte jedoch kaum mehr als ihren Appetit, und um drei Uhr sprachen einige der Männer davon, die Position im Sturm zu erobern, sich selbst zu bedienen und ein paar ausgefallene Stunts mit Dutchy zu machen.

„Wir können keinen Streit haben", sagte Thornley, zupfte an seinem Schnurrbart und starrte MacDonald an. „Was sollten wir besser tun? Die Jungs werden ihm die alte Hütte um die Ohren hauen. Er wird mit Bravour kämpfen und jemand wird verletzt. Und dann möchte das Unternehmen wissen, was was ist. Sag mal, der alte Gänse hat uns da hingebracht, wo er uns haben will, klar – äh, was?"

MacDonald nickte.

„Ich sage Ihnen, was es ist", fuhr Thornley eindrucksvoll fort, „da steckt noch jemand außer Dutchy drin." Sie haben ihm ein Stier gegeben, und *ich* würde ein paar geben, um zu wissen, wer es ist. Es ist unglaublich seltsam, dass Dutchy so plötzlich aufwachte und merkte, dass er ein Witz war. Dann reicht der Rabatt, Josh, nicht aus, um ihn so wund zu machen. Jemand hat ihn gut und reichlich bespannt. Was sollten wir besser tun?"

„Ich weiß es nicht", antwortete MacDonald. „Lass uns gehen und sehen, ob wir ihn nicht überreden können."

Als Thornley und der Fahrdienstleiter auf dem Weg zum Speisesaal waren, schlossen sich ihnen die Zugführer und Bahnhofshelfer an.

MacDonald blieb ein paar Schritte von der Tür entfernt stehen.

„Ihr Jungs, bleibt hier", befahl er. "Lass mich sehen was ich machen kann."

Thornley und die Männer blieben gehorsam stehen, während MacDonald weiterging und an die Tür klopfte. Es gab keine Antwort.

„ Dut – Herr. Damrosch!" er hat angerufen. „Es ist MacDonald. Ich möchte mit dir reden."

Diesmal wurde sein Klopfen beantwortet, und zwar so plötzlich, dass er überrascht zurückfuhr.

„Schleier, was ist das?" fragte Dutchy und blickte kriegerisch finster drein.

„Wir – wir sind –", stammelte MacDonald, dessen Selbstvertrauen durch die Haltung des Besitzers ein wenig erschüttert war. Dann verzweifelt: „Oh, ich sage, zum Teufel, Dutchy, wir haben Hunger."

"Also!" Dutchys Ausruf war eine Welt aus unschuldigem Erstaunen und freundlichem Interesse.

„Ja", fuhr MacDonald diplomatisch fort. „Darauf können Sie wetten. Es war ein guter Witz, aber du hattest das beste Ende davon. Lasst uns Schluss machen, da ist ein guter Kerl, und – und gebt uns allen ein Almosen."

Dutchy hörte dem Appell aufmerksam zu.

„Ich, ein Idiot, bin ich doch nicht mehr, oder ?" fragte er leise.

„Das bist du definitiv nicht", versicherte ihm MacDonald.

„ Du vill for repates fragen noch nicht mehr?" beharrte Herr Damrosch.

„Nicht in deinem Leben!" antwortete der Dispatcher ernst und begann, Tageslicht zu sehen. „Das ist alles aus. Wenn Sie möchten, entschuldigen wir uns auch. Ich verspreche Ihnen, wir sind durchaus bereit, uns zu entschuldigen."

„Schleier, Höhle", verkündete Herr Damrosch, „ ve Ich werde es noch schlimmer machen" – und er schlug MacDonald die Tür vor der Nase zu.

„Oh, warte mal, Dutchy!" rief MacDonald mitleiderregend, denn er war sehr hungrig. "Was hast du gesagt?"

„Vat, ich sagte , iss dot ve Ich werde es verschlimmern!" schrie Dutchy von der anderen Seite der Tür. „ Ist doch kein Englisch, oder ? Verschlimmern!"

„Er meint Schlichtung", forderte Thornley vom Podium.

"Oh, alles klar!" sagte MacDonald. „Dem werden wir zustimmen, Dutchy. Komm schon – mach auf!"

„Ich werde nicht mit dir aggra – arra – *tu es* – hang dot vord !" Dutchy behauptete entschieden, öffnete aber erneut die Tür. „Aber mit Mister Brett werde ich es tun."

„Aber Mr. Brett ist nicht hier, das wissen Sie", erwiderte MacDonald und begann, verärgert zu werden. „Und außerdem wird er erst übermorgen zurück sein. Ich schätze, das weißt du auch, oder?"

Dutchy lächelte geduldig und vorwurfsvoll. „Das ist schade", bemerkte er bedauernd. „Aber verdammt noch mal, Thornley ist ein Schwein , und du – oh mein Gott! Du – ich konnte dir nicht glauben . Ve vill Warten Sie auf Herrn Brett.

Er schloss die Tür wieder, als MacDonald seinen Fuß gegen den Türrahmen stellte, sich zu Dutchy beugte und schnell und mit gedämpfter Stimme sagte:

„Schau mal, Dutchy, du gehst zu weit. Wenn ich nicht weiter sehen könnte als du, würde ich eine Brille tragen. Jetzt ist es an der Zeit, Ihren Deal abzuschließen. Ich helfe dir – siehst du? Aus den Jungs kann man jetzt alles herausholen, aber wenn man sie zu weit drängt, ziehen sie einem das ganze Outfit bis über die Ohren. Sie sagen, was Sie wollen, und ich besorge es für Sie."

Dutchy schaute MacDonald nachdenklich ins Gesicht und schüttelte mit einem traurigen, weisen Lächeln den Kopf.

„Ich konnte es nicht glauben ", wiederholte er.

„Das musst du nicht. Du musst niemandem glauben. Was auch immer Sie von uns erwarten, wir tun es, bevor Sie uns zum Essen hereinlassen. Du kannst nicht verlieren. Was sagen Sie?"

Herr Damrosch kratzte sich nachdenklich am Kopf, ohne den Blick vom Disponenten abzuwenden. Nach einer Minute klopfte er MacDonald auf die Schulter.

„Veil", verkündete er, „das werde ich dir sagen. Hören."

MacDonald hörte zu – ungläubig. Dann pfiff er einen tiefen, langgezogenen Ton der Bestürzung.

„Na ja, du hast Nerven!" Er hat tief eingeatmet. „Was denkst du, was? Die Jungs werden nie-" Er hielt plötzlich inne, ein Lächeln erschien auf seinem Gesicht und er lachte leise vor sich hin. „Dutchy, du bist großartig! Es wird für die Jungs eine Herausforderung sein, Thornley dafür zu gewinnen. Das ist es, was Sie tun möchten – Thornley dazu bringen, dafür zu stehen. Werden die Jungs es schaffen? Oh, werden sie! Geben Sie ihnen die Chance. So geht man damit um. Ich habe dir gesagt, dass ich dir helfen würde. Jetzt machen Sie Ihr *Spielchen* ." MacDonald wandte sich an die Gruppe auf dem Bahnsteig. „ Dutchy wird schlichten!" er weinte.

Daraufhin begannen die Männer vorwärtszudrängen, aber Dutchy hielt sie auf. „ Warte, wie du isst ! Ven der – der – Hang Dot Wort – iss , den iss it. Warte !"

Sie warteten, und Dutchy begann, an seinen Fingern zu zählen. „ Da „Iss sechzehn Punkt gefrühstückt , nicht wahr ", begann er. „Punkt – iss – iss –"

„ Im Durchschnitt kostet sie ein Viertel pro Stück", flüsterte MacDonald. „Das macht vier Dollar."

„ Iss vier Dollar – ja ", fuhr Dutchy fort. „Schleier, ich will Punkt. Dere Die Crews sind ein und ausgegangen und haben nicht gegessen , und die Tür war geschlossen. Das sind zwei Dollar – ja ? Schleier, ich will Punkt ."

Die Männer kamen zu sich, und ein spöttisches Gebrüll erfüllte die Luft, angesichts dessen sogar Dutchy ein wenig erschüttert war.

„Stand pat", ermutigte MacDonald. „Sie kommen und gehen."

Dutchy hob zum Schweigen die Hand. „ Da Iss der Sechzehn noch einmal, aber trotzdem gut zu Abend gegessen nicht getan . Dot iss vier Dollar – ja ? Schleier, ich will Punkt. Punkt ist vier und zwei und vier. Das sind zehn Dollar – nicht wahr ? Veil, ich möchte Dot, und dann kommst du rein – ja , ein Py , eins – für je ein Viertel Py ."

Dutchys Ultimatum begrüßte , drehte sich MacDonald mit einer letzten Anweisung an den Besitzer, zu seinen Waffen zu stehen, um und schloss sich Thornley und den Männern an.

„Schleier, mein Gott!" schrie Dutchy über den Lärm hinweg. „Mehrwertsteuer, oder ? Wer musste zehn Dollar bezahlen? Es ist Punkt Thornley!"

„Na, du elender alter Dieb", schrie Thornley, „glaubst du, wir werden dich für die Beute bezahlen, die wir nicht bekommen haben, weil du sie uns nicht überlassen wolltest, und dich dann noch einmal dafür bezahlen, wenn du…" Verteilen Sie es? Wir sehen uns zunächst weiter."

„Es wurde vor dem – Hang Dot Word! – py der – vereinbart"

„Nichts vereinbart!" schnaubte Thornley.

„Siehst du vill for repates fragt doch nicht mehr, nicht wahr? Schleier, der Preis beträgt zehn Dollar . Dere Das ist keine Wiederholung . Oh mein Gott, Mister Thornley, war das ein übler Scherz – ja ? „Das war dein Witz, und ich dachte mir nicht , ich hoffe, du wirst es selbst bezahlen."

Thornley hat bezahlt. Ohne gute Gnade, sondern weil die Männer ihn, wie MacDonald versprochen hatte, erschaffen hatten. Verärgert und wütend führte er die Akte ins Restaurant und drückte Dutchy zehn Dollar und fünfundzwanzig Cent in die Hand, bevor er die Schwelle überschritt.

Hinter ihm folgten MacDonald und die grinsende Reihe von Männern, von denen jeder – im Voraus – sein Viertel für die erste ordentliche Mahlzeit an diesem Tag beisteuerte.

„Iss das, was du magst", sagte Dutchy großmütig.

Thornley starrte ihn an. „Iss das, was du magst! Iss das, was du magst!" er ahmte es brutal nach. „Ich mag deine kolossale Großzügigkeit auf meine Kosten!"

Lange Zeit gab es keinen anderen Lärm außer dem Klappern des Geschirrs und dem geschäftigen Klappern von Messern, Gabeln und Löffeln. Dann winkte Thornley Dutchy.

„Schleier, was ist das?" erkundigte sich der Inhaber hinter der Theke.

„Wer hat dir das angetan?" forderte Thornley. „Ich musste dafür einstehen und würde es gerne wissen. Das würde ich!"

MacDonald, der neben Thornley saß, bemerkte mit einiger Besorgnis, dass ein eigenartiger Ausdruck über Dutchys Gesicht huschte , aber zu seiner Erleichterung antwortete der Wirt nur mit einem Grunzen, als er auf den Ruf nach mehr Kaffee antwortete.

„Ich wette übrigens, dass es dieser rothaarige Taggart war!" rief Thornley plötzlich aus und wandte sich an den Dispatcher.

MacDonald vergrub sein Gesicht in seiner Tasse, angeblich um den letzten Tropfen auszutrinken, dann stellte er sie schnell ab und zog seine Uhr aus der Tasche.

"Heiliger Moses!" er stieß einen Ausruf aus und floh aus dem Zimmer.

Eine Stunde später, als Thornley wieder mit den Füßen auf MacDonalds Schreibtisch saß, steckte Dutchy seinen Kopf ins Zimmer und winkte dem Disponenten zu. MacDonald ging über den Boden und gesellte sich zu ihm. Dutchy zog ihn aus dem Zimmer und schloss die Tür.

„ Da „Es gibt eine Sache, die ich vergessen habe", verkündete Herr Damrosch.

"Was ist das?" fragte MacDonald.

„ Da Für fünf Donuts wird nicht bezahlt."

"Oh!" sagte MacDonald.

„War es an der Zeit, dass du es Thornley gesagt hast – ja ? Dot vas von Dollar py every. Schleier, ich möchte Punkt – ja ?“

"Wirklich!" lachte MacDonald. „Nun, ich denke *nicht!*"

„Dot-vas-der-time“ – Dutchy erhob seine Stimme, jedes Wort wurde lauter und deutlicher als das vorhergehende. Thornleys Stuhl drinnen knarrte bedrohlich. MacDonald warf einen verstohlenen Blick zur Tür und sein Gesicht wurde rot – „ Sie – sagten – Punkt –“

Mit einer hastigen Bewegung legte MacDonald eine Hand auf Dutchys Mund und drückte ihm mit der anderen einen Fünf-Dollar-Schein in die Finger.

"Aussteigen!" Er würgte und schubste Dutchy heftig zur Treppe.

Unten angekommen blieb Dutchy stehen, drehte sich um und blickte grinsend auf.

„ Meine Güte“, sagte er, „ich dachte , ich mag Witze ziemlich gut, und ich hoffe, dass …“

"Ach halt den Mund!" sagte MacDonald.

XIV – SPECKLES

Dies geschah zu einer Zeit in der Geschichte der Hill Division, als der Handel sehr schlecht war und die Direktoren, die den Jahresbericht des Unternehmens finster betrachteten, in heiligem Entsetzen die Hände hochwarfen; während aus dem heiligen Bereich des Sitzungssaals der schmerzerfüllte Schrei erklang:

"Wirtschaft!"

Der Geschäftsführer griff den Slogan auf und läutete ihn den Abteilungsleitern ins Ohr.

„Die Betriebskosten sind zu hoch", schrieb er. „Sie müssen abgeholzt werden." Und die Leiter der Abteilungen waren sich schmerzlich darüber im Klaren, dass der GM nicht aus reinem Vergnügen diktierte, und ließen die ihnen unterstellten Abteilungsleiter in unmissverständlicher Sprache wissen, dass die nächsten Quartalsberichte voraussichtlich eine deutliche Verbesserung zeigen würden.

Damals hatte John Healy die Leitung des Rundschuppens in Big Cloud inne, und am Morgen, nachdem der Blitz die Anlage getroffen hatte, kam er wütend und wütend vor sich hin stotternd von seinem Gespräch mit dem Direktor über die Höfe zurück. Als er in den Schuppen stampfte, war seine Laune noch ein wenig schlimmer als sonst. Das erste Objekt, das ihm ins Auge fiel, war Speckles, der auf der Leeseite von 483 hockte und seine Beine in der Grube baumeln ließ.

Das heißt, es wäre die Leeseite gewesen, wenn Healy durch die andere Tür hereingekommen wäre.

Die Betriebskosten senken , oder ? " Healy murmelte. „Begorra, ich fange gleich an!"

Und er hat Speckles auf der Stelle abgefeuert.

Nun war Speckles – dessen Name übrigens Dolivar Washington Babson war – bereits mehrfach gefeuert worden, und wenn er etwas mehr Tabaksaft schluckte, als seinem körperlichen Wohlbefinden gut tat, war das eher ein Schluck verblüffter Überraschung wegen Healys Erscheinen als wegen eines schmerzlichen Bedauerns über das Unglück, das ihn getroffen hatte. Dennoch hielt er es für seine Pflicht, zu protestieren.

„Raus und bleib draußen!" sagte Healy und weigerte sich zu widersprechen.

Und Speckles stieg aus.

Einen Tag lang hielt er sich vom Rundschuppen fern; die Zeitspanne, die er aus der Vergangenheit gelernt hatte, war nötig, um den Zorn des Drehers abzukühlen; dann schlenderte er wieder hinunter und traf Healy auf dem Plattenteller gegenüber.

„Ich bin heruntergekommen, um Sie zu bitten, mich noch einmal anzuziehen, Mr. Healy", begann er und brachte das Thema schüchtern zur Sprache.

„ Phwat ?" forderte Healy.

„Ich bin heruntergekommen, um Sie zu bitten, mich wieder anzuziehen, Mr. Healy", wiederholte Speckles monoton.

„Oh, ich habe dich gehört – ich habe dich gehört", sagte Healy etwas unbeständig. „Noch mal , oder ? Es wird lange dauern , mein Sohn, merk dir das!"

Das war ganz anders als Healys gewohntes „Na, geh zurück an deinen Job" und begann sich vage durch Speckles Gehirn zu dringen, dass sein Name nicht länger auf den Gehaltsabrechnungen des Unternehmens erscheinen sollte.

„Bin ich endgültig gefeuert, Mr. Healy?" er geriet ins Stocken.

"Du bist!" sagte Healy. "Nur das!" Dann gab er ein wenig nach, als Speckles' Gesicht sich senkte: „ Wenn da nicht die Riesen da unten wären" – er deutete mit dem Daumen in die allgemeine Richtung Osten – „ Ich könnte – mein Gott , ich sage nicht, dass ich es tun würde." , aber ich könnte dich noch einmal anziehen . So wie es ist, haben wir Anweisungen , die Betriebskosten zu senken , und es gibt eine Gebühr dafür ! "

Speckles stand einen Moment bestürzt da, als Healy zurück in den Rundschuppen ging; dann wandte er sich trostlos ab, überquerte die Gleise zum Bahnsteig des Bahnhofs, suchte eine abgelegene Ecke des Frachthauses auf und setzte sich auf einen Packkoffer, um darüber nachzudenken.

Für Speckles ging es nicht nur darum, die Kosten zu senken. Es war eine verdammte Karriere!

Was auch immer Speckles Fehler hatten, und er war nur ein Junge, er hatte eine erlösende Eigenschaft, vor der in den Augen des Geschäfts, dem er folgen wollte, seine Abweichungen vom geraden und schmalen Weg zur Bedeutungslosigkeit schwanden – die Eisenbahn wurde in ihm geboren .

Mit zehn Jahren hatte er als Caller für die Nachttrupps angefangen, und während der fünf Jahre, in denen die Kompanie seine wertvollen Dienste in dieser Funktion in Anspruch genommen hatte, gab es in der Abteilung keinen Mann, der es früher oder später lange erfahren hätte – der bewaffnete, knochige, sommersprossige, rothaarige Speckles – lernte den kleinen Racker kennen und mochte ihn auch.

Dann war Speckles zum Kehrer im Ringlokschuppen befördert worden, und gelegentlich, unter Healys kritischer Prüfung, zum Auswaschen von Kesselrohren. Dadurch wurde das Feuer seines Ehrgeizes mit neuem Treibstoff angeheizt, er begann auszurechnen, wie lange es dauern würde, bis er mit dem Wischen und dann mit dem Abfeuern beginnen würde, und danach – selbst Speckles' grenzenloser Optimismus hatte nicht die Kühnheit, ein bestimmtes Datum anzugeben – die Zeit, in der er sein Ziel erreichen und seinen Motor bekommen würde.

Stattdessen, im Alter von sechzehn Jahren, saß er auf einer Cracker-Box und seine Träume für die Zukunft waren brutal zerplatzt – dank Healy, dem alten Sour Face Healy!

Also seufzte Speckles, und als er seufzte, ertönte die Pfeife im Laden. Es war Mittag, und die Männer strömten aus den großen Toren. Dann eilte Speckles den Bahnsteig hinunter und die Hauptstraße hinauf, als ihm einfiel, dass die Schulen ebenfalls „ausgingen". Er würde sich Madge anvertrauen. Madge würde es verstehen.

Madge Bolton war die Tochter des Fahrkartenverkäufers am Bahnhof, und zwischen Mr. Bolton und Speckles gab es eine ständige Fehde, deren *Casus Belli die* fünfzehnjährige, blauäugige Madge war. Speckles trat an der Ecke mit den Fersen herum, bis sie auftauchte; Dann drehte er sich um und ging neben ihr her, wobei er etwas unbeholfen nach ihrem Bücherband griff.

„Hallo, Dol!" war Madges Begrüßung. Sie war die einzige Person in Big Cloud, die ihn nicht Speckles nannte.

„Hallo, Madge!" er kam zurück.

Madge warf einen Blick auf sein Gesicht und seine Hände. „Warst du nicht auf der Arbeit?" Sie fragte.

"Nein."

„Warum, Dol?"

„Gefeuert", sagte Speckles lakonisch.

„Oh, Dol, schon wieder!" sie weinte vorwurfsvoll. "Wozu?"

„„ Es ist nicht erst das dritte Mal, und es war nicht umsonst "', sagte Speckles etwas mürrisch. „Ich habe mich nur ausgeruht ."

„ Dolivar Babson", beschuldigte sie, „Sie haben herumlungerten. Oh, Dol, du wirst nie zum Schießen kommen, und – und –" Sie zögerte und hielt inne, ihre Wangen waren ein wenig gerötet von der Spur eines Burgbaus zwischen Jungen und Mädchen, der den Zorn ihres Vaters gegen die glücklosen Speckles noch verstärkt hätte Hatte er es gesehen?

Speckles, etwas beschämt und ohne jede Entschuldigung, trottete schweigend weiter.

„Haben Sie Mr. Healy gebeten, Sie zurückzubringen?" fragte sie nach einem Moment.

„Das wird er nicht", sagte Speckles.

„Was wirst du tun, Dol?"

„Ich weiß nicht ."

„Nun", sagte Madge hoffnungsvoll, „vielleicht könnten Sie einen Job in einem der Geschäfte bekommen." Wenn Sie möchten, frage ich Mr. Timmons, den Lebensmittelhändler. Ich kenne ihn ziemlich gut."

Speckles blieb abrupt und plötzlich stehen, warf Madge einen Blick ins Gesicht, der eine Welt unaussprechlichen Vorwurfs mit sich brachte, übergab schweigend ihre Bücher – und floh.

Er, ein Eisenbahner, geh in einen *Laden!* Und das von Madge! Madge, die von allen anderen – es war zu viel! Speckles aß sein Abendessen, entmutigt und niedergeschlagen. Alles und jeder war gegen ihn.

Die knappe Frage seiner Mutter, wann er wieder zur Arbeit gehen würde, trug keineswegs dazu bei, seine Probleme zu lindern – im Gegenteil, sie zu verstärken.

„Old Sour Face wird mich nicht zurückbringen", stieß er hervor, als Antwort auf die wiederholte Frage seiner Mutter.

„Kein Wunder, dass er das nicht tun wird", sagte seine Mutter scharf, „wenn du so respektlos bist. Ich schäme mich für dich, und du solltest dich für dich selbst schämen.

Speckles war zu deprimiert, um sich zu verteidigen. Schweigend beendete er seine Mahlzeit, leerte seine Tasse Tee in zwei Schlucken, nahm seinen Hut und machte sich auf den Weg.

Unbewusst richtete er seine Schritte auf die Höfe und erreichte etwa fünf Minuten später den Bahnhof. Hier, etwa auf halber Höhe des Bahnsteigs, entdeckte er Mat Bolton in der offenen Tür des Fahrkartenschalters.

Als er näher kam, weckte die Lässigkeit, mit der der andere mit verschränkten Armen am Türpfosten lehnte, Speckles' Verdacht. Um den Ort seiner Überlegungen zu erreichen – die Cracker-Box im Güterschuppen, die nun sein Zielpunkt geworden war – musste er an Mr. Bolton vorbei. Er begann daher, seinen Kurs in Richtung der Kante des Bahnsteigs zu neigen, die den Schienen am nächsten war, so dass, als er der Bürotür gegenüberstand, etwa fünfzehn Fuß zwischen ihm und seinem Erzfeind lagen.

Mr. Bolton erwachte überraschend plötzlich aus seiner Lethargie.

„ Du junger Schlingel", schrie er, „was hast du mit meinem Mädchen gemacht? Ich werde dir beibringen, Mädchen zum Weinen zu bringen, du kleiner, gesprenkelter Zwerg, du!"

Er stürmte auf Speckles zu, aber als er sein Gleichgewicht wiedererlangt hatte und sich davor bewahrte, über die Kante des Bahnsteigs auf die Gleise zu stürzen, hatte Speckles den sicheren Rückzugsort der Güterschuppentür erreicht. Und als der wütende Elternteil, nachdem er kraftlos die Faust geschüttelt hatte, zurückging und in seinem Reich verschwand, gönnte sich Speckles eine Reihe von Pantomimen, in denen seine Finger und seine Nase eine intime und umfassende Rolle spielten.

Wieder einmal auf der Cracker-Box sitzend, beschloss Speckles erneut, ein Komitee für Mittel und Wege zu gründen. Sein kleiner Streit mit Madges Vater hatte ihn so begeistert, dass sein schweres und bedrückendes Gefühl der Verzweiflung verschwunden war und an seine Stelle die erneute Entschlossenheit trat, die Eisenbahnkarriere, die Healy so nachdrücklich unterbrochen hatte, irgendwie wieder aufzunehmen.

Er dachte darüber nach, ob es machbar sei, sich bei Regan, dem Mechanikermeister, um eine Stelle in der Werkstatt zu bewerben, verwarf die Idee aber fast sofort mit der Begründung, dass die Werkstattmitarbeiter streng genommen keine Eisenbahner seien.

Er könnte mit dem Schalten und Bremsen beginnen und sich dann zum Schaffner hocharbeiten. Das zumindest war Eisenbahnfahren – nicht zu vergleichen mit Lokomotivfahren, schon gar nicht, aber es war trotzdem Eisenbahnfahren. Sein Gesicht hellte sich auf. Er würde Farley, den Zugvorsteher, interviewen.

Farley war in seinem Büro. Speckles musste nicht weit gehen, nur ein paar Stufen den Bahnsteig hinunter. Alle Büros – und Big Cloud war der Hauptsitz der Abteilung – befanden sich unter einem Dach.

Auf Speckles Bitte hin drehte sich Farley mit fragendem Gesichtsausdruck in seinem Drehstuhl um. Dann grinste er.

„Willst du mit dem Zugpersonal weitermachen, was? Was denkst du, Junge, dass ich eine Kindergartengruppe leite, auch wenn einige von ihnen sich so verhalten? Wie alt bist du?"

„Sechzehn", sagte Speckles mit sinkendem Mut.

„Sechzehn, was? Nun, kommen Sie in ein paar Jahren wieder und –"

Doch zum zweiten Mal an diesem Tag floh Speckles. Er war nicht in der Stimmung, allzu viel Gehässigkeit zu ertragen, und Farley neigte, wie er sehr wohl wusste, dazu. Speckles blieb vor der Tür stehen und wusste nicht, was er als Nächstes unternehmen sollte, als das Klicken der Instrumente im Raum des Dispatchers über ihm wie eine Inspiration an seine Ohren drang.

Warum hatte er nicht schon früher daran gedacht? Spence, der die meiste Zeit, in der Speckles Anrufer war, im Nachttrick dabei gewesen war, war jetzt Chefdisponent. Wenn er irgendwo einen Freund hatte, dann war es Spence, der Mann, an dessen Seite er in den langen, dunklen Stunden der Nacht gesessen hatte, die zu Vertraulichkeiten führen, und dem er so oft Geschichten über seine geliebten Ziele und Ambitionen in die Ohren geschüttet hatte.

Speckles ging in seiner neu entdeckten Ausgelassenheit drei Stufen auf einmal die Treppe hinauf. Spence blickte von seinem Schlüssel auf und hörte zu, während Speckles seine Geschichte erzählte.

„ Du bist also Healys Beitrag zur Wirtschaft, oder?" sagte er, als Speckles fertig war. „Und er wird dich nicht zurücknehmen?"

„Nein", sagte Speckles.

„Nun, das ist ziemlich hart. Aber ich weiß nicht, wie ich dir helfen kann, Speckles. Ich habe keine Rechte an Healy, wissen Sie."

Speckles zögerte einen Moment und rutschte nervös von einem Fuß auf den anderen. „Ich weiß, dass du das nicht bist ", begann er, „aber ich dachte, du würdest mich vielleicht hierher bringen."

„W-was!" rief Spence. Dann unterdrückte er ein Lachen beim Anblick von Speckles traurigem Gesichtsausdruck und fragte ernst: „Du meinst Abschicken?"

Speckles nickte.

„Nein, nein, Speckles, das würde niemals gehen. Du gehst zurück und siehst Healy. Ich werde mit ihm für dich tun, was ich kann."

„ Zwei nützen nichts", sagte Speckles hoffnungslos. „Ich habe ihn schon zweimal gefragt."

„Nun, frag ihn noch einmal. Schau mal, Speckles, es liegt an dir, dich irgendwie mit Healy in Einklang zu bringen. Wenn Sie Ihren Job unbedingt wollen, sollten Sie klug genug sein, einen Weg zu finden, ihn zu bekommen. Machen Sie jetzt weiter."

Also stieg Speckles die Treppe zum Bahnsteig hinunter und begann unentschlossen, die Gleise in Richtung der Lokschuppen zu überqueren. Er erreichte den Rundschuppen und kämpfte sich vorsichtig an dessen Vorderseite entlang. Healy war nicht in Sicht, also sprang er zwischen zwei

Motoren hindurch und machte sich auf den Weg zum hinteren Teil des Schuppens. Als er hier um das Ende eines Tenders spähte, konnte er Healys Abstellraum sehen – Healy nannte es ein Büro – ein etwa vier mal sechs Meter großer Raum, der von der Rückwand in der Ecke abgetrennt war, mit einem fettigen Buch in der Lokomotive. Mannschaften unterschrieben, und zwei oder drei andere, ebenso fette, in denen Healy die Dinge im Allgemeinen im Auge behielt.

Trotz seiner Beklommenheit grinste Speckles. Healy war dort und beugte sich über einen sehr dünnen, spindelbeinigen Tisch, den er einige Monate zuvor dem Schadensregulierer abgerungen hatte. Seine Brauen waren zu einem wilden, finsteren Blick zusammengezogen, und er knurrte und murmelte vor sich hin, mal arbeitete er wütend mit einem dicken Bleistift auf den Blättern vor ihm, mal hielt er inne, um diesen harmlosen Artikel in seiner Verzweiflung fast in zwei Teile zu zerbeißen.

Healy arbeitete an seiner Erfindung. Die gesamte Abteilung wusste von Healys Ideen zu Westinghouse und „Luft" und wusste, dass diese Ideen, wenn sie perfektioniert waren, patentiert werden sollten. Es gibt weder hier noch da einen Konsens darüber, wie die Meinung über ihren Wert war, außer dass das Thema in Healys Gegenwart, wenn es überhaupt erwähnt wurde, mit Würde und Respekt behandelt wurde, denn Healys körperliche Kräfte waren außergewöhnlich und für ihn das Wichtigste Healys Herz und das Heiligste in seinen Augen war diese Schöpfung seines Gehirns, oder genauer gesagt, seiner Fantasie.

Speckles schlich sich an das Abstellfach heran und wagte ohne weitere Worte den Sprung.

„Ich bin gekommen, um Sie zu bitten, mich wieder anzuziehen, Mr. Healy", sagte er schnell, als fürchtete er, sein Mut könnte versiegen, bevor er fertig war.

Healy drehte sich grunzend um.

„Oh, das bist du ut ?" fragte er grimmig.

Speckles, bereit, beim ersten Anzeichen von Gewalt die Flucht zu ergreifen, quittierte die Amtsenthebung mit einem zustimmenden Kopfnicken und lächelte verlegen, während Healy ihn mit einem langen Blick von Kopf bis Fuß musterte.

„Nun", sagte Healy, „warten Sie eine Minute, dann gebe ich Ihnen meine Antwort."

Das Herz von Speckles hüpfte vor freudiger Hoffnung. Healy sammelte ganz bewusst seine Papiere zusammen, faltete sie sorgfältig und öffnete den Schrank, in dem sein Mantel hing – es war ein heißer Tag, und Healy trug

Hemdsärmel – und steckte sie in die Innentasche. Dann drehte er sich wie ein Blitz um und griff nach dem ersten Ding, das ihm in die Augen kam. Es war ein Besen.

Aber so schnell er auch war, Speckles war schneller, und er führte Healy an der Grube entlang, als er um das Heck eines Tenders herum ausweichte und aus der Abstellhalle über die Gleise zum Güterhaus flitzte.

Healy folgte nicht weiter als bis zur Drehscheibe. Dort blieb er stehen, und Speckles sah von seinem Rückzug aus, wie er die Faust schüttelte und lauschte der Drohung, die über die Höfe donnerte:

„Zeig hier noch einmal dein Gesicht , du junger Schlingel, und ich werde dir die Laune vertreiben, also werde ich es tun!“

Speckles begab sich zur Cracker-Box, und von seinen Lippen kam ein fließender und hemmungsloser Ausdruck seiner Meinung zu Dingen im Allgemeinen, insbesondere aber zu Healy und insbesondere zu Healys Erfindung. Dann, als seine Empörung nachließ, folgte ein Anfall von Niedergeschlagenheit; Als also nach Ablauf einer halben Stunde Healy, immer noch in Hemdsärmeln, aus dem Lokschuppen kam und die Gleise in Richtung der Läden hinaufging, bemerkte Speckles durch die Tür des Frachthauses den Vorfall in völliger Apathie und als einer, für den er überhaupt kein Interesse hatte.

Zehn Minuten später verschwand jedoch seine Apathie und er sprang auf, als er die aufgeregten Rufe der Männer im Laufschuppen hörte. Einige schwangen hastig die großen Motortüren weit auf, andere stellten den Tisch auf, während einer in die Richtung rannte, die Healy eingeschlagen hatte.

Nach einer weiteren Minute ertönte die Warnpfeife des Ladens, und als Healy mit dem Mann, der ihn verfolgt hatte, wie verrückt die Gleise hinunterstürmte, sah Speckles, wie sich der Rauch über dem Dach auf der Rückseite aufzurollen begann. Der Laufschuppen stand in Flammen.

Mit einem Schrei überquerte Speckles den Bahnsteig, sprang auf die Schienen und war Healy dicht auf den Fersen, als er die Drehscheibe überquerte. Healy hielt kurz inne. Die Aufgabe bestand darin, die Motoren herauszuholen, und Healy war der Mann dafür.

„Mach die Ausrüstung für 463 bereit“, befahl er. „Ihr ist kalt, und wir müssen sie rausholen. Decken Sie den Tisch fer 518; Ich werde sie mitnehmen.“

Dann machte er sich auf den Weg zum Ablagefach und seinen wertvollen Papieren.

Nun wurde das Gerät, von dem Healy gesprochen hatte, im hinteren Teil des Rundschuppens in der gleichen Richtung wie das Abstellfach aufbewahrt, und da der Befehl niemandem im Besonderen gegeben worden war, schrie Speckles: „Ich hole es." ", begann nach Healy.

Etwas Fett und Abfall hatten sich festgesetzt und bildeten einen unangenehmen Rauch. Während er mannhaft an der schweren Ausrüstung zerrte, sah Speckles, wie Healy in sein Büro rannte, sich seinen Mantel schnappte, wieder hinausstürmte und zum Führerhaus von 518 rannte, wobei er den Mantel auf den Tender warf. Dabei fiel etwas aus der Tasche.

Speckles ließ das Gerät fallen und stürzte sich darauf. Es war das Bündel Papiere, das Healy kurz zuvor in seine Manteltasche gesteckt hatte.

Es war Healys Erfindung!

Speckles' erster Impuls war, Healy anzuschreien, aber in diesem Moment glitt 518 aus dem Schuppen, und die Männer vor 463 schrien im Chor nach dem Tackle, also steckte Speckles seine Zunge in seine Wange und die Papiere in seine Tasche.

Es war kein großer Brand, aber solange es anhielt, sah es schlimm aus. Selbst nachdem die Werkstattarbeiter ihre Schlauchleitungen angeschlossen hatten und ein Strahl das Feuer befeuerte und die Motoren alle in Sicherheit auf dem Hof waren, rollte der Rauch weiterhin in Wolken aus, mit hier und da einer bösartigen Flammenzunge .

Dann erinnerte sich Healy, nachdem er seine Pflicht getan hatte, an seinen Mantel auf dem Tender von 518. Und als Speckles Healys bestürztes Keuchen hörte, als er feststellte, dass seine Papiere verschwunden waren, hatte er eine Eingebung.

„Ich Papiere! Ich Papiere!" jammerte Healy. „Für die Liebe von Mike muss ich ihn auf den Kamin fallen lassen !"

„Ich werde sie für Sie besorgen, Mr. Healy", sagte Speckles blitzschnell.

„Das wirst du nicht!" sagte Healy. „Ich werde nicht dulden, dass er sein Leben für ihn riskiert , so sehr ich ihn auch will ." Hey, komm zurück, du Zwerg!"

Aber Speckles war weg. Direkt auf die großen, gähnenden Türen zu, die Rauch und Flammen ausstießen? Oh nein, nicht Speckles! Kaum! Speckles würde seinen Versuch von hinten unternehmen! Und um das Ende des Schuppens herum und dahinter rannte er.

Einige der Männer kämpften von dieser Seite aus gegen das Feuer, aber sie waren zu beschäftigt, um Speckles Aufmerksamkeit zu schenken. Ein Tupfer Ruß und Schmutz auf seinem Gesicht, den er durch Reiben seiner Finger an der geschwärzten Wand erhielt, ein großzügiger kunstvoller Fleck auf der

Außenseite der Papiere, die er aus seiner Tasche holte, und Speckles' Make-up war fertig überzeugend.

Nun hatte Speckles ein Gespür für das Dramatische und erkannte dessen Wert. Er spähte durch eines der Fenster hinein. Innerlich war es bei weitem nicht mehr so schlimm wie zuvor, und er kam zu dem Schluss, dass die Umsetzung des Plans, der ihm in den Sinn gekommen war, kein Risiko und nur wenig Unbehagen mit sich bringen würde.

Also kletterte er durch ein Fenster hinein und ließ sich auf der anderen Seite auf den Boden fallen. Im nächsten Moment war er durch den Laufschuppen gestürmt und aus einem Wirbel schwarzen Rauchs ins Freie vor der Drehscheibe gekommen, die Papiere in der Faust geschwenkt.

Es war effektiv – ausgesprochen effektiv! Jubelrufe erklangen, und die Männer drängten sich um ihn herum, während Healy nach vorne stürmte und begann, Speckles' Arm wie einen Motorkolben auf und ab zu bewegen.

„Du bist ein Held, ich bin ein echter Junge !" er weinte vor Freude. „ Das liegt an mir , John Healy ut , und die Jungs sind meine Zeugen. Komm morgen früh zu deinem Job zurück und, bei meiner Seele , Speckles, ich werde dich nie wieder feuern , nie ! Und ich werde noch mehr tun – ich werde Sie befördern. Von nun an bist du ein Wischer, mein Sohn, und ein Flammenwerfer Betriebskosten reduzieren ! _ _ _ Wo haben Sie die Papiere gefunden ?"

„Auf dem Boden", sagte Speckles – und er sagte die Wahrheit.

XV – MUNFORD

M unford kam zur Arbeit, bevor die Banden tief genug in den Hügeln waren, um den täglichen oder vielmehr nächtlichen Kontakt zu Big Cloud zu verlieren. Und die Art und Weise, wie er kam, war folgende: Die Stadt, die in einer Nacht entstand, hatte ihren Anfang in der hölzernen Baracke, die die Ingenieure als Hauptquartier für die künftige Hill-Division errichteten. Dann, mit dem Wachstum der Pilze, kamen unzählige Hütten; und diese Hütten waren zum größten Teil Spielhöllen , Kneipen und Kneipen, und die Bevölkerung bestand aus Indern, Chinesen und bösen Amerikanern. Zu diesen Orten schauriger Unterhaltung strömten nachts die Werktätigen und luden das Bauleergut herunter, während sie sich rückwärts zu den Ausläufern und Abstellgleisen bewegten, die sich bald wie ein Spinnennetz um das Hauptquartier ausbreiteten.

Natürlich kam es ziemlich häufig zu Auseinandersetzungen zwischen den Leuten der Firma und den Blutegeln, die sie mit krummen Spielen und gestapelten Decks an den Roulette-, Faro- und Stud-Poker-Tischen ausbluten ließen. Aber von allen, die sich auf köstliche Weise darum bemühten, die Männer und ihre Gehaltsschecks zu trennen, befand sich Pete McGonigles Limousine „Golden Luck" im Van, sowohl was die Größe als auch die Schiefheit anging. Und diese hohe Stellung behielt es bis zu dem Abend bei, als ein Fremder es mit keiner heikleren Methode zerstörte, als indem er den Roulettetisch umwarf und ihn und den Kellner, der in Petes Interesse über die kleine wirbelnde Kugel kontrollierte, zu Boden stürzte der Boden. Dieser Fremde war Munford. Und so kam Munford dazu, sich der Armee der Rocky Mountains anzuschließen.

Eine Reihe von Firmenleuten waren anwesend und stellten sich auf die Seite von Munford. Vor dieser Fusion erlebten Pete und seine Mitläufer eine schändliche Niederlage und das „Goldene Glück" den völligen Untergang und Ruin. Die Nachricht von dem Aufruhr verbreitete sich schnell in den anderen „Gelände". Die Taucher schlossen sich zusammen, die Männer der Kompanie taten es ihr gleich, und diese Nacht wurde die wildeste in der Geschichte von Big Cloud.

Munford übernahm von Anfang an das Kommando über seine neu gefundenen Freunde. Im anschließenden Straßenkampf vollbrachte er wundersame Dinge – und zwar mit Elan, Freude und Wirksamkeit. Mit seiner gewaltigen Statur überragte er seine Gefährten, und der Schwung seiner langen Arme, als sie sich hoben und senkten, das Spiel seiner massiven Schultern, als er nach vorne stürzte, um seinen Schlägen Schwung zu verleihen, war ein wunderbarer Anblick. Aber die Details dieses Kampfes haben hier keinen Platz. Das Ergebnis war jedoch, dass Munford, der zuvor unbekannt und unbekannt war, danach zu einem markierten Mann in Big Cloud wurde.

Als der Kampf zu Ende war, zogen sich die Männer der Kompanie, hocherfreut über den Sieg, wenn auch etwas erschöpft, auf den Hof zurück, um darauf zu warten, dass die Bauzüge sie zu ihrer Arbeit bringen würden. Und während sie warteten, verbrachten sie die Zeit damit, Munford voller Bewunderung anzustarren, der mit baumelnden Beinen auf der Kante eines Flachwagens saß und sanft auf seinen Knöcheln wehte, ein Lächeln göttlicher Zufriedenheit auf seinem Gesicht.

Was würde Munford tun? fragten McGuire und die Kumpane seiner speziellen Bande, die die Ehre hatten, bei Pete's anwesend zu sein, als die Verhandlungen des Abends begannen, und die daher das Gefühl hatten, dass sie einen vorrangigen Anspruch auf die Aufmerksamkeit des Helden hatten, die über die der Männer aus anderen Teilen von hinausging die Arbeit, die an dem Kampf teilgenommen hatte. Munford wusste es nicht. Würde er sich ihnen anschließen und einen Job bei ihrer Bande annehmen, wenn sie versprechen würden, ihm einen zu besorgen? Munford würde es tun. Also behielt er seinen Platz, als der Bauzug gerade bei Anbruch der Dämmerung abfuhr, und zwanzig Meilen die Straße hinauf bei Twin Bear Creek wurde er abgesetzt und Alan Burton, dem Vorarbeiter von Bridge Gang No. 3, vorgestellt.

Beim Anblick seiner angeschlagenen und abgestumpften Besatzung, die für die Arbeit des vor ihnen liegenden Tages in keiner Weise geeignet zu sein schien, fluchte Burton heftig und forderte sie mit großer Bitterkeit auf, sich an die Arbeit zu machen. Dann wandte er sich schlecht gelaunt an Munford, der immer noch neben ihm stand.

„Wer zum Teufel bist du? Was machst du hier? Woher kommst du ?“

Die Fragen kamen schnell und scharf wie eine Salve Handfeuerwaffen.

Munford betrachtete schweigend den drahtigen kleinen Mann, der kaum bis zu seinen Schultern reichte, und nahm ihn von Kopf bis Fuß in sich auf.

„Nun“, schnappte Burton, „sprechen Sie laut!“

„Munford ist mein Name“, sagte Munford kühl. „Ich bin wegen eines Jobs hier. Es geht Sie nichts an, woher ich komme , oder?“

„ Ist es nicht ?“ sagte Burton. „Na dann kannst du dorthin zurückgehen, mein Kumpel!“ und er machte auf dem Absatz kehrt und folgte den Männern zu ihrer Arbeit.

Munford setzte sich auf die Türschwelle der Lagerhütte, holte lachend seine Pfeife heraus und begann zu rauchen. Eine halbe Stunde später saß er immer noch da, als der Vorarbeiter zurückkam.

„Wenn Sie noch weit gehen müssen", grinste Burton, „fangen Sie besser an."

„Keine Eile", antwortete Munford unbeirrt.

„Du bist eine queere Karte", sagte Burton nach einem Moment. „Was hat es mit dem Ärger letzte Nacht unten in Big Cloud auf sich, wo die Jungs so voll sind, dass sie nichts anderes tun können, als zu reden?"

Munford kicherte leise. „ Nicht viel", sagte er.

„Nicht viel, was? Man sagt, du hättest die „Golden Luck" und Pete McGonigle in die Mangel genommen und dann jeden Tauchgang in der Stadt gesäubert. Du bist ein ziemlicher Reformer, nicht wahr ? Ich sage Ihnen jedoch eines: Von nun an wird es in dieser Gegend nicht mehr gesund für Sie sein."

„Oh, ich weiß es nicht", sagte Munford. „Sagen Sie, wie wäre es mit diesem Job?"

Burton lachte. „Sie haben die Nerven, um einen Job zu bitten, und Sie sind verantwortlich für eine Bande, die zwischen jetzt und abends nicht in der Lage sein wird, die Arbeit eines ganzen Tages zu erledigen. War schon bei McGonigle's, was? Na ja, ich weiß es nicht, ich schätze, auf lange Sicht wird das für das Unternehmen mehr wert sein als die Arbeit des Tages. Alles klar, Sport, du kannst zur Arbeit gehen – bis Pete und sein Publikum dich vergraulen, was meiner Meinung nach nicht mehr lange dauern wird. Und während Sie hier sind, wenn Sie Lust auf Ärger haben, suchen Sie ihn nicht bei den Männern, sondern kommen Sie zu *mir*. "

„Nun, ich werde ...", keuchte Munford. „Na ja, ich könnte dich verdrehen wie-" Dann lachte er in purer Freude über Burtons Sperma. „Oh, sicher! *Klar* , das werde ich."

Munford brauchte nicht länger als einen Tag, um den Dreh raus zu bekommen. In den Augen von Bridge Gang No. 3 war er bereits mehr als ein Halbgott, und das zählte viel. Sie waren eifrig und bereit, ihm zu zeigen, was sie selbst wussten, während die Unwissenheit und Rohheit jedes anderen Neuankömmlings in Form von Spott und Scherzen auf seine Kosten ausgenutzt worden wäre. Innerhalb von zwei Tagen hatte sich Munford dank seiner natürlichen Anpassungsfähigkeit gepaart mit seiner großen Kraft, die die Stärke zweier Männer war, mit der gleichen Feinheit an seinen Platz angepasst, wie ein Teil einer gut konstruierten Maschine in einen anderen passt .

Den Besatzungen der Bauzüge, die das Brückenmaterial heraufbrachten, wurde er von seinen Kameraden mit Stolz als „der Junge, der den Trick bei Pete gemacht hat" bezeichnet – obwohl diese Aktion tatsächlich überflüssig war. Und von diesen wiederum erfuhr Munford, dass Pete und andere seinesgleichen unten in Big Cloud geschworen hatten, dass sie ihn früher oder später dafür verantwortlich machen würden. Daraufhin lachte er nur und deutete, indem er seinen bis zu den Schultern entblößten großen Arm streckte, dass es für ihn kein größeres Vergnügen im Leben geben könne, als sie es versuchen zu lassen. Und an diesem Abend saß McGuire nach dem Abendessen vor dem Lager und schlug als Sprecher in Anspielung auf die Bedrohung vor, dass sie unter Munfords Führung einen weiteren Überfall auf Big Cloud unternehmen sollten.

Als Burton vorbeikam, erfasste er den Kern des Gesprächs. „Ich möchte dich kurz sehen, Munford", rief er kurz.

Munford stand auf und folgte ihm zur kleinen Hütte des Vorarbeiters, die ein paar Meter vom Hauptlager entfernt stand. Als er drinnen war, schob Burton ihn auf einen Stuhl und schüttelte seine Faust vor Munfords Nase.

„Habe ich dir gestern Morgen nicht gesagt", stotterte er wütend, „dass du, wenn du auf der Suche nach Ärger bist, zu mir kommst und die Bande in Ruhe lässt? Und da sind Sie wieder dabei, was? Geh runter zur Big Cloud und lass die Hölle los, oder? Du tolles, großes, zugewachsenes Kalb!" Munford blinzelte den Vorarbeiter sprachlos an. Es war lange her, dass er solche Worte von irgendeinem Mann angenommen hatte, geschweige denn von einem kleinen Hitzkopf wie Burton.

"Problem!" fuhr der wütende Burton fort und hielt kaum inne, um Luft zu holen. „Du lebst davon, nicht wahr? Iss es, was? Nun, schon bald werden Sie satt davon sein und die schlimmsten Verdauungsbeschwerden bekommen, von denen Sie je gehört haben. Ich verspreche dir, dass! Aber lasst die Finger von meiner Crew! Hören Sie jetzt zu, was ich sage!"

„Ach, geh hängen!" sagte Munford verächtlich. „Ich kann nicht anders, oder, wenn sie zur Big Cloud wollen? Wenn man dir so vorwirft, dass du dir um sie Sorgen machst, ist es ein Wunder, dass du nicht jede Nacht herumläufst und sie in ihre Kojen bringst!"

Für einen Moment sah es so aus, als würde Burton nach Munford springen und es dort und dort mischen; Doch stattdessen drehte er sich mit einem kurzen Lachen um, ging auf die andere Seite des Zimmers, setzte sich auf die Kante seiner Koje und holte seine Pfeife hervor. Er schnitt etwas Tabak aus seinem Stöpsel, rollte ihn zwischen seinen Handflächen, packte langsam seine Pfeife und zündete sie an. Es dauerte fünf Minuten, bis er das Schweigen brach; Munford begann sich unwohl zu fühlen.

„Ich glaube nicht, dass es dir viel bedeutet, ein paar Holzscheite über den Twin Bear Creek zu werfen, Munford, oder?" fragte er leise.

„Nicht so sehr", antwortete Munford nachlässig und ein wenig verwirrt über die Frage.

"NEIN? Nun, es bedeutet mir sehr viel, sehr viel! Solange dieser Bock nicht steht, können wir kein Material auf die andere Seite schieben, Schwellen, Schienen und schweres Zeug. Der Fortschritt in der Hill Division hängt in diesem Moment von Bridge Gang No. 3 und konkret von mir ab. Ich schlage nicht vor, dass die Männer, die nach Big Cloud gehen und sich die Köpfe einschlagen, dazwischenkommen, verstehen Sie?"

unseren Kopf kümmern , wenn dich das nur stört", sagte Munford gedehnt. „Und außerdem schätze ich, dass deine blühende kleine Brücke, auf der du so festzustecken scheinst, keinen Schaden davonträgt, wenn du den Jungs ihre Affäre überlässt . Wie auch immer, ob es nun so ist oder nicht, was nützt es, wenn du all dein Gerede wegschießt ? Du kannst sie nicht aufhalten ! Wenn sie gehen wollen, werden sie gehen. Und sagen Sie, Burton" – eine Inspiration, die nach Munford kam – „ kommen Sie mit uns runter." Ich verspreche dir die Zeit deines Lebens."

„Ich hätte es dir anders sagen sollen, schätze ich, und mir den Atem sparen sollen", sagte Burton angewidert. „Du bist nur ein Haufen aus Knochen und Muskeln und dem Holz deines Kopfes. Sie können einen Baumstamm anheben und eine Spitzhacke oder Axt schwingen, weil Sie die Kraft dazu haben. Aber das ist alles, was du weißt, oder alles, wozu du gut bist!"

Die kühle Verachtung in Burtons Stimme traf Munford mehr als die Worte selbst.

"Ist das so!" knurrte er und griff auf seine Lieblingsgewohnheit zurück, indem er auf seine Fingerknöchel pustete. „Ich würde dir schnell genug zeigen, wofür ich gut bin, du Zwerg, wenn du etwas größer wärst!"

„Vielleicht wirst du eines Tages feststellen, dass ich groß genug bin", sagte Burton scharf. „Jetzt sage ich es dir klar, damit du es verstehst. Ich zeige dir, ob ich die Bande davon abhalten kann, nach Big Cloud zu gehen oder nicht. Kein Mensch fährt ab heute mit den Bauzügen ohne einen von mir unterschriebenen Pass. Das sind Befehle! Wenn es den Männern nicht gefällt, kannst du ihnen sagen, dass es deine Schuld ist. Die nächste Reihe in Big Cloud würde nicht vor Fäusten Halt machen. Und was Sie betrifft, Sie würden da nicht lebend herauskommen."

„Du brauchst dir um mich keine Sorgen zu machen", höhnte Munford. "Ich bin--"

"Du bist ein Idiot! Der dickköpfigste und störrischste Narr, gegen den ich je antreten durfte!" rief Burton wütend aus.

Munford strich sich mit einer nervösen Handbewegung den großen Haarschopf aus den Augen. „Ich habe noch nie zuvor von einem Mann die Gegenrede ertragen müssen, die ich von Ihnen genommen habe – ohne ihn zu verletzen ", sagte er mit belegter Stimme und erhob sich von seinem Stuhl. „Und ich werde hier raus, bevor ich *dir weh tue!* „Er ging schnell durch die Hütte und drehte sich im Türrahmen um. „Bei Gott, ich wünschte, du wärst größer!" er warf hinaus.

Munford ging zurück zum Männerlager und lauschte eine Weile in mürrischem Schweigen ihrer Unterhaltung. Sie beschäftigten sich immer noch mit dem gleichen Thema und wurden von Minute zu Minute enthusiastischer.

„Ach, trockne dich!" sagte Munford und unterbrach sich endlich. „Es wird lange dauern, bis einer von euch Big Cloud wiedersieht."

"Wer sagt das?" forderte McGuire aggressiv.

Munford deutete mit dem Daumen auf die Hütte des Vorarbeiters. „Ihn", sagte er lakonisch.

„Wie soll er es verhindern? Wozu? Was ist überhaupt mit ihm los? Es geht ihn nichts an!" Die Männer redeten im Chor.

„Er ist sehr pingelig, wenn es darum geht , seine kleine Brücke durchzubekommen", höhnte Munford. „ Er sagt, das sei nicht der Fall Es werden auch gebrochene Köpfe dazwischenkommen . Von nun an ist für die Fahrt mit dem Bauzug eine Genehmigung erforderlich. Ebenso sagte er, wenn es dir nicht gefiele, solle ich dir sagen" – hier hielt Munford inne, um sich im Kreis umzuschauen – „ dass es meine Schuld ist und ich die Ursache für all den Ärger bin."

"Was hast du ihm gesagt?" forderte die Crew.

„Ich habe ihm gesagt, er soll hängen bleiben. Was sollte ich ihm sonst noch sagen?"

„Bully für dich!" schrie McGuire und klopfte sich entzückt auf das Bein. „Hat er dich gefeuert?"

Daran hatte Munford nicht gedacht.

"Feuer mich?" er wiederholte. Dann dachte er langsam über den Gedanken nach: „Nein, das hat er nicht. Es ist jedoch lustig, dass er es nicht getan hat; Ich habe ihm genug geredet."

„Ach", sagte McGuire höhnisch, „das ist einfach." Er hätte dich schnell genug gefeuert, wenn er es gewagt hätte."

„Warum", sagte Munford unschuldig. „Ich hätte ihn nicht berührt, wenn er es getan hätte. Er ist zu klein zum Anfassen – das habe ich ihm auch gesagt."

„ Das ist doch nicht schlimm ", erwiderte McGuire. „Er hat vor keinem Mann Angst, egal ob groß oder klein. Dafür gebe ich ihm Anerkennung. Es ist seine Brücke, und das bedeutet sein Job, vor dem er Angst hat."

„Was hat meine Entlassung mit der Brücke zu tun?" fragte Munford erstaunt.

„Ach, mach weiter; Sie wissen, was ich meine. Wenn Burton Probleme mit uns hat, werden die Brückenarbeiten eingestellt, nicht wahr? Und das Unternehmen wird Burton nach dem Grund fragen , nicht wahr? Nun, Burton weiß, dass es einige Dinge gibt, die wir nicht gutheißen werden, und dich zu feuern , nachdem wir dich hierher gebracht haben, ist eines davon. Und das stimmt auch, oder, Kumpels?"

Die Zustimmung der Männer war nachdrücklich.

Munford, ein wenig nervös wegen dieser groß angelegten Hommage, rutschte nervös herum. „Vielen Dank", sagte er ungeschickt. „Geben Sie sich nicht meinetwegen aus. ICH--"

„Das ist in Ordnung", unterbrach McGuire. „Burton wird es nicht versuchen; er weiß es besser. Was das Besorgen eines Passierscheins zum Verlassen des Lagers angeht, darüber weiß ich *nicht* . Er stand auf, streckte sich und gähnte. „So wie ich es sehe, liegt es hier mehr an Munford als an Burton. Ich werde mich melden, aber ich sage zuerst, dass Munford an dem Abend, an dem er „Big Cloud" sagt, „Big Cloud" für Bridge Gang Nr. 3 sagt. So haben wir darüber gesprochen, bevor wir wussten, dass Burton mitmischt . und ich denke, dass es jetzt genauso bleibt."

Und das Lager zog sich in seine Kojen zurück und schlief, indem es McGuires Gefühlen Ausdruck verlieh und Munford eine einstimmige und enthusiastische Treue schwur; alle außer Munford selbst, der nicht schlief, sondern wach lag und sich ruhelos hin und her wälzte, wenn auch in einer sehr selbstzufriedenen Stimmung.

Dieser Popularitätsausbruch gefiel Munford außerordentlich. Dies umso mehr, als es direkt auf seine große Kraft und seinen körperlichen Mut zurückzuführen war, auf die er außerordentlich eitel war. Er begann, Burton mit Verachtung zu betrachten. Burton war ein Mann, dessen Rückgrat schwankte, wenn es zum Showdown kam! Als Munford die Situation im Kopf durchging, wurde seine Verachtung immer stärker, bis er zu dem Schluss kam, dass er den kleinen Vorarbeiter von ganzem Herzen verachtete.

Hätte er, fragte er sich schnaubend, einen Mann gefeuert, der mit ihm gesprochen hatte, wie er mit Burton gesprochen hatte, wenn er an Burtons Stelle gewesen wäre? Er würde! Und die Bande, die Brücke, der Job und alles andere könnten in Flammen aufgehen! Munford setzte sich auf, um seinen Gefühlen zu diesem Punkt Ausdruck zu verleihen, indem er mit der Faust auf die Seite der Koje schlug. Er war begeistert von der wilden Freude, genau die Rolle zu spielen , die seine Fantasie darstellte, und verachtete Burton entsprechend, weil ihm das fehlte, was für ihn das Wesentliche eines Mannes war. Als er einschlief, beschloss er, das Leben des Vorarbeiters zur Last zu machen – und das tat er auch.

Es gab keinen eklatanten Verstoß oder Ungehorsam gegenüber Befehlen, sondern die Einführung eines kleinen Systems der Nörgelei, das jede Demütigung, die Munford erdenken konnte, berücksichtigte. Und die Bandbreite seines Angriffs reichte von tiefgründiger und übertriebener Aufmerksamkeit und Höflichkeit bis hin zur völligen Ignorierung der bloßen Existenz einer Person wie Alan Burton, Vorarbeiter der Bridge Gang No. 3. Während die Bande, dem Vorbild von Munford folgend, würde mit einer Präzision und Bedeutung von einem Extrem ins andere wechseln, die tiefer in einen Mann von Burtons nervösem, nervösem Temperament eindringt als jede andere Form der Folter, die sie sich hätten ausdenken können.

Dreimal innerhalb von drei Tagen packte Burton, der sich vor niemandem oder einer Ansammlung von Menschen fürchtete, den Stier bei den Hörnern und versetzte Munford einen heftigen Schlag, um die Sache auf die Spitze zu treiben. Beim ersten Mal beobachtete die Bande das Geschehen mit einem Seufzer voller Mitleid und Bewunderung – in der Hoffnung auf Burtons sofortige Vernichtung. Aber Munford lachte leicht und streckte nur die Hand aus, packte Burton am Hals und hielt ihn hilflos und kraftlos auf Armeslänge auf Distanz. „Du musst erwachsen werden, Junge; „Sei jetzt einfach ruhig, ich werde dir nicht wehtun", spottete er. Und die Bande verlor sofort ihr schwaches Verständnis für Burtons Nervenstärke, als sie sich an der lächerlichen Figur des weißgesichtigen, wütenden Vorarbeiters erfreute.

Es war Drecksarbeit, und tief in seinem Herzen wusste Munford es. Aber seine bessere Natur zeigte sich kaum durch verschiedene Gewissensbisse, als sie bereits unter dem neuen Gefühl von Autorität und Befehlsgewalt erstickt wurde, das er nun zum ersten Mal in seiner Erfahrung hatte; und das, da es seiner Pfaueneitelkeit entgegenkam, über allem anderen stand. Die Arbeit blieb traurig zurück und geriet in Rückstand. Die täglichen Berichte, die Burton unterzeichnete und an das Hauptquartier schickte, wurden immer schlimmer.

Auch die Fehde zwischen den Tauchern von Big Cloud und Bridge Gang No. 3, angefacht von den Besatzungen der Bauzüge, die McGuire und die

Männer mit Feigheit verhöhnten, wurde von Tag zu Tag stärker. Denn die Zugführer, die keine Ahnung hatten, wie man Burtons Befehle missachten und den Brückenmännern erlauben sollte, auf den Leerwagen herunterzufahren, machten es so lange, bis sich die Bande unter ihren Sticheleien krümmte.

Munford hat davon nicht viel persönlich mitbekommen. Die Zugführer, keiner von ihnen, schienen besonderes Interesse daran zu zeigen, die Frage in seiner Gegenwart zu besprechen; aber er bekam es aus zweiter Hand von McGuire und der Bande. Das Ergebnis war die Entscheidung eines Abends nach dem Abendessen, am nächsten Abend in den Bauzug einzusteigen – Burton, das Zugpersonal und die Firma waren dagegen – und nach Big Cloud zu fahren, wenn sie den Zug selbst steuern müssten. Munford stimmte der Entscheidung zu, indem er ganz sanft auf seine Fingerknöchel pustete. Für den Frieden und die Ruhe von Big Cloud sah es schlecht aus; und es sah schlecht aus für Burtons Ansehen im Unternehmen.

Munford als Oberbefehlshaber und McGuire als Stabschef zogen sich aus dem Kreis zurück und schlenderten allein davon, um ihre Pläne für den Feldzug am nächsten Tag zu perfektionieren. Sie nahmen den Weg in Richtung Big Cloud – einen Weg, der immer noch genannt wird , aber jetzt eine befahrbare Straße aufgrund des Verkehrsunfalls beim Gebäude der Hill Division, deren Vorfahrt parallel von Big Cloud zur Furt am Twin Bear Creek verlief. Am Ende einer Viertelmeile setzten sich die beiden Männer auf einen gefällten Baum am Wegesrand, um zu reden. Etwa zehn Minuten waren vergangen, als McGuire, mitten in einer anschaulichen Beschreibung dessen, was sie Pete McGonigle und den anderen antun würden, plötzlich innehielt und Munford fest an der Schulter packte.

„Behalten Sie Mutter", warnte er. „Da kommt jemand ! "

Im hellen Mondlicht konnten sie etwa hundert Meter weiter die Gestalt eines Mannes erkennen, der vom Lager auf sie zukam.

„Er geht wie Burton", flüsterte McGuire. „Warum zum Teufel folgt er uns? Geh zurück in die Bäume und lass ihn passieren."

Sie bewegten sich lautlos etwas tiefer in den Wald, der die Straße säumte, und beobachteten flach liegend den Mann, der sich näherte.

„Es ist Burton", verkündete McGuire schließlich.

Munford grunzte zustimmend.

„Er ist uns schon gefolgt , und jetzt wird er darauf warten, dass wir zurückkommen", fuhr McGuire fort, als Burton nur wenige Meter von ihnen entfernt anhielt und sich zum Rauchen hinsetzte. „Nun, wir werden ihm Konkurrenz machen. Ich denke , er kann eine Weile warten .

Fünf, zehn, fünfzehn Minuten vergingen. McGuire wurde langsam müde von seinem selbstgewählten Versteckspiel. „Komm schon", sagte er, „lass uns rausgehen und sehen, was er will."

„Warte", antwortete Munford. „Da kommt jemand von Big Cloud. Burton hat es nicht auf uns abgesehen. Hören!"

Man hörte das leise Klopfen von Pferdehufen, die sich allmählich näherten. Dann tauchten plötzlich Reiter und Pferd aus den Schatten auf, und Burton stand auf und trat mitten auf die Straße.

Der Reiter stellte sich neben ihn. „Das bist du, Burton?" rief er leise.

„Ja", sagte Burton kurz.

„Dann hast du Petes Brief bekommen", fuhr der Mann fort und stieg von seinem Pferd. „Ich denke, es ist in Ordnung, hier zu reden. Niemand da, oder?"

„Sowohl hier als auch anderswo. Mach es einfach kurz."

„Oh, es gibt keine Eile", erwiderte der Mann lachend. „Warte, bis ich mein Pferd anbinde, dann können wir uns hinsetzen und es gemütlich durchkauen."

„Nun", fuhr er fort, nachdem diese Aufgabe erfüllt war, „war ich wegen dieses Munford zu Ihnen gekommen."

„Nun", fragte Burton, „was ist mit ihm?"

zu urteilen , wie die Leute in den Bauzügen reden . Du hast doch keinen Grund, ihn zu lieben, oder? Also ging Pete davon aus, dass du und er miteinander klarkommen würden. Du willst ihn doch loswerden, nicht wahr?"

„Ich wünschte bei Gott, ich hätte sein Gesicht nie gesehen!" rief Burton mit großer Bitterkeit aus.

"Sicher! Das ist die Idee. Du willst ihn nicht; wir wollen ihn – unbedingt! Gegen den Rest der Männer ist nichts einzuwenden; das werden wir alles vergessen. Wir sind nur hinter Munford her."

„Warum holst du ihn dir dann nicht?" sagte Burton knapp.

„Das werden wir tun ", antwortete der Mann mit einem bösen Lachen. „Das werden wir tun , in Ordnung. Es ist ein fairer Deal. Du bist dran, oder? Pete meinte, du würdest die Chance nutzen, mitzusitzen. Wir wollen, dass du ihn feuerst."

„Das ist alles, was ich tun muss?" fragte Burton leise.

„Sicher, das ist alles – bis auf das."

Munfords Hand schloss sich fest und krampfhaft um den Arm seines Begleiters, als Petes Abgesandter ein Bündel Geldscheine hervorholte und begann, die äußeren abzulösen.

„Dreihundert Plunks", sagte der Mann und reichte Burton das Geld, das er von der Rolle abgezogen hatte. „Jedenfalls ziemlich gut, um einfach einen Mann zu feuern , nach dem wir schon seit einer Woche suchen , damit du ihn feuerst. Außerdem wurde im Hauptquartier darüber geredet, dass Sie nicht in der Lage sind, mit Ihren Männern umzugehen, und dass sie sich jemanden suchen , der das kann. Pete sagt, dass du dir darüber keine Sorgen machen sollst, er wird es für dich regeln. Hier, nimm das Geld."

„Angenommen, ich hätte ihn gefeuert", sagte Burton langsam, „wo wäre er hingegangen ?"

„Was kümmert es dich, wohin er geht, solange du ihn loswirst?"

„Er konnte nicht nach Westen", fuhr Burton fort, ohne auf die Bemerkung des anderen zu achten; „Also müsste er nach Osten gehen – das ist Big Cloud – und *morden!* „Er drehte sich heftig und brutal zu dem Mann um. „Du dreckiger, niederträchtiger Hund!" er blitzte. „Sie bieten mir dreihundert Dollar für die Ermordung eines Mannes, nicht wahr? Du fragst dich, warum ich für das eingetreten bin, was ich getan habe, nicht wahr, du Geizhals? Feuern Sie ihn ab, äh, um ein feiges Messer oder einen Schuss in seinen Rücken zu bekommen! Du denkst, ich wüsste nicht, was passieren würde, wenn ich ihn rauslassen würde, oder? Verschwinde von hier, du Mistkerl! Und verschwinde jetzt – solange du *kannst!* „Burtons Stimme war heiser und heiser vor Leidenschaft. Er wandte sich abrupt ab und schritt schnell in Richtung Lager.

„Warte mal, Burton", rief der andere und folgte ihm. „Werden Sie nicht verrückt."

Unbewusst hatte Munford seinen Griff um McGuires Arm verstärkt, bis dieser vor Schmerz wimmerte, und nun hob Munford ihn körperlich auf die Füße und ging vorsichtig auf die Stelle zu, an der das Pferd stand. Die beiden Gestalten waren immer noch erkennbar und Burtons wütende Stimme erreichte die Zuhörer weiterhin, obwohl die Worte jetzt nicht mehr zu unterscheiden waren.

Munfords Gesicht war im Mondlicht farblos, die Muskeln um seinen Mund zuckten krampfhaft. „ Hast du gehört, was sie gesagt haben? Hörst du, was sie gesagt haben? *Mein Gott!* Hast du alles gehört?" Er murmelte zusammenhangslos in McGuires Ohr, sein Blick richtete sich angestrengt auf die Straße.

„Ja, ich habe es gehört. Lass meinen Arm los, du brichst ihn!"

„Er kommt zurück", sagte Munford heiser.

Burton war hinter einer Straßenbiegung verschwunden, und nachdem er einen Moment gezögert hatte, machte er sich wieder auf den Weg zu seinem Pferd und murmelte dabei heftig vor sich hin. Als er nach dem Zaumzeug griff, sprang Munford hervor, packte ihn an der Kehle und unterdrückte den Schreckensschrei des Mannes.

„Du machst Lärm", knurrte Munford, „und ich mache dich fertig! Oh, du bist es, oder? Schau mal, Mac, es ist der Fluch, der an jenem Abend bei Pete's das Rouletterad in Gang gesetzt hat. Mein Preis beträgt also dreihundert, oder? Nun, verteilen Sie es. *Schnell!* "

Langsam steckte der Kerl seine Hand in die Tasche und holte zum zweiten Mal in dieser Nacht sein Brötchen heraus.

Munfords Wut schien verflogen zu sein. Er lachte leise, als er das Geld entgegennahm.

„Was wirst du mit mir machen?" jammerte der Spieler.

Munford gab keine Antwort. Im unvollkommenen Licht zählte er mühsam die Scheine. McGuire beobachtete die Operation und behielt gleichzeitig ihren Gefangenen im Auge.

„Zweihundertachtzig-dreihundert", sagte Munford schließlich, stopfte den Betrag in seine Tasche und gab dem Mann den weitaus größeren Teil der Rolle zurück. „Was soll ich mit dir machen? Nichts ! Steigen Sie auf das Pferd und reiten Sie zurück zu Pete. Ich möchte, dass er das weiß. Erzähl ihm alles darüber. Sag ihm, Munford hat dir gesagt, dass du es ihm sagen sollst. Das ist mehr wert, als dir das Genick zu brechen – und das ist alles, was dich davor bewahrt , es kaputt zu machen, klug? Du sagst ihm, *dass ich* die dreihundert habe, und ich werde ihm eines Tages die Chance geben, mich dafür zu gewinnen . Und wenn ich das tue – mein Gott, *reitest du* , bevor ich mit dir anfange!"

Der Kerl warf einen ängstlichen Blick von Munford zu McGuire und wieder zurück zu Munford, um sich zu vergewissern, dass er gehen konnte. Dann kletterte er hektisch in den Sattel und verschwand in rasendem Schrecken, sein Tier auspeitschend, den Weg hinunter.

Munford warf sich in einem raschen Stimmungswandel ins Gras und vergrub sein Gesicht in seinen Händen. Kein Wort von McGuire; er ging unbeholfen auf und ab und pfiff dabei leise vor sich hin. Nach einer Minute blickte Munford auf.

„Ich muss das mit Burton klären", sagte er gebrochen.

McGuire nickte.

„Er ist ein besserer Mann als du und ich und die ganze Bande zusammen" –
Munfords Tonfall war äußerst durchsetzungsfähig.

„Das ist er", stimmte McGuire voller Überzeugung zu.

Einen Moment lang herrschte Stille zwischen ihnen; dann sprach McGuire:
„Warum hast du nicht alles genommen?" er hat gefragt.

"Nimm alles!" ausgestellt Munford. „Ich bin kein Dieb, oder? Was ist denn
mit dir los? Das ist mein Preis, nicht wahr ? Dreihundert. Das hat Pete mir
als Chance angeboten, in seine Pfoten zu kommen. Nun, *ich werde* ihm seine
Chance geben, Sie haben mein Versprechen gehört, nicht wahr? Das stimmt,
oder? Das ist Petes Vorschlag, und das Geld gehört mir, nicht wahr?"

„Das ist es", sagte McGuire.

„Das ist es, und das ist es auch nicht ", sagte Munford. „Burton *hätte* es haben
können, wenn er mich verraten hätte, oder? Na dann werde ich sehen , dass
er es trotzdem bekommt."

„Er würde es auf keinen Fall annehmen, das würde er nicht", wandte
McGuire ein.

„Nicht direkt, das würde er nicht tun", stimmte Munford zu. „Das weiß ich
gut genug. Wir müssen es reparieren, damit er nicht weiß, woher es kommt,
und damit es mich mit ihm und euch auch in Einklang bringt."

„Wie willst du das machen?" forderte McGuire. „Ich weiß nicht ", sagte
Munford. „Wir werden es mit den Jungs besprechen. Komm zurück ins
Lager."

Am nächsten Tag und am Tag danach arbeitete die Bande wie Trojaner, und
das Fehlen jeglichen Spottes oder Unhöflichkeit ihrerseits, gepaart mit einer
gedämpften, erwartungsvollen Erregung, die die Männer erfolglos zu
verbergen versuchten, machte Burton noch ängstlicher und unruhiger als in
den vergangenen Tagen. Es sah aus wie die Ruhe vor dem Sturm; und er
fragte sich verbittert, welchen Höhepunkt der Teufelei sie da ausbrüteten.

Auf den Spott des Zugpersonals hin grinste die Gruppe und sagte nichts.

Am zweiten Tag traf ein an Munford adressiertes Paket aus dem Osten ein,
und zur Mittagszeit reichten die Männer es von einem zum anderen weiter,
voller Ehrfurcht vor Staunen über die Pracht der massiven Goldrepetition,
die die Viertelstunden, Halbstunden und Stunden schlug. und teile die
Sekunden in Brüche auf. Es war tatsächlich eine Schönheit. Vielleicht war
die Ketté etwas massiv, aber die Männer waren der Meinung, dass sie deshalb

stark sei. Sie öffneten den Koffer, um die Inschrift zu lesen, über deren Wortlaut sie fast eine Nacht lang gerungen hatten.

„Schick, nicht wahr?" rief McGuire bewundernd; und er las es laut vor: „„Dies soll bestätigen, dass Alan Burton so kantig ist, wie sie es machen, und Munford und der Bande tut es leid. Also helft uns!'" Sie übergaben es feierlich an Munford, der die Präsentation halten sollte, und begannen gemeinsam mit Burtons Shanty. Burton traf sie an der Tür, sein Gesicht war hart und ernst.

„ Es kommt also endlich zum Showdown, was, Jungs?" er lachte grimmig. "Also was ist es?"

Die Männer schoben Munford kräftig nach vorne, und er stand verlegen da, erst auf einem, dann auf dem anderen Fuß, während er Burton gegenüberstand. Er räusperte sich ein- oder zweimal schmerzhaft, dann fand er seine Stimme wieder. Aus rednerischer und rhetorischer Sicht war es vielleicht die lahmste Präsentationsrede aller Zeiten, denn Munford drückte dem verblüfften Burton plötzlich die Uhr und die Kette in die Hände.

„Hier, nimm es", stotterte er. „Es steht alles drin." Und er brach durch die Männer hindurch, drehte sich um und floh ohne Erfolg.